L GLESS 1973

BIBLIOTHÈQUE CONTEMPORAINE

MÉRY

LES

MYSTÈRES

D'UN CHATEAU

PARIS
MICHEL LÉVY FRÈRES, LIBRAIRES ÉDITEURS
RUE VIVIENNE, 2 BIS, ET BOULEVARD DES ITALIENS, 15
A LA LIBRAIRIE NOUVELLE
1864

LES
MYSTÈRES D'UN CHATEAU

CHEZ LES MÊMES ÉDITEURS

OUVRAGES

DE

MÉRY

Format grand in-18

LES AMOURS DES BORDS DU RHIN	1 vol.
UN CRIME INCONNU	1 —
MONSIEUR AUGUSTE. — 2ᵉ édition	1 —
POÉSIES INTIMES	1 —
THÉATRE DE SALON. — 2ᵉ édition	1 —
NOUVEAU THÉATRE DE SALON	1 —
URSULE	1 —
LA VIE FANTASTIQUE. (Sous presse.)	1 —
LE PARADIS TERRESTRE. — 3ᵉ édition	1 —
MARSEILLE ET LES MARSEILLAIS. — 2ᵉ édition	1 —
ANDRÉ CHÉNIER	1 —
LA CHASSE AU CHASTRE	1 —
LE CHATEAU DES TROIS TOURS	1 —
LE CHATEAU VERT	1 —
UNE CONSPIRATION AU LOUVRE	1 —
LES D'AMNÉS DE L'INDE	1 —
UNE HISTOIRE DE FAMILLE	1 —
UNE NUIT DU MIDI	1 —
LES NUITS ANGLAISES	1 —
LES NUITS D'ORIENT	1 —
LES NUITS ESPAGNOLES	1 —
LES NUITS ITALIENNES	1 —
LES NUITS PARISIENNES	1 —
SALONS ET SOUTERRAINS DE PARIS	1 —

Paris. — Imprimerie VALLÉE, 15, rue Breda

LES
MYSTÈRES
D'UN CHATEAU

PAR

MÉRY

PARIS

MICHEL LÉVY FRÈRES, LIBRAIRES ÉDITEURS

RUE VIVIENNE, 2 BIS, ET BOULEVARD DES ITALIENS, 15

LA A LIBRAIRIE NOUVELLE

—

1864

Tous droits réservés

A

MONSIEUR CH. LALLEMAND

Mon cher ami,

Permettez-moi de vous dédier cette histoire du château de Louisbourg.

C'est un précieux et charmant souvenir de toutes les promenades que nous avons faites, l'an dernier, à ce merveilleux château si peu connu. Je crois même que c'est vous qui l'avez découvert. Avons-nous assez causé ensemble des émouvants souvenirs qui peuplent sa solitude ! Avons-nous fait assez de stations dans ses galeries désertes, où les peintres ont épuisé toutes les scènes de *Iliade* et de l'*Enéide !* Avons-nous assez parlé de cette Circé moderne, de cette fabuleuse comtesse Djaveniz,

A MONSIEUR CH. LALLEMAND

qui fut l'Armide de ces jardins enchantés, et qui, de promotion en promotion, passa déesse par la puissance de sa volonté, le mystère ténébreux de ses intrigues, la grâce de son esprit, le sibyllin de sa beauté ! Vous me conseillâtes alors d'écrire sur cette femme et sur ce château une histoire qui ressemblerait à une roman, et vous découvrîtes dans une bibliothèque de Stuttgart des livres allemands dont la véracité n'était pas douteuse et qui me fournissaient des documents authentiques. Enfin vous me permîtes d'illustrer de votre charmant crayon cette histoire si je l'écrivais un jour. La voilà écrite.

A vous de cœur.

MÉRY

LES
MYSTÈRES D'UN CHATEAU

I

LE DÉCOR DU DRAME

La ville de Louisbourg [1] est une station du chemin de fer de Stuttgart ; ses rues larges et tirées au cordeau mériteraient d'avoir des passants ; elles sont désertes comme les rues de Pise. On les traverse dans leur solitude riante pour arriver au château, le Versailles du Wurtemberg.

---

[1] Louisbourg est écrit ici avec l'orthographe française ; le vrai nom est *Ludwigsburg*.

Ce château a deux façades qui sont une antithèse en architecture ; l'une ressemble à un immense éclat de rire pétrifié ; l'autre est sombre comme un vieux palais vénitien qui a de funèbres histoires à raconter au visiteur. L'habile architecte qui a bâti ce magnifique monument était un prophète ; il vaticinait la double destinée d'une résidence où la fête de la veille alternait avec le deuil du lendemain. Aujourd'hui le visiteur devine l'histoire de ce château avant de la connaître, avant de pénétrer dans ce mystérieux intérieur où tant de surprises l'attendent : il donne des sourires à la façade du midi et tombe en rêverie lugubre devant la façade du nord. Sur la terrasse joyeuse, les cupidons sculptés semblent vouloir faire revivre les belles dames de la cour ducale et les galantes intrigues du siècle de l'amour. Sur la façade sinistre, on vous montre sous une fenêtre une ineffaçable tache de sang, et on vous raconte la légende du duc Alexandre étouffé par Lucifer. Au midi, les jardins et les pelouses enchantent les regards ; les gerbes d'eau vive réjouissent l'air; les arbres s'épanouissent au soleil, dans leur grâce allemande; les fenêtres semblent garder l'empreinte des blanches mains qui les ont ouvertes; les balustrades s'arrondissent en délicieux contours, comme pour embrasser mollement les soyeux quadrilles d'un bal d'été. Au nord, l'horizon est voilé par des massifs d'arbres superbes qui se sont élevés de la symétrie du parc ducal à la sauvage indépendance de la forêt vierge. Le vent d'un siècle a balayé le sable classique des allées; il y a partout exubérance de hautes herbes, d'ivraie indigente, de fleurs agrestes, de plantes parasites; c'est un paysage de désolation sublime qui subjugue et retient le regard, comme toutes les choses qui ont des larmes en elles et de tristes souvenirs.

Un concierge septuagénaire est le seul habitant de ce château. Les visites ont toujours l'air de le surprendre; mais le premier moment de stupéfaction passé, il s'acquitte de son devoir avec l'exquise complaisance d'un cicerone de bonne maison et ne vous fait grâce d'aucun détail. Pour découvrir la porte de cet ermite châtelain, on traverse des cours solitaires où jaillissent de jolies fontaines qui prennent la peine de couler pour désaltérer les oiseaux. Les portiques et les corniches sont décorés de statues colossales créées par un ciseau magistral. Il n'y a pas de nom de sculpteur sur le socle, mais les recherches que j'ai faites m'ont permis de donner un nom à ces belles œuvres anonymes, elles sont de Coustou. Ce grand artiste, appelé à Saverne, où il a passé cinq ans, fit plusieurs excursions dans les principautés allemandes, et le duc de Wurtemberg, amateur passionné des arts, a retenu sans doute le voyageur dans son Versailles de Louisbourg. On s'arrête surtout devant deux statues qui sont de la fière école de Puget et de Michel-Ange, et brisent violemment les lignes pures de la placidité antique. On admire, et on n'est point tenté de critiquer ce romantisme plastique, qui a commencé avec le Laocoon. La vie ardente est dans ces pierres ; elle circule à flots sous le granit et le change en épiderme ; c'est le même marbre qui faisait dire à Puget : *Il tremble sous ma main !* Inutile de dire que les deux sujets sont mythologiques ; le XVIII siècle n'en aimait pas d'autres, et il avait de bonnes raisons pour cela, je crois. La Régence est une imitation des galanteries de l'Olympe. Ces deux groupes représentent, dans leur intrépide réalité, les orageux amours de Pan et d'Apollon avec Syrinx et Daphné, deux de ces métamorphoses qui changeaient les nymphes en laurier et en roseau, et dérobaient les dieux criminels à la cour d'assises de Minos.

La fraîcheur d'un intérieur de pyramide vous saisit lorsqu'on entre dans ce palais ; un écho sourd et prolongé répond à l'ouverture de la porte et annonce que le néant est le seul locataire de ce Versailles allemand. On remarque toutefois l'extrême soin de conservation qui règne partout ; on croirait qu'une opulente cour l'habite et qu'elle va rentrer au retour d'une chasse. A mesure qu'on monte les escaliers et qu'on entrevoit les somptueuses galeries qui se déroulent à

droite et à gauche, on est frappé de la ressemblance
de style et d'ornements qui existe entre ce château et
son voisin de Rastatt. On dirait qu'ils sont sortis tous
deux des mains du même architecte et du même décorateur. Il y a des statues et des groupes qui sont
l'exacte reproduction du travail de ciselure qu'on admire à Rastatt. Les surprises vous arrêtent à chaque
pas avec une variété merveilleuse, et toutes d'un goût
exquis. Il y a une superbe salle de bal à rotonde, où
l'aristocratie entière de Stuttgart et de Louisbourg
devait être à son aise ; elle est habitée aujourd'hui par
un écho fort curieux, qui éclate et décroît à l'infini
avec une précision musicale dont les artistes d'opéra
ne sont pas toujours doués. On établit un dialogue
avec cet écho, et le cicerone qui le regarde comme
son élève, sourit de bonheur à ce jeu de répercussion,
et se met complaisamment de la partie pour obliger
les visiteurs. On admire ensuite la chapelle, dont les
ornements et les peintures ne redoutent aucune critique de détail ; une longue galerie où revivent sur

toile tous les ducs du Wurtemberg ; un appartement couvert de glaces de Venise sur ses lambris et sur ses murs ; un magnifique couloir tout décoré de statues, de ronde bosse, de bas-reliefs, et de salles en salles on arrive à la galerie mythologique, le plus bel ornement du palais. Il faudrait bien des visites, bien des pages pour rendre complète justice à tous les détails d'ornementation que les artistes ont prodigués sur les murs, les corniches, les lambris, les voussures, les chambranles, les pilastres, les panneaux. Un peintre, riche d'imagination et de palette, a peint, sur la voûte immense, toute l'histoire de la guerre de Troie, depuis le sacrifice d'Iphigénie jusqu'à la chute de Priam. Ce travail prodigieux est un chef-d'œuvre de peinture murale, et on le croirait terminé de la veille ; il est conservé parfaitement, malgré l'humidité séculaire des lambris.

Les subsides payés par Louis XV au duc de Wurtemberg ont payé les architectes, les sculpteurs, les ornementistes et les peintres de cette magnifique résidence. Notre génération française ne regrette pas cet argent payé il y a un siècle ; elle est même reconnaissante envers ce généreux monarque de Versailles, qui a mieux aimé payer les frais d'un château que les frais d'une guerre. Nous aimons mieux des artistes qui passent le Rhin pour sculpter de belles statues et peindre de belles fresques en terre étrangère, que des condottieri de Mélac qui passent le Rhin pour incendier les œuvres des artistes. Le célèbre Casanova, que nous retrouverons dans le cours de cette histoire, reproche au roi de France sa libéralité envers le Wurtemberg ; mais sa mauvaise humeur est bientôt expliquée à son insu, car il a soin de nous dire dans ses *Mémoires* qu'il avait perdu au jeu cinq mille francs dans sa visite à Louisbourg, où il venait chercher fortune [1]. Au reste, le duc aurait pu garder les subsides de Louis XV dans son épargne, et donner encore plus

---

[1] Casanova, l'historien discret ou indiscret, selon ses caprices d'amour-propre, n'a pas dit le motif de sa rancune contre Louisbourg ; mais d'autres historiens ont donné un supplément à ses Mémoires d'Allemagne. Nous le verrons bientôt.

de splendeur à son théâtre, qui était alors le plus florissant de l'Allemagne ; il aima mieux bâtir un château et se faire un Versailles avec l'aide de tous les grands artistes de l'époque. Il est impossible de mieux employer l'argent. Il ne nous reste rien des trois mille florins que Casanova, le Joconde vénitien, a perdus et dépensés à Louisbourg ; mais de l'argent français perdu par le duc de Wurtemberg, il nous reste un monument admirable qui réjouit le voyageur, après avoir fait vivre la grande famille des artistes, ses contemporains. Maintenant, toutes les vertus de l'âge d'or n'ont pas toujours fleuri dans cet Olympe de Louisbourg, c'est incontestable. Là, comme à Versailles, la mythologie des yeux n'a pas donné de bons exemples aux hommes. Cela nous est encore très-indifférent aujourd'hui et ne peut nous rendre ni pires ni meilleurs. Si l'histoire n'était cousue que de vertus théologales, on la lirait peu ; il y a même un grand nombre de gens qui ne la liraient pas du tout. Par malheur l'histoire a trop travaillé pour les libraires, et nous sommes forcés, nous, de la prendre comme elle est. Tant pis pour elle si elle nous amuse! *Heureux les peuples qui n'ont pas d'histoire!* a dit un philosophe; ce penseur étourdi a oublié d'ajouter que ces peuples habitaient le paradis et que la terre ne les avait jamais connus.

En 1759, le 22 juin, le château de Louisbourg était en fête; une Circé souveraine, la célèbre Anna Djaveniz, y donnait un bal mythologique, avec les danseuses et les danseurs italiens qu'elle avait empruntés au théâtre de Stuttgart, malgré la volonté du duc, qui ne voulait jamais prêter ses artistes. Un ordonnateur, nomme Gazelli, avait mis en scène plusieurs métamorphoses d'Ovide qui avaient eu beaucoup de succès; mais le tableau le plus applaudi fut le jugement du berger troyen du mont Ida. La Djaveniz s'était donné modestement le rôle de Vénus, et aucune femme n'aurait osé protester contre cette usurpation d'emploi. Lorsque le prince Charles de Langenburg, déguisé en berger Pâris, offrit à la châtelaine la fameuse pomme de discorde avec l'incription *à la plus belle*, toutes les voix et toutes les mains ratifièrent le jugement par une explosion unanime de bravos. Il est toutefois bon de faire remarquer au lecteur que l'histoire a cassé le jugement du berger. La Vénus de Louisbourg était laide et fort désagréable dans son maintien ; telle est la sentence prononcée par un contemporain, qui, survivant à la Djaveniz, n'avait plus rien à redouter de cette terrible femme. Voilà donc les mauvais tours que nous joue l'histoire. Au milieu des perplexités où elle nous jette si souvent, il faut pourtant se donner à soi-même une opinion. Peut-on admettre qu'une femme ainsi maltraitée par l'histoire ait pu jouer si longtemps à la cour de Stuttgart le rôle de favorite ; qu'elle ait fait, en vingt circonstances, acte de souveraineté; qu'elle ait excité des passions orageuses autour d'elle dans ce château de Louisbourg, où elle trônait comme une reine d'Orient? La Djaveniz avait sans doute une de ces figures irrégulières qui sont traitées de laides par les jolies femmes et que les hommes préfèrent souvent au type correct et pur; elle était aussi probablement douée d'autres charmes dont ne parlent jamais les classiques appréciateurs de la femme, ceux qui s'arrêtent aux lignes du visage comme les rédacteurs de passe-ports; en général, le beau sexe, si bon juge en toute chose, se trompe souvent lorsqu'il veut se rendre compte des passions qu'une femme qu'il flétrit du nom de laide peut inspirer à des hommes d'un goût reconnu. On entend redire maintes fois ce mot dans un salon : *Je ne sais pas ce que les hommes trouvent de beau à cette femme.* Vous le sauriez, mesdames, si vous aviez le malheur d'être des hommes. Circé, l'enchanteresse, ne ressemblait pas à Vénus, à Hébé, à Pomone, à Flore, aux trois Grâces; elle avait une chevelure vagabonde, un front rude, un nez court, une bouche aux lèvres épaisses, un teint qui n'avait rien de commun avec les lis et les roses; mais ses yeux, petits et noirs, lançaient des étincelles; sa voix était douée de ce timbre viril qui, pour certaines oreilles, est plus séduisant que la mélodie; sa démarche avait l'allure conquérante d'une reine; elle séduisait les plus forts; elle enchaînait les Alcides, ceux qui, pouvant tout dominer, sont ravis de subir la domination de la femme, et, dédaigneux des chaînes de fleurs, demandent des chaînes de bronze tombées d'une petite main, la *little hand* de lady Macbeth.

A mon avis, je crois que ce portrait doit ressembler un peu à la Djaveniz, la *laide* châtelaine de Louisbourg. Il faut que ma chronique vienne au secours de l'histoire, car l'histoire a enregistré sans contrôle un jugement porté par des femmes ou des rivales. On pourra maintenant mieux comprendre les scènes qui vont se dérouler et qui ne doivent rien à l'invention du narrateur.

Le château retentissait donc du fracas de la fête, et deux personnages fort connus dans le monde de l'époque causaient à voix basse, en s'accoudant sur la balustrade, devant la façade du nord.

C'étaient Casanova de Seingalt et la Gardella, l'ex-favorite du duc.

— Que dis-tu de mon projet, Carina? disait le célèbre séducteur européen.

— Il est insensé. Vois-tu, mon Beppino, je t'aime encore un peu, parce que tu es né à Venise comme moi, bien loin d'ici, au bout du monde. Eh bien, écoute. Tu as été enfermé dans les cachots de Venise, n'est-ce pas?

— Oui, sous les plombs.

— Et tu t'es évadé?

— Comme un oiseau, par la fenêtre qu'on avait oublié de plomber.

— Tu ne seras pas aussi heureux ici; une main te fera tomber dans un piége à loup, et tu n'en sortiras plus.

— Bah! tu as oublié de me connaître quand tu m'aimais!

— Est-ce que tu m'en as donné le temps, Beppino! nous nous sommes aimés trois jours.

— Tant que cela!... soit. Tu sauras donc que ma mère, une femme de grand esprit, disait en parlant de mon frère Vincenzo : Si on m'annonçait qu'il est tombé dans un écheveau de laine, je dirais : il n'en sortira jamais; mais si on m'annonçait que Casanova est tombé dans l'enfer, je m'écrierais : il en sortira.

— Bah! dit la Gardella, l'enfer est une plaisanterie; on en sort avec des protections; mais le château de Louisbourg!... Mon Beppino, si tu tiens encore à la vie, suis ta première idée; va prendre les eaux de Baden, ou bien mets-toi dans la suite de M. de Voltaire, qui se rend à Berlin.

— Je suis invité chez la princesse Djaveniz...

— Princesse comme moi, interrompit la Gardella; et encore moi j'ai rempli des rôles de princesses dans les ballets.

— Je ne tiens pas au titre, reprit Casanova ; je tiens à la femme. Elle manque à mon *amanda*. Une femme qui remplit l'Europe de son nom, une femme qui donne des insomnies au roi de Prusse...

— Le roi de Prusse la déteste, interrompit la danseuse.

— Mais c'est superbe d'être détesté par le roi de Prusse ! reprit le Vénitien ; un grand roi comme Frédéric, qui n'a pas une minute à perdre sur vingt-quatre heures, et qui veut bien se donner la peine de détester la Djaveniz ! Tiens, j'ai six mille francs sur moi pour toute fortune, je les donnerais pour être détesté du grand roi de Berlin.

— Mais tu ne l'as jamais vue cette femme ? dit la Gardella.

— Jamais. Quel mérite aurais-je de l'aimer, si je l'avais vue ?

— Elle est affreusement laide !

— Oui, c'est un bruit que les femmes font courir ; je connais ça... Voyons, mon parti est pris, ne perdons pas de temps... mets-moi au courant de la situation... le duc est-il au château?

— Non, il est à Stuttgart, où il négocie avec le margrave de Baireuth.

— Pourquoi?

— C'est son beau-père, et la duchesse s'est réfugiée chez lui; une femme adorable, celle-là, et séparée de son mari.

— J'irai faire une promenade de ce côté, dit Casanova, comme en a parté.

— Bon! dit la Gardella; il est incorrigible dans sa fatuité!

— Carina, ma fille, écoute : ma dernière conquête qui est la millième bien comptée, m'a dit une chose décourageante; elle m'affirme que Casanova se fait vieux. Cela m'a donné à réfléchir pour la première fois. Vieux, ce n'est rien, la chose est contestable; mais pauvre, c'est beaucoup, la chose est prouvée par mon ministre des finances, à qui je vais devoir ses appointements de six mois. Il faut donc que je choisisse un genre de suicide; il est choisi : je me marie.

— Tu te maries ! Et avec qui ?

— Parbleu ! avec la Djaveniz ! Ceci n'est plus une intrigue, c'est une affaire. Cette femme, tu le sais, a des tonnes d'or dans sa cave; elle a mis le Pérou n bouteilles. C'est une dot qui ne me déplaît pas [1].

— Maintenant, dit la Gardella, je comprends que tu trouves belle notre châtelaine; mais tu ne l'épouseras pas.

— Qu'importe ! pourvu qu'elle me laisse descendre dans sa cave.

— Tu es fou, Casanova !

— C'est un détail. Poursuivons... Quel est le tenant ici ?

— D'abord, le duc.

— Celui-là ne compte pas : c'est une espèce de mari... Après le duc ?

---

[1] L'histoire parle de ces lames d'or enfouies dans la cave du château de Louisbourg. — Encore une fois, rien n'est inventé dans mon récit.

— Il y a cinquante prétendants, comme chez madame Pénélope.

— Il y en avait cent chez la belle O. Morphy, et je les ai dispersés. Quand il se lève, le soleil met en déroute les nuages.

— Pas toujours, mon Beppino. Il pleut souvent le matin. Cherche une autre comparaison.

— Je n'ai pas le temps. Ces prétendants ont un chef. Quel est le nom de ce chef parmi les imbéciles?

— Le prince Charles.

— Je le connais.

— Un rival terrible.

— Pour les poltrons.

— Vois-tu, Beppino, interrompit la Gardella impatientée, je suis au désespoir de voir que tu ne veux pas me comprendre.

— Alors, explique-toi mieux.

— D'abord, je t'aime toujours; est-ce clair?

— Après.

— J'ai eu tant de joie en te revoyant à Louisbourg, qu'il m'a semblé que tu ne venais ici que pour moi.

— Ah! belle Carina; je n'ai jamais trompé une femme; je suis venu pour la Djaveniz, que veux-tu? je suis blasé sur les intrigues. Il me faut la cuisine du diable pour me remettre en appétit. Il me faut cette femme, et si j'échoue, je prends le froc, je me fais ermite avant d'être vieux. C'est d'ailleurs ma première vocation. Tu sais, comme l'univers, qu'à Venise j'ai acheté un costume de dominicain.

— Pour le revendre?

— Non, je l'ai donné à mon cousin Matteo, qui a bien voulu se faire ermite pour moi le lendemain d'un désespoir d'amour.

— Beppino, dit la Gardella en entraînant le Vénitien par l'escalier dans les jardins; mon beau Casanova, cesseras-tu un instant de me parler de toi. Rien ne t'intéresse donc plus dans ma vie d'artiste?

— Ah! oui, ma charmante; voyons, parle-moi un

peu de toi; as-tu des succès? es-tu l'idole du public ? les amants sont-ils magnifiques ?

— Beppino, tu vois une femme au désespoir; une femme deux fois Italienne; je suis de Venise.

Casanova se dégagea vivement du bras de la danseuse et se mit en garde du bras droit, comme pour parer un coup de poignard.

La Gardella étouffa un éclat de rire nerveux et montra deux mains désarmées à Casanova.

— Sois tranquille, dit-elle; ce n'est pas moi qui te mettrai en péril ici... Écoute mon histoire en deux mots... J'étais la favorite dans ce château, moi; j'avais les honneurs, les présents, les hommages, tout ce qu'une femme ambitieuse, c'est-à-dire une femme, peut réaliser après un rêve, et c'est l'étrangère, cette affreuse Djaveniz, qui m'a fait tout perdre et me ruine même dans mon avenir.

— Eh bien, dit Casanova, laisse-moi réussir, nous partagerons la dot.

— L'argent ! toujours l'argent ! reprit la Gardella

et crois-tu que les blessures faites à l'amour-propre d'une femme se guérissent avec de l'or ?

— Avec quoi les guérit-on ? demanda naïvement le Vénitien.

— Avec...

— J'attends le remède.

— Il ne devine pas !

— Comment veux-tu que je devine quelque chose ? la nuit est noire comme ma prison de Venise. Il me semble que je me promène dans le jardin du néant. Si tu ne parlais pas, je me croirais seul... Il est temps de me faire présenter à la belle châtelaine ; remontons.

— Tu m'as comprise ; c'est bien ; tu as mon secret ; veux-tu m'aider maintenant ?

— Où serait le bénéfice ?

— Je suis riche et tu le seras.

— Ma toute belle, je suis ton humble serviteur ; on me donne beaucoup de défauts, et la médisance n'est jamais assez généreuse avec moi. Les femmes disent que je suis un scélérat, une injure qui flatte toujours. Les hommes disent que je suis un mauvais sujet, ce qui m'oblige de me comparer à Alcibiade et de remercier mes Athéniens de la Régence ; mais personne ne m'a jamais reproché le moindre crime. Adieu, ma charmante. Sois sage et guéris ton amour-propre avec l'amour d'un étudiant de Heidelberg. Adieu, je vais me faire présenter là-haut.

Casanova monta d'un pas agile les marches de l'escalier, laissant la danseuse immobile comme une statue de jardin.

III

Le bal était concentré dans la vaste salle elliptique du château; on y dansait des pas italiens sous la direction d'un élève de Vestris; mais les classiques amateurs du menuet s'étaient réfugiés dans la galerie de l'*Iliade*, et s'accordaient leurs tranquilles et respectueuses salutations, réglées par la musique somnolente d'Exaudet. Chose étrange! le peuple le plus vif de l'Europe et le plus spirituel, à ce qu'il dit, a inventé le menuet soporifique, et le peuple le plus grave a déchaîné la valse furieuse. Vers le milieu du xviii° siècle on valsait déjà dans le château de Louisbourg, grâce à la châtelaine qui voulait populariser une danse vive, inventée pour son tempérament par le fondateur de la dynastie des Strauss... Au moment où Casanova, précédé de son introducteur, entrait dans la grande salle, la Djaveniz était emportée au vol dans un tourbillon d'intrépides valseuses, déguisées en déesses et sobres d'étoffes sur toutes les coutures, selon les modes de l'Olympe. Les girandoles à bougies étaient si nombreuses qu'elles donnaient à la salle un jour plus éblouissant que celui du soleil, de sorte que la beauté des femmes ne perdait rien de ses plus exquis détails.

— Elle est superbe! dit Casanova, au premier coup d'œil qu'il lança sur la Djaveniz, et ses yeux ne se détachèrent plus de la châtelaine, déguisée en mère de l'Amour. Les exigences du rôle donnaient à sa toilette un caractère léger et diaphane qui rendait justice à la déesse, en supprimant le côté artificiel et supplémentaire des lourds costumes de l'époque. Il est vrai de dire aussi qu'une chaleur intolérable excusait cette simplicité olympienne, ce négligé de Diane aux bois d'Actéon. La châtelaine n'ayant pas besoin de recourir aux supercheries et aux mensonges étoffés, ne voulait rien perdre de ses avantages de Vénus. La diplomatie trompeuse de la toilette a été inventée par des femmes plus riches d'or que de formes, et les femmes les mieux ciselées par la nature ont toujours l'extrême bonté de se soumettre à la tyrannie des riches indigentes, ces habiles faiseuses de lois égoïstes cousues dans un atelier de Paris.

La valse acheva son dernier tour, et la Djaveniz, secouant les gouttes de sueur qui baignaient son front, comme Vénus sortant de l'onde, marcha d'un pas superbe vers le pilastre où s'adossait Casanova. Le Vénitien ne se reconnut plus lui-même; il éprouva un frisson de peur en voyant Vénus si près de lui; *ses regards errèrent et moururent*, comme dit le grave Montesquieu dans le *Temple du Gnide*, et au moment de la présentation il ne trouva aucune formule respectueuse ni légère, et sa voix intérieure apostrophant sa présence d'esprit, lui cria du fond du cœur : absente, viens à mon secours !

Il y eut heureusement pour lui, cinq minutes de répit qu'il employa à se remettre de son émotion. La Djaveniz, après avoir échangé quelques mots avec le Vénitien, arrêta au passage le directeur des fêtes pour lui donner des ordres. Casanova reprit sa place contre le pilastre, et se voyant très-remarqué par les nymphes, les déesses et Vénus, il se donna une de ces poses de fatuité conquérante que les beaux hommes prennent au théâtre quand on joue la tragédie de *Phèdre*. Son costume attirait encore plus les regards que sa figure de Céladon poudré. Il était tout vêtu de soie écarlate, moins les bas. C'était un costume que M. de Voltaire avait mis à la mode en le portant à la Comédie française le soir de la première représentation de *Nanine*, comédie pleine de sanglots.

Les ordres donnés, la Djaveniz fit un pas dans la

direction de Casanova, qui en fit aussitôt et lestement quatre, en se courbant quatre fois avec un léger dandinement de torse, pour offrir un bras qui fut accepté.

La promenade à deux avait succédé à la danse. La causerie était un repos sur toute la ligne.

— Monsieur Casanova, dit la Djaveniz, je vous sais gré de votre visite à Louisbourg. D'où arrivez-vous en ce moment, infatigable voyageur?

— De partout, belle comtesse, dit le Vénitien avec le ton aisé d'un Clitandre de comédie, de Venise, de Paris, de Dresde, de Berlin. On m'a dit, à Ulm, que la comtesse Djaveniz ferait descendre Vénus de l'Olympe, le 22 juin, et j'ai crevé trois chevaux pour brûler mon grain d'encens aux pieds de la déesse.

— Comptez-vous faire un long séjour dans notre duché? demanda la Djaveniz, sur le ton de l'indifférence.

— Vingt-quatre heures, ou toute la vie, dit le Vénitien en laissant tomber un regard oblique sur la jeune femme, un de ces regards qui remplacent une longue déclaration d'amour devant les femmes initiées à la langue des yeux.

— Vingt-quatre heures, c'est trop peu, et toute la vie c'est beaucoup trop, dit la Djavenitz. Ne pourriez-vous nous honorer d'un bail mitoyen?

— Non, belle Cypris. Vous m'obligez à ne pas faire l'impossible.

— C'est si aisé pour vous, seigneur Casanova.

— Partout, excepté dans Amathonte. Vous avez déjà deviné que je vous aime ; cela me dispense de vous faire ma déclaration.

— A combien de femmes avez-vous dit cela?

— Je cherche la dernière.

— Et qu'avez-vous fait pour mériter mon amour?

— Rien, je vous ai aimée.

— Ce n'est pas suffisant.

— J'attends vos ordres.

— Seigneur Casanova, connaissez-vous l'histoire de Vénus?

— Laquelle des deux, madame?

— Celle de la fable.

— Je l'ai apprise au collége, comme tous les enfants que l'éducation première moralise.

— Vous savez que Vénus a eu certaine faiblesse pour...

— Casanova...?

— Je parle de la déesse...

— Pardon, madame, j'ai fait erreur... pour Adonis.

— Seigneur Casanova, votre réputation est méritée, vous êtes un fat.

— Il faut bien avoir un défaut, madame.

— Revenons à Vénus, monsieur.

— Je ne demande pas mieux, princesse.

— Vénus n'a eu qu'une passion sérieuse...

— Ah! c'est la fable qui le dit.

— Non, monsieur, c'est l'histoire du cœur des emmes. Elle a aimé d'un amour profond le dieu Mars.

— Je vais prendre du service dans les hussards de la Mort.

— Voulez-vous bien ne pas m'interrompre, monsieur !... On dirait vraiment que nous plaisantons... Vénus a donc été fidèle au dieu Mars.

— Pendant le jour.

— Ne calomniez pas une déesse !

— Permettez-vous, madame que je vous cite un quartrain...

— De qui ?

— De moi.

— Citez.

— Voici ; il donne raison à ce que vous dites...

> Rien ne plaît tant aux yeux des belles
> Que le courage des guerriers ;
> L'Amour sous les lauriers
> Ne vit point de cruelles.

— C'est très-juste, seigneur poëte.

— Voici encore une pensée que j'ai écrite sur les ruines du Temple de Mars, à Rome :

> Al tempio tonante
> Venere ancor sospira.

— Oui, seigneur Casanova, Vénus soupire même dans le temple qui lance la foudre.

— Mais, pardon, ma belle déesse, où voulez-vous en venir avec toutes ces histoires fabuleuses de Vénus ?

— Vous allez le savoir, le côté grave va venir.

— Je l'attends pour rire un peu.

— Nous verrons... regardez le plafond... là... sur votre tête...

— Charmante peinture !... le berger Pâris, Junon, Minerve ; je reconnais l'autre déesse, et j'approuve ce berger ; il vous donne la pomme, avec cette inscription : *à la plus belle*.

La Djaveniz se retourna et tendit la main sur un plateau chargé de fruits que l'intendant lui présentait.

— Et moi, voilà ce que je vous donne, seigneur Casanova ; prenez, lisez et taisez-vous.

Casanova venait de prendre une pomme offerte, et il lisait cette inscription : *au plus beau.*

La Djaveniz avait disparu dans la foule, comme si Vénus fut remontée à l'olympe du plafond.

Une voix connue arracha le Vénitien à sa stupéfaction ; elle disait :

— Eh bien, tu ne me connais pas? J'ai changé de costume; je suis en Hébé. Comment me trouve-tu?

— Ah! c'est toi, Carina! dit le Vénitien d'un ton distrait... tu t'es métamorphosée en Hébé, avec les attributs de l'emploi... la coupe, l'amphore... Quelle boisson vas-tu donner à Vénus?

— Belle demande! du nectar.

— Avec une légère infusion de nénuphar, d'opium et de jusquiame, n'est-ce pas?

La Gardella ne fit aucune réponse, mais ses yeux parlèrent et ne démentirent point Casanova, qui donnait la recette du poison vénitien.

— Hébé, mon ange, ajouta-t-il; approche-toi de cette fenêtre et lance tes attributs dans le jardin...

Obéis, ou je te dénonce à la Djaveniz. Cette femme sera ma maîtresse demain, et je l'enlève au duc.

— Tu l'enlèves ! dit la Gardella triomphante.

— Comme Pâris enleva Hélène. On traite mythologiquement toutes les affaires ici.

— C'est vrai, dit la danseuse; nous passons la vie à copier les fresques et les peintures de ce château.

— Tiens, regarde là-haut... nous copierons demain celle-là, l'enlèvement d'Hélène... seulement une chaise de poste remplacera le vaisseau. Je donnerai des ordres pour nous faire suivre par les trésors de la cave, et je te donne sur notre cassette une pension de deux mille ducats.

— Je te demande, moi, que le diable emporte cette femme, comme il emporta le duc Alexandre. Voilà tout; et si tu épargnes, toi, cette peine au diable, je te fais cadeau des deux mille ducats que tu veux me donner.

Casanova prit l'amphore et la coupe d'Hébé, et les

lança par-dessus le balcon, du côté de la façade du nord.

— O démon d'ange, dit-il, tu as la plus belle des vertus de femme, le désintéressement; celle-là te dispense d'avoir les autres. Tu mérites de rentrer dans la faveur du duc. Au moins avec toi il ne se ruinera pas. Je veux être ton avocat auprès de lui.

— Ah! fit la danseuse, en versant deux larmes; si tu savais combien je suis humiliée aussi par cette petite Biondinetta, qui se fait appeler duchesse devant moi par sa camériste! une sauteuse qui n'a pas l'ombre du talent! *un temps de pointes,* voilà tout.

— Mais c'est encore une rivale, celle-là ! demanda le Vénitien.

— Non ; mais l'autre soir, le duc lui a fait distribuer le rôle d'Eucharis qui m'était destiné. Cela lui donne un orgueil satanique, et elle me regarde comme si j'étais la semelle de ses chaussons.

Le cortége des Gnidiennes interrompit cet entretien; c'était une cérémonie qui avait aussi passé le

Rhin, et dont le programme venait d'être inventé à
Paris. Cinquante jeunes filles déshabillées, avec des
tuniques lacédémoniennes, allaient concourir pour le
prix de beauté dans un temple de verdure élevé sur
la terrasse du midi. Montesquieu, ce magistrat si
grave et qui serait condamné aujourd'hui à six mois
de prison et à l'amende pour ses *Lettres persanes*, et
son *Temple du Gnide*, Montesquieu a tracé le plan de
cette *théorie* lascive, très en vogue chez les austères
Spartiates. *Ces jeunes filles de Lacédémone*, dit le vertueux président de Bordeaux, *violaient la pudeur par amour pour la patrie*. Avec ce principe, ce grand légiste inventait les circonstances atténuantes avant
M. Dupin.

Quel siècle! les grands poëtes parodiaient en rimes
libertines les exploits de Jeanne d'Arc et la *guerre des dieux*; les abbés de la *Société du Temple* chantaient
les orgies de l'Olympe et composaient des odes en
l'honneur de la Pentapole maudite et incendiée par
le feu du ciel; les premiers magistrats, chargés de

veiller sur les bonnes mœurs, publiaient des livres obscènes et d'autant plus dangereux qu'ils sont des chefs-d'œuvre de style, de grâce et d'esprit. Tout ce dévergondage païen franchissait le Rhin ; on le traduisait dans toute sa nudité sur les fresques des lambris, sur le socle des statues et dans les fêtes vivantes ; et notre froide époque d'aujourd'hui est calomniée, parce que vingt odalisques d'opéra surchargent leurs appas absents de vingt couches de crinolines, aux courses de La Marche ou à l'hippodrome de Longchamps ! Paris a toujours eu et aura toujours cette singulière influence sur les modes et les coutumes européennes ; si Paris se fait un jour ermite, l'univers se fera couvent. Il est juste de dire aussi que les révolutions et les guerres, avec leurs ennuis et leurs émotions cruelles, engendrent ces folies quand le calme est rendu au monde. « Il y a partout alors un fiévreux besoin de s'étourdir et d'oublier le passé ; ler sanglantes folies des hommes font éclater et justifient les folies des femmes. » La fronde amène la première régence; la paix de Rastatt et la mort de Louis XIV donnent le délice à l'Europe; 93 met au monde les bals, les mœurs et les nudités du Directoire. Si les hommes ne commençaient pas par le désordre du sang, les femmes ne finiraient pas par le désordre du plaisir.

Fermons la parenthèse; Casanova nous attend.

Un page lui a remis en secret un billet parfumé d'ambre, et il a disparu. Notons en passant que la Djaveniz avait vingt pages attachés à son service, c'est l'histoire qui le dit.

Voici le billet de Vénus.

« Le page qui vous remettra ce billet vous attend à l'extrémité de la galerie, sous la voûte qui représente le sacrifice de la fille d'Agamemnon.

» Il vous conduira dans la *chambre des miroirs*, celle que je réserve depuis longtemps à Pâris, à Alcibiade ou à Casanova de Seingatt.   A. G.

Le joconde Vénitien ne témoigna aucun étonnement; il était habitué au bonheur des aventures et à la promptitude du succès. Il appliquait aux conquêtes de l'amour les trois mots que César appliquait aux conquêtes de la guerre. *Venir, voir et vaincre.* Toutefois il crut devoir déguiser son empressement sous la nonchalance de la démarche, se réservant l'indiscrétion fanfaronne après le succès définitif. Le page qui l'attendait lui fit signe de le suivre, et il l'introduisit dans une chambre d'un aspect sinistre, toute tapissée de petits miroirs, où la clarté de deux flambeaux se reflétait à l'infini.

Casanova fut saisi d'un frisson nerveux, tout brave qu'il était, et poussant un éclat de rire sérieux, il dit :

— Beau page, à qui destine-t-on cette chambre ordinairement?

— A personne, monseigneur. On dit que les mauvais esprits la visitent depuis la mort du duc Alexandre, et pas un invité ne serait assez courageux pour oser y passer la nuit.

— Je comprends, reprit Casanova ; laisse-moi seul.

Et il ajouta, dans une réflexion mentale, personne

n'osera venir écouter aux portes; c'est la chambre maudite; on la respectera.

Il ferma la porte et ouvrit la fenêtre pour respirer l'air de la nuit. Le parc était sombre et triste; pas une étoile ne brillait; les ténèbres régnaient partout.

On entendait les derniers accords de la musique du bal et les roulements confus des carrosses qui sortaient par la grille du midi, du côté de Louisbourg.

Une heure s'écoula et on n'entendit plus rien. Un silence lugubre succédait au fracas de la fête, comme la mort à la vie. Ce palais si joyeux était une immense tombe.

Casanova, qui avait vu tant de choses, s'étonnait pour la première fois de tout ce qu'il voyait depuis sa présentation au château. Quelle était cette femme étrange qui remplissait de foule ce Versailles allemand, comme une Maintenon sous Louis XIV, et humiliait les rois par ses prodigalités, ses caprices, son faste, comme une odalisque bysantine qui aurait chassé le sultan du sérail, pour usurper tous ses droits?

Casanova s'abîmait dans ses réflexions, et pour donner le change à ses inquiétudes, il lisait et relisait le billet de la Djaveniz, et prêtant l'oreille à la porte de sa chambre, il recueillait le moindre souffle d'air qui courait dans le corridor.

Son orgueil de conquérant descendit enfin au doute; il eut l'humilité de croire que ce rendez-vous était une mystification, et se promit bien de ne pas le mentionner dans ses *mémoires* où il n'enregistrait que ses triomphes. Ce point inadmissible fut admis.

Il déposa son épée sur son fauteuil, ôta son pourpoint, et accablé par la fatigue et les émotions, il éteignit les bougies et s'étendit sur un canapé, pour goûter, à défaut d'autres, les douceurs du sommeil.

Il allait s'endormir, lorsqu'il entendit un de ces frôlements de satin qui annoncent une femme, et aussitôt une main veloutée s'appuya sur sa main et deux lèvres invisibles murmurèrent deux mots si doux à l'oreille dans les ténèbres :

— C'est moi.

Casanova reconnut le fantôme au parfum d'iris qui embaumait la chambre, il saisit sa main, et tombant à genoux, il fit éclater son amour dans une phrase empruntée à Rousseau, dans la lettre du rendez-vous de la *Nouvelle Héloïse* :

« Puissance du ciel, vous m'aviez donné une âme pour la douleur, donnez-m'en une pour la félicité !

— Il ne s'agit pas de cela, dit froidement la Djaveniz, ne commençons pas le roman par la fin. Asseyez-vous près de moi et causons... Vous m'aimez, n'est-ce pas !

— Si je vous aime ! Demandez au zéphir s'il aime la...

— Oh ! je n'ai pas le temps d'interroger le zéphir, interrompit la Circé. Les nuits sont courtes dans ce mois ; le jour va bientôt poindre ; écoutez. Je suis entourée d'espions, toutes mes démarches sont épiées, mais à force d'adresse, je trompe tous mes ennemis. Personne ne se doute que je conspire avec vous en ce moment.

— Ah ! nous conspirons ! dit Casanova.

— Oui. Je vous connais, Casanova ; vous aimez les aventures mystérieuses ; vous êtes léger dans vos amours... ne m'interrompez pas... mais grave dans vos diplomaties. Je cherchais un homme, je l'ai trouvé ; Diogène ne fut pas si heureux.

— Et c'est moi...

— Oui, vous.

— Mon Dieu ! fit Casanova en serrant la main de la jeune femme, qu'il m'est cruel de parler de Diogène dans un tête-à-tête avec Vénus !

— Voulez-vous bien m'écouter... Vous connaissez le prince de Soubise ?

— Bon ! dit Casanova, en voilà un autre !

— Le connaissez-vous ?

— Oui ; c'est un favori de madame de Pompadour.

— Et le mien. Savez-vous ce qu'il a fait pour moi ?

— Non, belle des belles.

— Il a emprunté une armée à l'empereur d'Autriche ; il a recruté des condottieri un peu partout, et il a livré bataille au grand Frédéric.

— Et il a été battu à Rosbach, ajouta Casanova.

— Hélas! oui, reprit la jeune femme ; cette nouvelle m'a foudroyée. Le roi de Prusse est mon ennemi mortel. Deux de ses espions, portant des noms illustres, sont ici. Je les ai enchaînés à mon char de triomphe. Ils sont à mes pieds. Cléopâtre en fit autant avec les espions de César. Je prends mes modèles dans l'histoire et dans la fable. Une femme a fait écrouler la monarchie de Priam, une femme arrachera son sceptre à Frédéric. Je ne rêve que les grandes choses, moi. Associez-vous à mon œuvre de vengeance, vous qui êtes beau comme Pâris et brave comme Achille, et je me donne à vous comme Cléopâtre se donna à Antoine ; et je fais effacer la guerre de Troyes, aux voûtes de la galerie, pour y peindre votre apothéose et la mienne.

« Nous serons les divinités de ce nouvel Olympe, et ce siècle athée, qui ne croit pas en Dieu, et qui croit aux dieux, nous adorera. J'attends votre réponse ; mais vous, n'attendez pas la réflexion.

— C'est précisément ce que je voulais attendre, dit Casanova, car ce que vous me demandez est tellement au-dessus de mes forces que...

— Oui ou non, répondez, interrompit la Djaveniz d'un ton de reine.

— Eh bien, oui, dit Casanova.

— J'aime ce ton résolu, reprit la femme, et je vous avais bien jugé.

— Seulement, dit le Vénitien, le roi de Prusse a une armée de vingt mille braves soldats qui viennent de vaincre à Rosbach, et moi je suis seul avec mon épée, mon courage et mon amour.

— Casanova, dit la jeune femme, je ne suis pas assez folle pour vous demander l'impossible. La bataille de Rosbach n'a pas anéanti toute l'armée de Soubise. On peut encore réunir quarante mille hommes aux environs de Lutzen, où Gustave-Adolphe trouva son tombeau, où Frédéric doit trouver le

sien pour compléter sa ressemblance avec le roi de
Suède. Demain vous partirez, vous irez rejoindre Soubise à Nuremberg ; il vous donnera les instructions
nécessaires et vous présentera le major Hammer, un
simple officier, très-bon tacticien, et qui ne demande
qu'une occasion pour montrer le génie d'un excellent
général. Soubise est blessé, il souffre beaucoup, et il
est condamné à l'inaction. Vous trouverez ici, demain,
votre brevet signé du roi de France, et qui vous élève
au grade de général. C'est madame de Pompadour
qui m'a envoyé ce brevet, avec le nom en blanc. Vous
y lirez le vôtre. Votre génie fera le reste. Vous êtes
heureux en toute chose; vous êtes joueur, la guerre
est un jeu. Il n'est pas difficile d'être général. Les
Romains ont eu quinze cents généraux ; on les choisissait au hasard, et ils gagnaient des batailles. Quand
ils étaient trop habiles, ils étaient battus, comme à
la Trebia, au Tessin, à Trasimène, à Cannes. Quand
ils n'entendaient rien à la guerre, ils écrasaient les
Samnites, les Daces, les Parthes, les Pannoniens. Ces

généraux étaient des avocats, des philosophes, des proxénètes, des marchands. Terentius Varron quitta son état de boucher pour commander quatre-vingt mille hommes; il est juste d'ajouter qu'il fut battu, mais cela ne prouve rien contre mon raisonnement. Les Grecs et les Romains ont eu deux grands poëtes et deux mille grands généraux. Quand deux armées sont en présence, c'est Dieu qui est le général. Je vous recommande à lui, et partez... Vous balancez, seigneur Casanova?

— Si vous voulez voir un homme pétrifié, rallumez ces flambeaux, dit le Vénitien. Je croyais que tout m'était arrivé dans ma vie d'aventures, mais ceci dépasse la richesse de mon imagination et le plus fabuleux chapitre de mes mémoires. Je crois arriver à un rendez-vous galant, et la beauté attendue, ma Vénus invisible, me nomme général et m'envoie promener à Lutzen pour livrer bataille au grand Frédéric! C'est abuser de la mythologie de vos plafonds... Mais où diable avez-vous appris toutes ces choses?

Est-ce dans le poëme de l'*Art de la guerre* du roi de Prusse ?

— Ah! cela vous étonne, enfant de la folle Venise! reprit la Djaveniz. Nous vivons dans le siècle des femmes; vous ignorez cela peut-être ?

— Moi, excepté l'amour, j'ignore tout, et je m'aperçois que vous savez tout, excepté l'amour.

— L'amour! dit la Djaveniz, un jeu d'enfant! Que gagnent les femmes à ce jeu? Des larmes, des chagrins cuisants. Tout la bénéfice est pour l'homme égoïste. Les femmes fortes de ce siècle jouent à l'homme et se servent de lui pour leurs ambitions. Ces femmes gouvernent aujourd'hui. C'est la sultane favorite qui a donné l'exemple au fond de son harem; c'est elle qui arracha le roi de Suède à Constantinople où il s'était réfugié après Pultawa, et l'a remis sur le chemin de la gloire...

— Et de la mort, interrompit Casanova.

— Qu'importe! reprit la jeune femme ; il est tombé en héros à Friedrichshall. Catherine a gouverné la

Russie; Anne, douairière de Courlande, a succédé à Pierre II; Pompadour est plus roi que Louis XV. Christine a tenu vaillamment l'épée de Gustave-Adolphe, son père. La reine de Prusse, Sophie-Charlotte, était un roi accompli. La margravine de Bade fut la digne héritière du prince Louis, le héros du Danube. Les femmes sont les hommes de ce siècle, et je veux ma part de royauté en Europe. Osez me parler après cela des vulgaires enfantillages de l'amour.

— Oh! que vous devez être belle en ce moment! dit Casanova sur le ton de l'enthousiasme; que je suis heureux de ne pas vous voir; je m'élèverais jusqu'au crime. Je vous en conjure, madame, prenez pitié de moi; ne m'obligez pas à oublier les devoirs de l'hospitalité sainte. Ma tête s'égare. J'ose vous dire : sortez, sur le ton du respect. Oui, l'esclave ordonne à la reine de sortir, et se jette à ses pieds divins en lui donnant cet ordre.

— Et que ferez-vous demain? demanda la jeune femme.

— Demain, j'incendierai l'Europe pour un seul de vos baisers.

Une bouche invisible effleura le front du Vénitien, et un léger grincement dans la boiserie annonça que le fantôme avait disparu.

Casanova, épuisé par les émotions, laissa tomber sa tête sur le coussin qui avait soutenu son bras, et s'endormit.

IV

Casanova dormit peu et se réveilla aux premiers rayons du soleil.

Sa pensée le ramena tout de suite aux incidents de la nuit, et en jetant les yeux sur une table, il vit son brevet de général, en bonne et due forme, avec le sceau royal et la signature de Louis.

Il préluda par un éclat de rire à un monologue. Celui qui a dit que le monologue n'est pas dans la nature, a fait un monologue avant d'écrire cette fausseté.

— Au fait, se dit-il, ma belle Circé vaut mieux que celle de la fable; elle est beaucoup plus jolie dans ses métamorphoses; elle change ses amoureux en généraux. Me voilà donc l'égal de Turenne et de Condé par la grâce de Pompadour! Un avancement rapide, j'espère. Quel amusant château! Versailles est un couvent de trappistes auprès de ce Louisbourg! Toutes les femmes y sont folles, tous les hommes y sont amoureux. C'est l'âge d'or de la corruption. Le poison se cache dans le nectar; le poignard sert d'épingle au madrigal; le diable se charge d'emporter les ducs; la Djaveniz emporterait le diable; elle est cent fois plus démon que lui... Ah! ça, mais comment vais-je m'y prendre pour battre le grand Frédéric!... Voyons si je trouverai quelque professeur de victoire dans cette bibliothèque... *Histoire romaine des révérends pères Catrou et Rouillé*... Que de volumes!... vingt, in-quarto...! avec des cartes... Ouvrons au hasard... *Plan de la bataille de Cannes*... Tiens, c'est ce qu'il me faut... Annibal — c'est moi — range son armée sur trois lignes, à l'exemple des Romains... la cavalerie aux ailes... il se place au centre... Il met le soleil, le vent et la poussière dans les yeux de l'ennemi... bonne ruse!... Oui, mais à condition que le grand Frédéric aura la complaisance de se laisser mettre tout cela dans les yeux... Enfin, j'essaierai... L'important pour moi, c'est d'inspirer tout de suite la confiance à mon armée, en la rangeant en bataille, du premier coup, sans hésitation... Ah! je découvre çà et là, une foule de harangues... c'est essentiel... Voyons, choisissons la meilleure harangue, et je l'improviserai en changeant les noms... « Soldats, le voilà devant vous cet ennemi que vous cherchez et que vous brûlez de combattre. Soyez vaillants comme à Marienthal, à Rosbach, à Trasimène, et...

Un éclat de rire interrompit la harangue, et Casanova, tournant la tête, vit la Circé de Louisbourg en voluptueux négligé du matin.

— Continuez, dit-elle, en donnant sa main à baiser;

vous êtes superbe ainsi, à cheval sur un fauteuil et l'épée à la main.

Vous voyez, Madame, dit Casanova, que je prends au sérieux mon nouveau métier.

— Vous êtes adorable, seigneur Casanova.

— Eh bien, adorez-moi; je ne demande pas mieux.

— Un peu de patience et de docilité.

— Ne me demandez donc pas les vertus qui me manquent.

— Je vous en ai donné une déjà. Vous m'obéissez pour tenter l'impossible : battre le grand Frédéric! Êtes-vous prêt à partir?

— Oui, madame. Mon plan de campagne est même tout fait. Il ne me manque plus que mon uniforme de général.

— Il est dans vos bagages, et fait à votre taille. C'est le même costume que Turenne portait à la bataille de Turkheim... Ah! j'entends du bruit sur le pavé de ma cour d'honneur... c'est votre chaise de poste, avec un attelage de quatre chevaux wurtembergeois, des hippogriffes qui cachent leurs ailes sous le harnais... Votre bras, mon cher général, et descendons; je vous donnerai dans la cour le baiser de l'étrier.

— Sans préface !

— Voyez, monsieur, si jamais nos auteurs ont commencé un drame par le mariage... Obéissez et donnez-moi votre bras, vous dis-je.

La jeune femme fit luire ses yeux d'iris, à nuance féline, et le grand séducteur, fasciné par le regard, arrondit son bras comme un écolier timide, et descendit dans la cour avec la Djaveniz.

Au même instant, un jeune homme, en carrick de voyage, salua profondément la Djaveniz, monta lestement dans la chaise de poste et les chevaux partirent comme deux éclairs.

— Allons déjeuner maintenant, dit la Djaveniz à Casanova pétrifié.

Après un moment de silence, il dit, sur un ton sérieux :

— Quel nom donnez-vous, madame, au jeu que vous me faites jouer ?

— Le jeu de Louisbourg, seigneur Casanova.

— J'aime mieux le lansquenet.

— Vous êtes un enfant d'âge mûr, Casanova ; écoutez... J'ai reçu une lettre ce matin du prince de Soubise...

— Ah !

— Il est guéri de sa blessure ; il a rallié son armée entre Sondershausen et Lutzelberg, et il se prépare à prendre une éclatante revanche de Rosbach. Ma réponse est partie avec cette chaise de poste et mon courrier. Mais je vous suis reconnaissante comme si vous eussiez rempli jusqu'au bout votre rôle de général. C'est très-beau ce que vous avez fait.

— Ce que je n'ai pas fait, vous voulez dire...

— J'estime l'intention à l'égal du fait accompli.

— Et vous vous bornez à l'estime; je suis plus ambitieux, moi.

— Seigneur Casanova, j'ai l'honneur de vous présenter au prince Léopold...

En ce moment, le prince Léopold abordait la Djaveniz.

Casanova s'inclina légèrement et de l'air d'un homme habitué aux princes.

On entra dans la salle à manger. Là étaient déjà réunis le comte de Lawenbourg et Wrangel, un des margraves de Franconie; deux envoyés du roi de Prusse, mais n'avouant pas leur mission. Le prince Charles descendit ensuite et compléta le nombre des intimes du déjeuner.

— Comte de Lawenbourg, dit la Djaveniz en s'asseyant, avez-vous de bonnes nouvelles ce matin?

— Nous sommes à la paix, belle comtesse.

— Dieu soit béni! reprit la jeune diplomate; Sa Majesté le roi de Prusse peut glorieusement faire la paix après sa victoire de Rosbach et cultiver l'olivier et les muses, à Postdam, avec son ami M. de Voltaire. C'est l'homme le plus merveilleux et le plus grand qui ait honoré le monde...

— M. de Voltaire, dit Casanova.

— Frédéric, reprit la jeune femme; il paraît, seigneur Casanova, que vous avez peu étudié le roi de Prusse?

— Je n'ai pas eu le temps, belle comtesse, d'étudier les hommes.

— Voilà une bonne excuse, monsieur; le roi de Prusse est le premier musicien de l'Europe; il est meilleur compositeur que Graun; il joue de la flûte mieux que Quantz, son maître; il fait des vers français comme M. de Voltaire; il a écrit l'histoire de Brandebourg, avec le style du *Siècle de Louis XIV;* il a commenté Machiavel avec la plume de Montesquieu; il a créé des jardins avec le génie de Le Nôtre; il est spirituel comme l'esprit, brave comme César, juste comme Aristide, bon comme Marc-Aurèle; il ne lui manque enfin que quelques défauts pour être complet.

On ne pouvait rien dire de plus vrai pour l'éloge de Frédéric. Toutes les qualités réelles de ce grand homme se déroulaient, sans flatterie aucune, dans ce portrait si court et si juste tracé par la Djàvéniz.

Par malheur, les deux envoyés du roi avaient de bonnes raisons pour garder ce portrait dans leur portefeuille, sans en envoyer une copie au roi de Prusse. Ce héros, ce grand artiste, ce sage, ce général toujours victorieux était un homme au fond; et, quoique ennemi des flatteurs, il aurait peut-être senti sa haine s'apaiser en lisant le portrait si ressemblant que la Djaveniz avait tracé devant ses convives de Louisbourg. Alors la mission des envoyés prussiens devenait inutile; le roi, vaincu par sa belle ennemie, les aurait rappelés à Postdam, bien loin de ce Louisbourg où la Circé allemande les tenait captifs dans des chaînes de fleurs.

Le prince Léopold ne mêla point ses applaudissements à ceux qui avaient suivi l'éloge du roi de Prusse.

— Seigneur Casanova, dit la belle comtesse, vous avez en face de vous la vivante antithèse du grand Frédéric. Saluez votre maître, c'est le prince Léopold.

— Je salue d'abord pour vous obéir, belle comtesse, dit Casanova, et je voudrais savoir ensuite ce qui constitue mon infériorité d'élève.

— Prince Léopold, dit la comtesse Djaveniz, me permettez-vous de faire de l'histoire avec la mille et deuxième nuit?

— Tout vous est permis, madame, dit le prince d'un ton sec.

— Seigneur Casanova, reprit la jeune femme, qu'avez-vous appris au collége des Jésuites de Venise, quand vous étiez enfant?

— Rien, madame; c'est en sortant du collége que j'ai fait mon éducation.

— Avec des maîtres?

— Avec des maîtresses.

— Eh bien, le prince Léopold n'a voulu apprendre ni le grec, ni le latin.

— Il a bien fait, madame ; les femmes ne parlent pas ces deux langues ; alors à quoi servent-elles ?

— Le prince Léopold a appris l'hébreu et l'arabe.

— Grands dieux ! s'écria Casanova.

— Attendez, reprit la comtesse ; cette étude lui a permis de lire le Coran, ouvrage classique...

— Qui a du bon, dit le Vénitien.

— Pour les hommes, seigneur Joconde ; et converti par ce livre mahométan à la religion du harem, le prince a épousé trois femmes.

— A la fois ?

— Le même jour ; trois femmes légitimes [1].

— Je m'incline trois fois, dit Casanova.

— Mais ce n'est rien, reprit la comtesse ; vous n'êtes pas au bout... il a fait construire un harem...

— Habitable ?

— Habité.

---

[1] Voir p. 62, le livre intitulé : *Würtembergische Lustschlœsser*, par Hænle ; *les Châteaux de plaisir wurtembergeois*, publié en 1847 à Wurzbourg, à la librairie Stahel. Encore une fois, je n'invente rien, pas même l'incroyable.

— Prince Léopold, dit Casanova en se levant, je bois cette coupe de Marcobrunner à votre santé ; que Mahomet vous la maintienne.

— Attendez la fin, reprit la comtesse.

— Ah ! ce n'est pas fini ! Allah ! dans quel château des contes bleus suis-je tombé !

— Le prince Léopold, reprit la comtesse, a conseillé au duc, son voisin et son ami, de bâtir une superbe mosquée dans les jardins d'Alcine, à Schwezingen. C'est lui qui a dicté toutes les inscriptions qui ornent les murs et qui sont des versets du Coran. Trois muezzins, payés par le prince, servent d'horloge et chantent les heures du haut des minarets [1].

— Vraiment, dit Casanova, je marche de surprise en stupéfaction. Comment, dans ce grave pays wurtembergeois on trouve des princes qui épousent trois femmes, cultivent un harem habité, savent le Coran

---

[1] Les jardins de Schwezingen sont à deux lieues de Heidelberg, ils sont superbes. La mosquée et les minarets sont de très-belles œuvres d'architecture orientale. Très-peu de voyageurs connaissent cet autre Versailles allemand.

par cœur et vont à la mosquée, en évitant l'église !
Décidément je suis humilié dans mon orgueil et je
vais brûler le manuscrit de mes *Mémoires*.

— Et vous ferez bien, seigneur Casanova. Vous
avez cru jusqu'à présent que vous étiez le roi de la
galanterie ; eh bien, après tout ce que vous avez vu
ici et tout ce que vous avez entendu dire, allez aux
eaux de Schwalbach, et vous y trouverez vos maîtres
à tous les jeux.

La comtesse fit un signe, et un page lui présenta un
livre sur un plat d'argent.

— Ce livre, messieurs, reprit-elle, est intitulé
Amusements des eaux de Schwalbach ; ouvrez au hasard et lisez [1].

Casanova prit le livre et lut.

— Voyons, dit-il, au hasard... page 19...

« Un gentilhomme étranger qui a quelque politesse

---

[1] Ce livre, imprimé en 1739 à Liége, chez Everard Kintz, et que j'ai entre les mains, semble un plaidoyer écrit au dix-huitième siècle pour fermer la bouche à ceux qui accusent de corruption le dix-neuvième siècle.

et qui fait une figure honnête, peut aisément se procurer bien du plaisir et de l'agrément aux eaux de Schwalbach ; il sera toujours bien reçu chez les dames de condition. »

— Ce n'est rien, dit la comtesse ; cherchez encore au hasard.

— Soit, reprit Casanova... page 17...

« Outre les bals et les concerts, il y a aussi à Schwalbach une comédie qui plaît beaucoup aux dames, parce qu'on y débite mille obscénités grossières. »

— Ce n'est rien, dit la comtesse ; allez toujours...

— Ah ! voici pour le jeu ! dit Casanova ., page 7..

« Il y a trente tables de jeu, on taille le pharaon, on joue à la main mise pleine d'or. Il y a bien du risque à tout cela ; car tous les coureurs qui suivent les foires, vrais filous, viennent tailler à Schwalbach... »

— Ah ! voici du curieux !... page 11...

« Les femmes de Francfort stipulent dans leur contrat de mariage que leurs maris leur donneront de quoi aller aux eaux de Schwalbach. Les femmes jouissent alors d'une liberté qu'elles n'ont pas dans leurs maisons ; elles vont aux eaux sans leurs maris. »

— Que pensez-vous de ces mœurs, beau Vénitien ? dit la comtesse ; et le roi de Prusse ose s'irriter contre nos innocents enfantillages de Louisbourg ! Je veux lui envoyer ce livre à Postdam.

— Mais, madame, reprit Casanova, si les mœurs vont ainsi en progressant, le monde sera peuplé, en 1850, par des Héliogabales poudrés et des Messalines en costumes de baigneuses... Tiens ! que vois-je là !... page 269...

« Nous nous baignâmes tous ensemble dans le même bain... »

— Oui, oui, dit la Djaveniz ; hommes et femmes...

— Dans l'eau chaude, reprit Casanova ; tous entassés dans une poêle, comme une friture de beignets !... Ah ! voici une découverte !... page 27...

« Les dames et les demoiselles vont seules se promener à toute heure dans les bois, où elles trouvent des bosquets naturels. »

Passons dix lignes...

« On y a la coutume de ne gêner personne et on n'a point d'yeux pour regarder ce qui se passe à côté des allées... »

Vraiment, c'est superbe ! On croirait lire un livre dans un rêve.

— Continuez, dit la comtesse ; ouvrez toujours au hasard. Chaque page contient une surprise.

— En voilà une encore ! reprit Casanova... page 23.

« Aux eaux de Schwalbach, les femmes ne pensent qu'aux plaisirs ; elles se couchent fort tard, elles jouent et dansent beaucoup... »

— Mais tout cela n'est rien, seigneur Casanova ; le hasard ne vous a pas favorisé : cherchez mieux.

— Ah ! s'écria le Vénitien, voici un passage qu'il faut lire, les yeux ouverts et bouche close ; il vous scandaliserait.

— Eh bien, tentez l'impossible, dit la comtesse en riant ; scandalisez-nous.

L'arrivée d'un personnage mystérieux suspendit la lecture des *Amusements des eaux de Schwalbach.*

La comtesse, un instant interdite, se remit de son émotion et dit :

— Messieurs, un grand péril me menace ; voilà mon messager Mercurius, qui ose entrer dans cette salle sans y être appelé.

Tous les convives se levèrent et mirent l'épée à la main.

— Oh ! le danger n'est pas si grand et ne réclame pas le secours de vos épées, dit la comtesse, en faisant signe de remettre les armes aux fourreaux. N'est-ce pas, Mercurius ?

Le messager fit un geste affirmatif.

— Asseyez-vous, messieurs, reprit-elle ; il n'y a pas de secrets entre nous. Voyons, Mercurius, que venez-vous m'annoncer ?

— Princesse, dit le messager, le révérend père Marcus, qui avait reçu l'ordre de prier pour vous dans la chapelle catholique, a supprimé l'oraison dominicale, à la messe, et n'a chanté que le dernier verset : *Libera nos a malo*, délivrez-nous du mal. Toute l'assistance a répété ce verset en chœur, en se tournant du côté de votre château [1].

— Voilà tout ? dit la comtesse en riant.

— Non, princesse, reprit Mercurius ; ce matin il y a eu une absoute, et au *libera* le révérend père a ajouté ceci : **A Fredegonda germanica libera nos, Domine**, Seigneur, délivrez-nous de la Frédégonde allemande.

— C'est bien ! dit la comtesse en dissimulant son irritation sous un sourire d'emprunt ; c'est bien, le révérend père Marcus veut avoir sa place dans le martyrologe : il ne l'aura pas. Deux hussards le conduiront au couvent de Saint-Blaise, en pleine Forêt-Noire, où il pourra chanter son *libera* jusqu'à la fin de ses jours. Je vais signer cet ordre... Vous permettez, messieurs.

[1] Toujours historique. Voir le même ouvrage cité plus haut.

La comtesse salua et sortit.

Pendant tout le repas, l'entretien avait été un duo entre la châtelaine et Casanova; les autres convives gardaient un silence morne, selon l'usage des rivaux en amour lorsqu'un hasard les réunit autour de la femme aimée. Après le départ de Djaveniz, Casanova s'accouda sur la table, mit sa tête sur ses mains, de l'air d'un homme qui veut se recueillir pour prendre une détermination dans un moment critique. Cet illustre coureur d'aventures venait d'aborder un monde nouveau, le domaine de l'inconnu. Joconde n'habitait plus l'Europe; il voyageait dans la lune comme Astolphe, et il tremblait pour sa raison.

Après avoir longuement réfléchi, sans décision aucune, il se leva et témoigna quelque surprise en voyant devant lui le prince Léopold, toujours assis et vidant une coupe énorme, en prenant des temps de repos.

Casanova se croyait seul.

— J'attendais votre réveil en buvant, seigneur Casanova, dit le prince Léopold.

— Mais je ne dormais pas, monseigneur, dit le Vénitien ; je pensais.

— A la belle comtesse, sans doute ?

— Oh ! sans aucun doute, mon prince, et vous attendiez mon réveil pour...

— Pour vous proposer une promenade de digestion du côté d'Elmichbourg.

— Est-ce bien loin d'ici ? demanda naïvement Casanova.

— Non, c'est dans le voisinage ; un endroit charmant que nous devons au comte Elmich, un des aïeux de la maison de Wurtemberg. Le bois y est touffu et plein de fraîcheur. C'est une promenade salutaire quand on a la tête échauffée par les vins du Rhin.

— Allons à l'Elmichbourg, dit Casanova en se levant.

Le prince prit les devants, sortit du château par la porte du nord, descendit le grand escalier et prit l'allée ombreuse qui conduit à la ruine artificielle.

Aucune parole n'avait encore été échangée entre Casanova et le prince Léopold.

Arrivé devant l'Elmichbourg, le prince regarda du haut de sa taille le Céladon de Venise et lui dit :

— Comptez-vous faire un long séjour en Wurtemberg ?

— Je vous dirai cela l'an prochain, répondit Casanova.

— Il sera trop tard pour moi. Je veux être instruit tout de suite.

— Eh bien, monseigneur, je suis désolé d'être venu à Louisbourg. Voilà tout ce que je puis répondre.

— Votre dernière nuit a été bonne, cependant, dit le prince en riant faux.

— Comment ! vous savez ? dit Casanova malgré lui.

— Je sais tout... Je sais que vous êtes l'amant favori de la comtesse...

— Ah ! mais non ! interrompit Casanova avec vivacité ; ne me faites pas si heureux.

— Elle a passé la nuit chez vous, je le sais, monsieur. Osez dire non... ah! vous n'osez pas!

— Oh! ceci est trop fort, dit Casanova; vous avez épousé trois femmes, vous avez un harem, vous êtes plus turc que le sultan, et vous cherchez des querelles d'amour! Allez vous promener à Constantinople et laissez-moi vivre à ma guise. Adieu, monseigneur.

Il fit quelques pas pour s'éloigner d'Elmichbourg. Le prince l'arrêta.

— On ne se sépare pas ainsi entre rivaux, seigneur Adonis, dit le prince; on voit que vous n'êtes hardi qu'avec les femmes.

— Mais, mon cher prince, dit Casanova d'un ton calme, je vous jure que je ne suis pas l'amant de la comtesse, du moins jusqu'à ce jour. Qui peut répondre de l'avenir? Maintenant si le vin du Rhin vous conseille deux ou trois passes d'escrime, honorez-moi d'une insulte, et je croiserai le fer avec vous. Mais il ne sera pas dit que je me suis battu pour payer de mon sang le bonheur d'être le favori de la châtelaine de Louisbourg, quand je ne suis pas ce favori.

Le prince fit un signe d'adhésion, et conduisit Casanova dans la chambre où se trouve le groupe comique d'Elmich et d'un capucin en goguette[1].

— Mon rang, dit le prince d'un ton fier, ne me permet pas de m'abaisser à une offense grossière envers un subalterne ; mais comme vous devez avoir un capucin dans votre famille, en votre qualité de Vénitien, je soufflète ce mannequin, votre grotesque parent.

— Cela suffit, mon prince, dit Casanova ; mettons-nous au large sur le pré. J'avoue déjà que vous êtes très-brave avec les mannequins.

Le prince Léopold bondit comme un lion blessé et mit aussitôt l'épée à la main ; Casanova, maître en fait d'armes, fit le coup nommé à Venise le *coup du*

---

[1] Ce groupe en cire existe encore dans la ruine artificielle des jardins de Louisbourg. On ne sait quelle fantaisie a pu donner naissance à cette œuvre étrange.

moro, il lia le fer et désarma le prince en un clin d'œil.

— Monseigneur, dit-il ensuite, vous n'étiez pas ici maître de vos mouvements. Je vous offre votre revanche en plein air.

— C'est un surprise, dit le prince d'une voix sourde.

— Je veux vous habituer aux surprises, reprit Casanova; vous allez voir.

Ils sortirent, croisèrent le fer sous les arbres, et le prince fut surpris une seconde fois.

— Seigneur Casanova, dit-il, l'honneur me défend de continuer le combat. Maintenant une autre lutte commence entre nous. Le plus habile en escrime peut devenir le plus maladroit en amour. Acceptez-vous ce nouveau duel?

— J'accepte tout, mon prince; mais ici je me déclare vaincu d'avance. La comtesse le disait tout à l'heure : Je suis un enfant auprès de vous. Je vous regarde comme le héros de ce siècle de galanterie. A

Paris, on vous mettrait au rang des dieux, et le duc de Richelieu serait votre humble sacristain. Permettez-moi de serrer la main droite qui a épousé trois femmes et restons bons amis.

— Et vous renoncerez à la belle comtesse ? dit le prince.

— Ah! je ne prends pas cet engagement; mais voici ce que je vous propose. Nous lutterons, et celui de nous deux qui recevra le premier billet galant de la belle comtesse le montrera secrètement à l'autre et le désarmera. Si vous êtes le vainqueur, j'exécute un projet que j'avais déjà conçu à Venise : j'entre dans un couvent; le diable se fait ermite avant la vieillesse, et je prierai Dieu tous les jours, afin qu'il vous donne le courage d'aimer à la fois trois femmes légitimes, un harem peuplé d'odalisques, plus les houris de Mahomet et la puissante Vénus de Louisbourg.

— J'accepte le défi, dit le prince en souriant, et serrons-nous la main.

— Ne laissons rien deviner à la belle comtesse, reprit Casanova ; que tout ceci soit entre nous un secret éternel. Ce sera même une lacune dans mes mémoires. En attendant, et pour tromper les espions, allons faire une partie de *cinq points* à la salle de jeu. La dame de cœur est ma première maîtresse, et elle me suivra même au couvent.

— Quel est votre enjeu, seigneur Casanova ?

— Fixez, mon prince.

— Cinq cents florins ; cela vous convient-il ?

— Parfaitement, monseigneur, c'est moins cher que la vie.

— Ah ! fit le prince en aparte, ce démon de Diaveniz nous damnera tous !

— Pardon, mon prince, qu'avez-vous dit ?

— Rien.

Et ils montèrent l'escalier du château d'un pas leste et d'un air joyeux.

———

V

Aujourd'hui, grâce à la suppression des distances, le parc de Schwetzingen, où nous allons entrer, est très-voisin de Bade, car il est à peu de distance de Heidelberg, cette admirable ville qui doit sa nouvelle fortune à ses anciens malheurs.

Jupiter et Mahomet, ces dieux des religions lascives, triomphent encore dans les jardins de Schwetzingen, comme si nous étions en plein dix-huitième siècle. La poésie de Médine et de l'Olympe donne encore aujourd'hui une âme sensuelle à ce château désert, à ce paysage silencieux, peuplé de statues et dominé par les minarets du croissant. On reconnaît à ces puissantes fantaisies des anciens princes le génie charmant de ce siècle qui divinisa le plaisir après ses ennuyeuses guerres, et opposa la riante architecture de ses palais neufs aux ruines encore fumantes de ses châteaux.

On prononce encore le nom de Versailles quand on se promène dans le parc de Schwetzingen ; la classique symétrie des allées inspire cette comparaison, et on dirait en effet, en certains endroits de ces beaux jardins, que la main de Le Nôtre a passé par là, en donnant à ces voûtes de verdure leur majesté royale et monotone ; mais le caprice et la rêverie du poëte allemand ont imprimé un caractère tout nouveau à l'importation versaillaise, en travaillant dans son voisinage, et cette association ne nuit pas à l'effet de l'ensemble ; au contraire, elle sert à compléter le charme et à le rendre sensible à tous les goûts. Dès que la ligne classique de Le Nôtre se brise, on aperçoit des horizons irréguliers et des méandres de verdeur qui réjouissent l'œil, après la pompeuse monotonie des angles droits. Il y a des charmilles attrayantes à peine éclairées à midi par des lueurs crépusculaires, et qui vous invitent aux rêveries ou aux doux entretiens ; il y a des carrefours de forêts vierges, des recoins mystérieux, des pelouses négligées, des corridors de feuillages, des allées tortueuses, tout un Élysée, retentissant de bruits de fontaines et de chants d'oiseaux. Il y a un lac sauvage tacheté de fleurs de nénuphar et gardé par deux statues de fleuves, assises sur un trône de roseaux et de plantes aquatiques qui dérobent à l'œil le piedestal ; au delà de ce lac, les sombres massifs d'arbres semblent annoncer la frontière du domaine de l'inconnu et l'horizon du monde inhabitable. On trouve ensuite un immense parvis semé de gazon, où des sphynx de marbre proposent un énigme, comme devant le temple de Louqsor ; et quand on les a caressés de la main, comme des chiens de garde, on monte un escalier de fleurs agrestes, et on arrive à une charmante rotonde, en style grec, dédiée au dieu de la lyre, à l'Apollon Lycien. C'est un frais paysage de Thessalie ; on y ressent même cette *frayeur secrète* dont parlent les anciens « et qui se glissait au cœur des hommes dans les sombres bocages habités par les dieux. » C'est une imitation païenne mieux comprise à Versailles, où les dieux semblent sortir baptisés de la chapelle du château, pour réciter des alexandrins devant le bassin de Latone. Certes, la rotonde des Fontaines à Versailles est un chef-d'œuvre d'architecture poétique, très-bien placée dans les jardins enchantés d'Alcine, et bien plus riche par la matière et l'art que la rotonde de Schwetzingen, et pourtant celle-ci plaira toujours davantage aux amoureux de l'antiquité grecque ; c'est la différence qui existe entre l'*Anacréon* de Grétry et l'*Orphée* de Gluck.

A défaut de vivants, les statues, les lions, les oiseaux de bronze, les sphinx égyptiens peuplent cette gracieuse solitude ; Minerve conseille la sagesse dans une sacelle recueillie, qui probablement n'a jamais été entourée d'auditeurs ; c'est une Minerve *clamans in deserto*. Vénus conseille les éternelles folies de l'amour, et donne des sourires aux passants, comme une Phryné à la promenade ; le musicien Arion, le chantre de Lesbos, vogue sur le dos d'un dauphin, et nous annonce Weber et Mozart ; Adrien et Alexandre, debout sur leurs piédestaux, et montrant un visage mélancolique, semblent faire un discours sur la folie des conquêtes ; Agrippine semble regretter Cologne et les bords enchantés du Rhin, au moment où elle va perdre la vie ; Mercure se recueille de l'air d'un dieu retiré du commerce, pour savourer les douceurs du riant exil des bois ; Némésis vient de donner sa démission de déesse des Vengeances, et Pallas plante sa lance dans des touffes de lierre à cinq feuilles, pour la changer en olivier. C'est un Olympe délicieux, et Mahomet le couronne de son roissant, et invite, dans sa mosquée, les déesses homériques à une fête donnée par ses odalisques et ses houris.

Montez sur un minaret de cette mosquée copiée à la Mecque, et à l'extrémité d'un long ruban de route, droit comme un I, vous verrez les merveilleuses ruines de Heidelberg ; c'est une antithèse monumentale digne d'arrêter le voyageur. Ici, tout est brillant de fraîcheur et d'animation ; tout semble né d'hier, pour les plaisirs d'une reine ; tout semble préparé pour recevoir Louis de Bade et sa brillante cour de héros et de jeunes femmes, au retour de sa glorieuse campagne chez les infidèles ; là-bas, tout s'écroule, en gardant son caractère de grandeur incomparable ; les mufles de lions sortent des soupiraux de la façade, comme des têtes de molosses gardiens, et hurlent au fracas de la dévastation, et les statues des électeurs palatins se penchent sur des abîmes de verdure ou se voilent de manteaux de lierres pour ne pas voir les iniques atrocités qui vont s'accomplir.

La comtesse Djaveniz était assise sur un banc de

gazon, devant la rotonde de l'Apollon Lycien, et elle causait avec le célèbre sculpteur Crepello, qui travaillait à sa Minerve dans son atelier de verdure.

— Aimez-vous les draperies, monsieur Crepello, dans une statue? dit-elle avec nonchalance.

— Non, belle comtesse, dit le sculpteur; mais on ne peut faire, sans draperies, une Minerve ; c'est la déesse de la pudeur.

— Pauvre femme!... reprit la Djaveniz. Tenez, cher maître... voici ce que je lis dans un livre qui m'arrive de France... C'est un amoureux qui se jette aux pieds d'une belle et jeune veuve, en s'écriant :

« — O femme, laisse tomber tes voiles et demande des autels !... »

— Je trouve cela superbe... Qu'en pensez-vous?

— Je voudrais savoir ce que fit la belle veuve.

— Elle garda ses voiles, resta femme, et n'eut point d'autels.

— Madame, dit le sculpteur, il y a, dans ces jardins, un piédestal qui ne supporte rien ; il attend une déesse; j'ai épuisé le personnel féminin de l'Olympe. Voulez-vous occuper ce piédestal désert? mon ciseau est aux ordres de votre divinité.

— Tentateur! dit la comtesse, en souriant.

— Avez-vous lu *la Henriade* de M. de Voltaire, madame?

— Non, je suis brouillée avec le roi de Prusse.

— Excellente raison, madame; eh bien, il y a dans ce poëme ces quatre vers sur une femme que vous devez aimer...

— Oui, maître, si elle me ressemble; si elle est un homme.

— Mieux que cela encore; c'est Cléopâtre.

— Je l'aime jusqu'à l'aspic exclusivement... Dites les quatre vers.

— Les voici :

> Telle, et moins belle encore, à Tarse, on vit paraître
> Celle qui des Romains avait fixé le maître,
> Lorsque les habitants des rives du Cydnus,
> L'encensoir à la main, la prirent pour Vénus.

Le sculpteur avait fléchi un genou, avant de commencer la citation, et il gardait l'attitude de l'extase.

La comtesse, habituée au génuflexions, regardait la voûte des arbres, et laissant tomber ensuite un doux regard sur l'ardent et jeune artiste, elle dit :

— Ces vers sont une allusion, n'est-ce pas ?

— Oui, madame, à votre récent voyage sur les rives du Rhin.

— Oui, j'ai cru comprendre, reprit la comtesse... Étiez-vous dans le cortége ?

— Oui, déesse ; et j'ai arraché les fleurs de dix parterres pour en joncher votre chemin,..

— C'était fort beau, en effet, poursuivit la Djaveniz ; on m'a traitée en reine...

— En déesse, interrompit l'artiste.

— Soit, maître, en déesse ; du Rhin à Louisbourg, c'était un vrai triomphe pour moi ; rien ne m'a manqué, arcs de verdure, chemin de fleurs, harangues de bourgmestres, carillons de cloches, salves d'artillerie; je n'habitais pas la terre, l'Olympe m'admettait dans sa cour [1].

— Et Vénus était jalouse pour la première fois, dit le sculpteur.

— Ce triomphe m'a donné l'ambition, reprit la Djaveniz; un fauteuil de comtesse à la cour ne me suffit plus, il me faut un piédestal de déesse dans un temple. Je vous avoue franchement ce rêve d'orgueil, à vous, maître, parce que vous m'aimez d'un amour d'artiste, l'amour que j'aime. Les autres m'ont obsédée d'ennuis et de jalousies. Ce petit Casanova est un fat qui a fait litière de robes de velours et de cottes de bure, et qui vient m'offrir, à moi, la monnaie de cuivre qui lui reste, après avoir prodigué ses ducats et ses sequins à son harem éparpillé en Europe; mais je le tiens enchaîné à Louisbourg, et je veux faire un

---

[1] Cette marche triomphale de la Djaveniz serait révoquée en doute, comme tant d'autres choses incroyables, relatives à cette femme extraordinaire, si elle n'était attestée par le livre précité, p 62.

martyr ou un Tantale de ce Joconde qui a côtoyé mille femmes sans en aimer une. Quel bonheur pour moi de punir avec des sourires sans lendemain cet orgueilleux mendiant de voluptés ! Il s'est associé maintenant au prince Léopold, et depuis un mois j'épie leurs manéges. Ils m'ont jouée aux cartes, eh bien, je les jouerai moi à un autre jeu. Quant à mes espions de Berlin, je les tiens à distance, avec une adresse de tous les jours : ils ont commis, ces diplomates stupides, l'imprudence de m'écrire des lettres brûlantes, des lettres d'écoliers amoureux. Tous les animaux sont rusés, excepté l'homme. En voilà deux que je tiens, et que je puis livrer, pieds et poings liés, à mon cher ennemi le roi de Prusse, dont ils gagnent si bien l'argent...

— N'oubliez-vous pas quelqu'un, divine comtesse ? demanda le sculpteur.

— Non, je n'oublie personne.

— Le duc, votre maître.

— Je suis sa maîtresse ; c'est moi qui suis le duc,

Je règne; je perçois ma part d'impôts; j'ai ma capitale qui doit dépeupler Stuttgart. J'ai quitté mon palais il y a trois jours, voyageant jour et nuit avec ma camériste Iris et Paulus, mon page favori, doux comme un enfant, brave comme un lion. Tout le monde me croit à Stuttgart. Le duc est toujours occupé à chercher sa femme; elle a disparu comme Creüse; c'est dommage, elle était fort jolie, et elle aurait pu me nuire si le duc s'était converti à la légitimité.

— Elle est donc morte? demanda le sculpteur.

— Le diable le sait! reprit la jeune femme avec un rire de sibylle; on disparaît dans un palais de là-bas; c'est l'usage depuis le duc Alexandre et la princesse Caroline; on ne meurt pas. C'est trop vulgaire de mourir, on disparaît... Mais nous avons assez causé des autres, mon beau faune, car vous ressemblez à un faune au milieu de cette verdure grecque; parlons un peu de nous.

— Je ne demande pas mieux, dit le sculpteur.

— Vous savez maintenant le projet bizarre qui m'amène ici, dans mon incognito ; je viens poser devant vous comme Vénus devant le berger de l'Ida. On me construit une rotonde dans mes jardins de Louisbourg, et par une belle nuit bien noire, nous placerons la statue sur le piédestal, sans y graver aucun nom, ni le vôtre ni le mien. On reconnaîtra l'ouvrier à l'œuvre.

— Et la femme à sa beauté, dit Crepello.

— Vous achevez la phrase, mon beau Sylvain... Je suis toute à votre ciseau, dans un instant.

Elle se leva en déployant toute la grâce de sa taille divine, car la toilette d'été ne dérobait pas déjà trop la déesse, et courant sur la pelouse, elle appela Paulus, le page aimé, un jeune Hongrois de vingt ans, brun comme un Espagnol de Cordoue, issu de More, et qui lançait des flammes de ses yeux noirs quand il regardait sa belle maîtresse ou un rival hideux.

Paulus s'élança comm un jeune faon d'un massif de feuillage, et décrivant une courbe immense, il tomba devant la comtesse, ses mains sur le pommeau de ses pistolets.

— Oh! dit la Djaveniz en riant, il n'y a pas de péril pour moi. Écoute, mon Paulus : je suis dans l'atelier de maître Crepello, là-bas, dans le fouillis de verdure... il fait mon portrait... en buste, ne t'alarme pas... mais c'est un secret... Le parc et les jardins sont déserts, n'est-ce pas?

— Oui, maîtresse, dit le page d'un air sombre.

— On ne peut entrer dans cette enceinte de verdure que par cette issue étroite. Fais bonne garde ici, et si quelque maladroit curieux voulait forcer le passage...

— Il ne le forcerait pas, interrompit le page d'un ton résolu.

— Et ne sois pas triste comme cela, reprit la comtesse avec une grâce féline; tu sais bien que je n'aime que toi.

Le nuage du doute assombrit la figure de Paulus.

La comtesse reprit son vol et disparut dans les arbres qui voilaient l'atelier de Crepello.

Le page la suivit des yeux, et quand il ne la vit plus, il s'adossa contre un sphynx de marbre et pleura comme un enfant. Il connaissait sa belle maîtresse et ne croyait pas au buste...

Crepello avait en préparation, dans son atelier, une Vénus en marbre de Carare, destinée aux jardins de Schwetzingen; le bloc encore brut en certains endroits, avait pourtant déjà gagné, sous le premier travail du ciseau, la grâce et le contour des formes. Le visage attendait encore le modèle ou l'inspiration.

Une voix mélodieuse chantait le refrain de l'hymne à la pudeur du poëte Hængel; c'est la paraphrase de cette pensée du poëte latin, sur les trois Grâces, *nudæ decentes :*

> Ne regrettez pas, belles ingénues,
> La robe et le lin absent,
> Dans leur temple saint, les grâces sont nues,
> Sur le piédestal, leur marbre est décent.

Et celle qui chantait entra.

On eût dit que le soleil faisait tout à coup irruption dans le crépuscule de l'atelier. Une ophthalmie subite éteignit le regard du sculpteur.

La jeune femme prit la pose de Vénus victorieuse, et dit d'un ton léger comme son costume :

— Maître, je vais vous faire une question... Qui a donné aux sculpteurs grecs un talent incomparable ?.. Vous cherchez la réponse?... la voici : c'est le noble courage des femmes... Aujourd'hui, les artistes du ciseau cherchent leurs modèles de déesses dans des races appauvries et besogneuses de mère en fille ; et lorsqu'une Vénus moderne apparaît dans un musée ducal, on voit que la mère de cette pauvre déesse a demandé l'aumône et souffert la faim.

— C'est vrai, dit Crepello d'une voix faible.

— J'ai toujours admiré, reprit la comtesse, ces jeunes filles de bonne maison qui venaient s'offrir à Praxitèles, quand le grand statuaire méditait ses adorables Vénus.. Trouvez-vous ma pose à votre goût, signor Praxitello?

La réponse ne sortit pas des lèvres du sculpteur; la fièvre brûlait et paralysait sa langue; c'était pour lui comme le soir d'un jour d'été; la lumière tamisée par les grands arbres, avait une douceur suave aux regards dans l'atelier de verdure, et donnait une teinte divine au vivant poëme de beauté qui venait d'éblouir l'artiste.

Une musique ravissait l'oreille; elle était faite des murmures de la cascade, du bruissement des feuilles, du chant des oiseaux; elle était l'hymne de l'amour, sous les ardeurs du solstice et dans la tiède fraîcheur des bois. Au sommet des massifs de verdure, on voyait s'arrondir, dans sa grâce thessalienne, le temple d'Apollon Lycien. Praxitèles a donné sans doute le même cadre à son divin modèle lorsqu'il créa sa Vénus.

Le jeune page Paulus, veillant sur le chemin des Actéons, entendit un bruit de pas presque insensible, car il était amorti par les hautes herbes, tapis de velours de ces beaux jardins.

Il se mit en observation derrière un arbre fort épais, et il attendit.

Deux hommes se montrèrent bientôt dans une éclaircie du parc : ils avaient l'air de s'avancer avec un but déterminé plutôt qu'au hasard de la promenade. Ils paraissaient aussi connaître parfaitement le terrain, car on ne remarquait aucune hésitation dans leurs pas. Mais cette apparition prit un caractère alarmant, lorsque Paulus reconnut dans ces deux hommes les gentilshommes prussiens amoureux de la comtesse et ses espions oficiels.

La pensée et la conjecture fonctionnèrent rapidement dans le cerveau du page intelligent, et il fut admis que les deux amoureux, faisant métier d'espions pour leur propre compte, s'étaient mis à la recherche de la jeune femme, et que d'indices en indices, ils étaient descendus à la seule auberge de Schwetzingen, au *Saumon d'Or*, où une chaise de poste et des renseignements de domestiques avaient révélé la présence de la Djaveniz[1].

Diane, cette fois, était menacée de deux Actéons. Une chose à noter, c'est que, dans le voisinage de l'atelier où posait la divine mortelle, on peut admirer deux cerfs de taille colossale, sculptés par le chevalier Verschaffelt.

Les deux inquisiteurs amoureux, après avoir fureté partout, arrivèrent au parvis de verdure, et reculèrent devant un jeune homme qu'ils ne reconnurent pas tout de suite, mais qu'ils reconnurent un instant après. Leurs soupçons venaient de s'éclaircir. Paulus était décidément le favori de la comtesse et il voyageait avec elle pour se délivrer des importuns et des jaloux. C'était l'amour en vacances.

— Messeigneurs, leur dit le page d'un ton sèche-

---

[1] Un siècle et plus s'est écoulé; la modeste auberge du *Saumon-d'Or* est aujourd'hui remplacée par le confortable hôtel du *Prince-Héréditaire*.

ment poli, les jardins sont vastes, et je vous conseille de passer sans vous arrêter ici.

— Petit insolent, dit le comte, nous n'avons pas de conseil à recevoir de toi.

Et il fit deux pas pour forcer le passage.

Paulus l'étendit mort d'un coup de pistolet, tiré à brûle-pourpoint.

L'autre prit ses armes et fit feu sur Paulus, qui, au premier mouvement de l'ennemi, s'était servi d'un arbre comme d'un bouclier. Les deux coups tirés presque simultanément ne l'atteignirent pas.

Prompt à la riposte, comme l'éclair, Paulus tira sur son adversaire, et deux cadavres rougirent les gazons du parc.

Au même instant, le sculpteur arrivait au vol, armé de son ciseau, et la comtesse, intrépide comme une amazone, suivait Crepello, n'ayant d'autre arme que sa beauté, comme l'Hersilie qui sépare les combattants, dans le tableau des Sabines de David. C'est une admirable idée de femme courageuse.

La comtesse regarda les cadavres, serra la main de Paulus et dit à Crepello : Vous aurez votre atelier à Louisbourg.

Elle réfléchit un instant et ajouta :

— Je sais ce qu'il faut faire ; attendez-moi ici un instant tous les deux.

Les deux amoureux se placèrent à une respectueuse distance l'un de l'autre, et gardèrent ce silence morne qui fut inventé par des rivaux. La comtesse, à son retour, les trouva immobiles et muets, accoudés sur les sphinx et les complétant.

Elle s'était vêtue à la hâte, et elle achevait sa toilette en marchant.

— Venez, messieurs, dit-elle, suivez-moi à l'auberge du *Saumon-d'Or*.

On ne marcha pas, on courut. La comtesse monta lestement à sa chambre, ouvrit une cassette, et prit plusieurs lettres qu'elle serra dans son corsage. Puis, elle demanda à l'aubergiste l'adresse du directeur de de la ville ; on la lui indiqua.

— J'ai mon idée, dit-elle à Crepello et à Paulus, en se frappant le front ; vous allez voir.

Introduite chez le directeur de la ville, la comtesse prit un accent ému, et fit cette déposition, avec prière de la transcrire comme pièce judiciaire :

— Il y a dans le parc, non loin du temple d'Apollon, deux hommes tués en duel. Devant la justice, il faut tout dire, et je ne cacherai rien. Je venais avec ma suite visiter les jardins de Schwettzingen, pour introduire quelques améliorations dans notre parc de Louisbourg. Deux jeunes seigneurs aimaient la même femme, mais sans espoir, car cette femme est trop haut placée pour écouter des déclarations qui partent de trop bas. Cette femme... oui, il faut tout dire... c'est moi, et voilà les lettres amoureuses qui prouvent la vérité de mes paroles ; je les dépose entre vos mains, monsieur le directeur. Il y a eu jalousie et duel entre les deux rivaux ; ils se sont tués devant leurs témoins que voici : le statuaire Crepello et un jeune étudiant de Heidelberg, M. Paulus Miller. Telle est la vérité.

Elle prit son mouchoir et le passa sur ses yeux pour essuyer des larmes qui ne coulaient pas.

Le directeur ému interrogea les deux faux témoins, qui affirmèrent la vérité des paroles de la comtesse et signèrent le procès-verbal dressé.

L'affaire fut ainsi arrangée, et le procès-verbal expédié à Berlin.

Une heure après cette scène inouïe dans les fastes de la procédure, la comtesse reprenait le chemin de Louisbourg.

VI

Casanova n'était pas homme à se contenter d'une intrigue ; c'était pour lui que Dorat, le poëte de l'amour transi, avait écrit ce vers : *Il est passé le temps des cinq maîtresses,* nombre à la vérité réduit à trois à la seconde édition, et à deux, à la troisième. En relisant, à Louisbourg, pendant l'absence de la comtesse, le manuscrit de ses *Mémoires*, Casanova rougissait de sa décadence ; il croyait que tout ce qu'il avait écrit lui était arrivé, comme le menteur qui fait entrer ses rêves du sommeil dans les réalités de sa vie, et se dupe lui-même avec la meilleure bonne foi du monde. Le chapitre du supplice de Damiens, l'assassin de Louis XV, l'humilia beaucoup à la lecture ; il s'attribua le fabuleux tour de force de la place de Grève, ce prodige d'amoureux qu'il raconte pour désespérer les écoliers candides et faire rire de pitié les hommes instruits, et serrant son dossier de conquêtes dans un tiroir, il résolut de devenir amoureux d'une belle veuve disponible et consolable arrivée la veille à Louisbourg.

C'était une femme dont l'histoire a conservé le nom, la comtesse Théodora Stolzenberg, une superbe brune douée du savoureux éclat des blondes allemandes, et qui, séduite par les joies bruyantes de Louisbourg, venait oublier les ennuis du veuvage dans cet olympe du Wurtemberg.

Casanova, tacticien consommé en intrigues amoureuses, se mit d'abord à débiter à Théodora, comme improvisation, toutes les fadaises que Paris a popularisées dans le xviiie siècle et devant produire leur effet sur une jeune Allemande qui les entendait pour la première fois en croyant les avoir inspirées. L'intrigue terminait sa préface, lorsque la Djaveniz arriva de Schwetzingen à Louisbourg.

Personne ne l'avait vue entrer au château, et avant de recevoir les hommages de sa cour, elle fit venir dans sa chambre son fidèle Mercurius, à qui rien n'échappait et dont les rapports de secrète police étaient toujours très-voisins de la vérité. Ces auditions d'espionnage avaient parfois un caractère de concision digne d'être offert pour modèle aux juges instructeurs.

— Que s'est-il passé? demanda la comtesse, en jetant son caraco noir capuchonné à dix pas d'elle.

— J'ai trouvé des pastilles empoisonnées dans votre boîte que voilà, celle qui sert toujours à madame la comtesse.

— Qui t'a dit qu'elles étaient empoisonnées?

— J'ai trouvé ici le papier qui les contenait; c'était

un bulletin de théâtre adressé à une ballerine. Il y a trois jours, la Gardella est entrée au château sous un prétexte; elle a ouvert la porte de votre appartement avec une fausse clef. J'ai commencé par soupçonner, comme toujours ; mais comme il faut être juste, j'ai voulu savoir la vérité.

— Vite, arrive à la fin.

— Je n'ai pas fait la moindre esclandre. J'ai arrêté moi-même la Gardella, et je l'ai enfermée dans le petit cachot du souterrain.

— Après ?

— Je l'ai forcée à me donner un ordre écrit pour son agent d'affaires à Stuttgart, qui m'a remis tous les bijoux et l'or de la ballerine, le tout estimé à cent mille florins.

— Très-bien. Tu as déposé le petit trésor dans le grand.

— Comme je fais toujours [1].

---

[1] Ce sont ces exactions criminelles qui avaient élevé si haut la richesse de la Djaveniz (voir le livre précité).

— Après ?

— Ma justice m'a inspiré une bonne idée, je crois; je lui ai fait avouer son crime, et l'ai obligée à manger les pastilles, en la menaçant de la plonger vivante dans les oubliettes si elle refusait.

— Qu'a-t-elle fait ?

— Elle n'a pas choisi les oubliettes. C'était une jeune fille de courage. Pour tout le reste, que madame la comtesse soit tranquille, la nuit a couvert la punition et l'ensevelissement.

— C'est approuvé. As-tu encore quelque chose amusante à me conter ?

— Oui, madame la comtesse...

— Voyons.

— Le chevalier vénitien est amoureux...

— Je le sais...

— Pardon ! madame la comtesse m'a fait l'honneur de m'interrompre trop vite... est amoureux de la comtesse Théodora.

— Ah ! fit la Djaveniz, avec une contraction de visage irrité... Et cette petite Théodora ?

— Est amoureuse du petit chevalier. Mais ils trouvent tous les deux que le château de Louisbourg n'est pas un endroit sûr pour les intrigues amoureuses qui... ont une fin... On commence à se méfier des petites sonnettes dont les fils de laiton correspondent aux chambres de réserve, et dont je vois les numéros écrits dans ma petite chambre d'espionnage nocturne. Il paraît que ce secret si amusant pour madame la comtesse, qui me faisait l'honneur de m'y associer, est un secret connu aujourd'hui.

— Que dis-tu, Mercurius ?

— Oui, le fil placé sous l'ottomane de la chambre du prince Léopold s'est brisé l'autre nuit avec fracas, et .. tout a été découvert.

— Il paraît, dit la comtesse, avec un rire fauve, que le prince Léopold néglige beaucoup ses trois épouses et son harem. C'est un satrape cousu d'or qui demande l'aumône pour tuer le temps. Oh ! les hommes ! je voudrais les tenir tous dans mon château de Louisbourg et le changer en maison de fous !... Continue ton rapport.

— Je reviens au chevalier vénitien et à son intrigue qu'il a commencée pour tuer le temps. J'ai tellement ouvert les yeux sur la petite Théodora, qui est fort grande, que j'ai intercepté ce matin une lettre qu'elle écrivait à Casanova.

— Voyons la lettre.

— La voici, madame la comtesse.

Elle l'arracha vivement des mains du serviteur, et elle lut ceci :

« Ce soir, à dix heures, sous les arbres de la grande allée, à vingt pas de la grille, il y aura ma berline attelée à deux bons chevaux. Stuttgart n'est pas loin et ma maison de campagne est située bien plus près encore. Une lieue avant la citadelle d'Asperg.

« Vous choisirez. T... »

— C'est bon ! dit la comtesse, en froissant le billet ; je te donnerai mes instructions... Oh ! les femmes ! ne dirait-on pas que j'aime ce petit blasé de Vénitien ! je l'exècre ; je n'ai jamais songé à lui accorder la rognure de l'ongle de mon petit doigt, et je suis jalouse ! Bah ! je n'ai pas le temps d'expliquer ces absurdités de femme !... Mercurius tu recevras mes instructions.

— Toujours aux ordres de madame la comtesse.

— Ton rapport est-il fini ?

— Oui.

Il s'inclina, et tout à coup se ravisant, comme s'il avait oublié un léger détail sans importance aucune, il dit :

— Tiens ! je n'y pensais plus !... en votre absence, le fils du duc est mort.

— Pauvre enfant ! dit la comtesse ; il est mort ! à son âge ! si jeune ! les vieux seuls ont le droit de mourir... Et comment est-il mort ?

— Un accident, madame la comtesse... une imprudence de sa gouvernante... ma nièce... une étourdie !... Je l'ai chassée. Elle doit être sur la terre de France en ce moment... à Strasbourg...

— Mais tu n'expliques rien ! dit la comtesse avec impatience.

— Ah ! je croyais que l'explication était inutile dit Mercurius, d'un air naïf... Voici comment la chose s'est passée... La gouvernante tenait dans ses bras l'héritier du duc, elle a voulu sauter d'une gondole à une autre, et elle a laissé tomber le pauvre petit dans le grand lac, devant le château [1].

La Frédégonde de Louisbourg frissonna pour la première fois et dit à voix basse :

— Y avait-il des témoins au bord du lac !

— Oui, madame la comtesse, et en très-grand nombre. On a voulu noyer la gouvernante, mais je l'ai défendue de mon mieux, en leur montrant le dés-

---

[1] A cette époque, ainsi qu'on peut le voir en consultant le grand ouvrage de Louisbourg, déposé à la bibliothèque de Stuttgart, il y a avait un lac immense et très-profond devant la façade nord du château. On y donnait le spectacle des naumachies romaines.

espoir dont elle était saisie. La triste nouvelle a été portée au duc ; quant à la duchesse, on continue à ne pas savoir l'asile de retraite qu'elle a choisi.

— Et mon nom a-t-il été prononcé dans cette affaire ? demanda la comtesse d'un air d'inquiétude.

— Non, madame, répondit Mercurius avec assurance.

— C'est un coup hardi ! remarqua la jeune femme, comme en *à parte*... Ah ! Mercurius, tu exagères le dévouement ! prends garde ; tu vas trop loin !

Puis, se remettant de son émotion, elle ajouta :

— La nouvelle de la mort de mes deux espions de Berlin arrivera bientôt à Louisbourg ; ainsi tu dois la publier le premier devant la domesticité bavarde du château. Elle remontera des antichambres dans les salons...

Et elle raconta la sanglante aventure des jardins de Schwetzingen.

— N'importe ! dit Mercurius en se retirant, il y a beaucoup trop de morts en si peu de jours.

La comtesse sonna sa camériste et s'habilla.

A l'heure du déjeuner, toute la société du château connaissait l'histoire, ou, pour mieux dire, la fable de Schwetzingen. La comtesse descendit en robe de deuil à la salle à manger, et serra les mains des convives, en prodiguant à la ronde des sourires tristes, comme on fait quand on revoit ses amis après une catastrophe. Au milieu du repas, Casanova voulut hasarder quelques plaisanteries, mais la comtesse lui lança un regard sévèrement amical qui remit l'entretien sur les tons graves.

On servit le café sur la terrasse du midi et les groupes se formèrent. Les courtisans et les amoureux, tous ravis de la mort de deux rivaux, déploraient à haute voix les suites de ce duel, en célébrant le courage de ces héros de l'amour.

La comtesse Théodora vint faire ses adieux à la Djaveniz ; elle avait reçu, disait-elle, de Munich, une lettre qui la rappelait à Stuttgart, pour des affaires de succession, des affaires ennuyeuses qui commencent quand le veuvage expire ; mais elle se promettait bien de rentrer bientôt à Louisbourg, où l'hospitalité de la maîtresse ne laissait rien à désirer à ses élus. La Djavoniz fut charmante au naturel, en comédienne parfaite ; elle embrassa la belle veuve avec un fracas de caresses qui faisait tressaillir les jeunes seigneurs présents à la scène, et au dernier mot d'adieu, elle lui dit :

— Chère amie, Louisbourg, en vous voyant partir, prend le deuil que vous quittez : venez le consoler au plus vite. Tout veuvage est un ennui.

— Quelle femme adorable ! ajouta-t-elle après le départ de Théodora ; n'est-ce pas messieurs ? Bon ! voilà le seigneur Casanova, l'homme difficile, qui secoue la tête... Voyons, qu'exigez-vous dans la beauté d'une femme, grand connaisseur ?

— Ah ! dit Casanova, c'est un secret que je ne confie qu'à moi, quand je suis deux.

— Et vous, prince Léopold, ne pensez-vous pas

qu'une femme comme la belle comtesse Théodora vaut tous les harems de l'Asie mineure et majeure ?

— Changez le nom de la comtesse, dit le prince, et je me range à votre avis.

— Messieurs, dit la Djaveniz, en prenant le bras de Casanova, la vie est trop courte pour deviner des énigmes ; allons voir s'il ne manque rien à l'atelier que je fais disposer dans la serre pour Crepello.

Elle prit les devants, et parlant tout bas à l'oreille du Vénitien, elle ajouta :

— Le prince Léopold est charmant, mais ce n'est pas l'homme que je choisirais si j'étais libre. Il est jaloux comme Caïn, l'inventeur de la jalousie. Avez-vous remarqué l'air sombre qu'il a pris quand je vous ai donné la préférence du bras ?

— Non, madame, dit Casanova ; mes yeux ne sont qu'à vous, ils ne s'égarent jamais ailleurs.

Et il serra le bras de la jeune femme contre le sien.

Un regard oblique et illuminé d'amour sembla encourager le lovelace vénitien.

— Mon absence vous a-t-elle paru longue? demanda-t-elle sur un ton ingénu.

— En quelques jours, répondit Casanova, j'ai comris le mot éternité.

— Comme un élu du ciel.

— Pourrai-je prendre ce titre d'emain à mon réveil! emanda Casanova d'une voix pleine de tendresse.

La comtesse baissa pudiquement les yeux, donna nn frisson à son bras et garda un silence éloquent.

— Oh! madame, reprit Casanova, me permettez-vous d'écouter votre silence comme une réponse faite à l'élu du ciel?

— Enfant, dit la comtesse, sur le ton de la vertu qui capitule, vous savez bien que je n'aime que vous.

Casanova, l'homme des mille conquêtes, éprouva cet accès de joie délirante qu'un premier rendez-vous donne à l'adolescent amoureux. Il dévora d'un coup d'œil la rayonnante beauté de la comtesse, et son regard semblait dire : enfin le paradis vivant est à moi! Ainsi le fécond auteur de *Mémoires* amoureux avait déjà oublié les serments faits à Théodora ; il abandonnait une intrigue, cette fois, avant le succès.

On était arrivé à l'atelier de la serre, où Crepello travaillait à la fois sur quatre blocs déjà dégrossis. Crepello est le Lucca-Giordano des statuaires, le peintre qu'on a surnommé Lucca-*fa presto*, à cause de sa facilité prodigieuse.

— Maître Crepello, lui dit la comtesse devant tout le monde, j'ai reçu hier un legs inattendu de cent mille florins ; je vous les donne, et vous placerez sur les piédestaux qui ne supportent rien devant la façade, au bord du lac, les neuf Muses, les trois Grâces et les quatre Saisons [1].

Un chœur d'éloges éclata autour de la généreuse comtesse. L'enthousiasme des courtisans la comparait aux illustres reines dont la magnificence a étonné l'univers, à Cléopâtre, à Zénobie, à Octavie, à Isabelle

[1] Qu'est devenu ce peuple de statues qui bordait le lac et dont parle l'*Album de la bibliothèque de Stuttgart* ? C'est ce qu'il m'a été impossible de savoir. On ne trouve aujourd'hui ni lac ni statues.

d'Espagne. Une voix d'esclave libre protestait toujours dans l'ombre où passait la triomphante comtesse ; elle disait qu'il y avait au fond de ces libéralités royales une adroite intention de se faire pardonner des exactions odieuses et peut-être un crime, mais cette voix isolée avait soin de ne pas se faire entendre ; elle ne devait retentir que dans la postérité.

Le statuaire Crepello, amoureux de la comtesse, ne voyait que des rivaux dans ces jeunes seigneurs qui regardaient avec ennui et dédain son atelier ; Casanova surtout lui donnait la fièvre de la jalousie, car le rayon qui brillait sur la figure du Vénitien semblait exprimer tout le degré de bonheur que peut donner à un homme la possession de l'adorable châtelaine de Louisbourg.

Toutefois les cent mille florins adoucissaient l'infortune de l'artiste ; c'est ce que la comtesse avait deviné. Elle pensait à tout.

En ce moment même où elle donnait à l'artiste ses intentions pour les poses, les attitudes, les attributs des neuf Muses, elle combinait une terrible vengeance de femme contre cette insolente Théodora qui avait osé nouer une intrigne avec Casanova de Seingalt. Au fond de l'atelier, elle causa avec Mercurius, et sa belle main, qui décrivait dans l'air des courbes, des angles et des lignes, semblait indiquer au serviteur les améliorations que l'architecte devait introduire dans la serre pour favoriser les travaux du sculpteur.

A la fin de cet entretien mystérieux, la comtesse fit un signe d'impatience, comme si elle eût parlé architecture à un serviteur stupide, et prenant un crayon, elle dessina sur le mur des cintres et des angles droits, et dit :

— Crois-tu que le jeune laquais sera l'homme de l'expédition ?

Mercurius se frappa le front, et s'inclina en disant :

— Je réponds de Lorenzo ; il est intelligent comme un Italien ; il joue la comédie aussi bien que Scaramouche ; il est de la taille de Casanova ; il parle allemand avec l'accent de Venise ; il aime les femmes comme un étudiant paresseux ou un moine quêteur. C'est l'homme qu'il faut.

— Bien, dit la comtesse; hâte-toi, suis toutes mes instructions, et copie, avec des fautes d'allemand, cette lettre que voici.

S'adressant à sa société, elle ajouta d'une voix plus élevée :

— Maître Crepello, Mercurius va communiquer mes intentions et mes plans à mon architecte. On fera une large ouverture au plafond ; la lumière tombera de haut dans votre atelier ; c'est le jour par excellence, le jour de l'inspiration pour les grands artistes ; n'est-ce pas, messieurs ?

Les courtisans ne comprirent rien aux plans de la comtesse, mais ils applaudirent comme s'ils avaient compris.

La jeune femme les invita à l'inauguration d'une trirème qu'elle avait fait construire pour ses promenades sur le grand lac ; cette partie de plaisir fut acceptée avec joie ; elle fut charmante avec tout le

monde ; elle accepta le bras successivement de tous
ses amoureux ; fit comprendre à chacun qu'elle avait
une préférence pour lui ; distribua l'espoir et les sourires comme une Pénélope qui a renoncé à la bro-
derie, et descendue par le grand perron des cascades
à l'embarcadère du lac, elle monta lestement l'échelle
e la trirème, en la baptisant du nom de *Cléopâtre* [1].

Une journée superbe favorisa cette promenade ;
ous les enchantements fabuleux des jardins d'Armide
se réalisaient dans le parc du château de Louisbourg.
Les rameurs, vêtus de clamides de soie, faisaient
voler la trirème avec des rames dorées ; la belle comtesse, déshabillée par une tunique blanche qui rendait justice à tous ses charmes, s'était gracieusement
étendue sur des nattes indiennes, à l'ombre d'un *ve-
larium* écarlate, et se laissait admirer par de jeunes
seigneurs qui dédaignaient le paysage et ne regar-

---

[1] On voit le dessin de cette trirème dans l'*Album de Fros-
sini*, l'architecte du château de Louisbourg (bibliothèque de
Stuttgart).

daient qu'elle dans une extase d'amour. Les musiciens, assis à la proue, exécutaient des symphonies voluptueuses qui ravissaient l'oreille et embrasaient les sens ; toutes les fleurs des parterres voisins jonchaient la trirème et embaumaient le lac de leurs mille parfums. Vingt pages, vêtus à la vénitienne, servaient sur des plateaux d'or les sorbets, les liqueurs de cerises, les vins d'Espagne et du Neckar. L'ivresse était dans l'air, la beauté d'une femme luttait avec la beauté de la nature et triomphait de cette rivale divine qui servait humblement de cadre et semblait se réjouir de sa modeste fonction.

On voit encore aujourd'hui, à l'horizon opposé du château, un pavillon nommé la *Favorite ;* c'est une fantaisie d'architecture à la chinoise, avec ses clochetons et ses ornements bizarres. On n'y arrive plus sur des barques, le lac ayant été mis à sec ; un chemin de verdure, ombragé de beaux arbres, monte à la *Favorite* et offre aux visiteurs de ce désert une délicieuse promenade. C'est au bas de l'escalier de ce pavillon d'été que la trirème s'arrêta et que toutes les mains se tendirent pour aider la comtesse à la descente. Elle saisit, comme par hasard, la main de son page favori Paulus, ce qui n'excita aucune jalousie chez les hommes; Paulus ne leur semblait pas dangereux, ce n'était qu'un enfant.

Il y avait foule de paysans et de villageois, tous accourus de *Monrepos*, et couvrant les pelouses de la *Favorite*[1].

La comtesse se mêla familièrement à cette foule, s'entretenant avec les groupes, serrant les mains des vieillards, distribuant de l'or aux pauvres, embrassant les petits enfants, et préparant ainsi une scène inattendue qu'elle ménageait avec une adresse infernale dont personne n'eût osé soupçonner le secret.

Elle s'arracha tout à coup à ce monde rustique et courut à la *Favorite* de l'air désolé d'une femme qui

---

[1] Ce château de plaisance, qui porte le nom français de *Monrepos*, est situé à peu de distance de la citadelle d'Asperg, qu'on aperçoit du chemin de fer de Stuttgart.

frappée vient d'être par une horrible nouvelle. Les courtisans et les amoureux accoururent et la trouvèrent dans le vestibule renversée sur un fauteuil et sanglotant.

— Messieurs, leur dit-elle, d'une voix saccadée, je croyais avoir un ami, un seul, parmi vous, et je n'en ai point. Vous m'avez tous caché la mort de ce pauvre enfant, le fils du duc; c'est un paysan qui vient de m'apprendre cette affreuse catastrophe. Vous avez tous été muets; vous m'avez laissé donner le scandale d'une fête, quand ces jardins sont couverts de deuil ! Retirez-vous, messieurs, et ne hasardez aucune excuse; elle ne serait point admise. Je vais m'enfermer ici pour pleurer dans l'isolement un malheur irréparable. Je ne rentrerai pas au château avant huit jours. Vous, Paulus, allez demander à ma cameriste mes robes de deuil, et apportez-les moi.

Elle poussa un cri déchirant, très-bien noté pour la circonstance, et disparut.

Il y avait là des diplomates, des hommes d'État, des princes habiles, des roués de cour, des hommes habitués aux ruses des chancelleries, et pas un d'eux ne surprit la comtesse en flagrant délit d'astuce criminelle ; ils furent tous dupes comme des écoliers naïfs ; tous prirent au sérieux cette comédie de Frédégonde, et se dispersant dans les allées du parc comme des esclaves chassés par une reine, ils regagnèrent le château, sans reprendre le chemin du lac.

Toutefois ils emportaient une consolation ; la comtesse n'avait accordé aucune préférence ; elle s'enfermait seule, et pour le service du pavillon en retraite, elle ne gardait qu'un enfant. Elle perdit même aux yeux des prétendants sa réputation de coquetterie ; on reconnut, en voyant cette noble action, que la folle déesse de Louisbourg avait un cœur. La réhabilitation fut complète et l'amour devint plus vif chez les adorateurs.

Paulus rentra le soir à la *Favorite*, avec un assortiment de robes de deuil.

—Le noir me va fort bien, dit-elle, en riant au page favori.

VII

J'omets quelques détails intermédiaires pour arriver à l'infâme vengeance organisée par la Djaveniz.

La comtesse Théodora se trouvait au rendez-vous à l'heure dite. Les grands arbres ajoutaient leur ombre épaisse aux ténèbres de la nuit. Une seule lanterne, placée au sommet de la berline, donnait un peu de clarté et permit de lire une lettre qu'apporta un domestique, se disant attaché au service du seigneur Casanova de Seingalt.

Cette lettre, nous la transcrivons sans rien y changer.

« Gentillissime comtesse,

« Me voilà bien embarrassé pour vous dire une chose impossible à écrire. La réputation que les médisances de l'Europe m'ont faite, m'a procuré l'estime de quelques grandes dames. Je suis devenu un objet de curiosité, malgré mon insuffisance, et la plus curieuse et la plus belle de vos amies de Louisbourg veut bien m'honorer de sa jalousie, comme si je l'aimais. Quelle étrange position !

« La Circé me suit des yeux, elle m'épie dans toutes mes actions, et je dois inventer des ruses si je veux tromper sa surveillance. Que vous dirais-je ! elle soupçonne notre amour, malgré toutes les précautions pour le lui dérober.

« La comtesse de Louisbourg est capable de tout ; elle est femme à s'apercevoir de mon absence cette nuit et à m'accabler de questions dangereuses demain. Elle connaît mes scrupules de conscience ; elle sait que j'ai voulu entrer dans un couvent en Italie pour y expier mes fautes, et que l'ardeur de la jeunesse l'a malheureusement emporté sur la faiblesse du chrétien. Si elle doute que je vous ai vue cette nuit, elle me fera jurer sur l'Évangile de saint Marc, mon vénéré patron de Venise, et elle devinera tout sur mon hésitation ou sur mon refus. Il y a heureusement pour ces circonstances délicates, ce que nous appelons à Venise des capitulations ou des restrictions mentales. Voici donc le plan que je vous propose, et qui peut concilier mes devoirs de conscience et mon amour pour vous, adorable Théodora. Ma berline suivra la vôtre sur la route d'Asperg ; vous arriverez ainsi avant moi à votre maison solitaire. Votre camériste m'introduira dans vos appartements. Toutes les lumières seront éteintes... et si demain la jalouse comtesse me questionne, je jurerai sur tous les Évangiles que je ne vous ai pas vue cette nuit.

» Partez quand vous entendrez une berline s'approcher de la vôtre. Je vous quitterai avant l'aube et j rentrerai à Louisbourg.

>A tous mes amours, ma vie,
>Et mon bonheur.
>»CASANOVA DE SEINGALT.

» *P. S.* Brûlez cette lettre ; il faut toujours se méfier du hasard, l'ennemi des amours. »

C'était la lettre que la comtesse avait remise à Mercurius dans l'atelier de Crepello ; un confident, déguisé en vieillard mendiant, la porta lui-même à Théodora, qui la lut à la clarté de la lanterne de la berline et fut enchantée de l'étrange scrupule qui la rendait invisible au premier rendez-vous.

L'autre berline ne tarda pas de faire entendre le bruit de ses roues ; aussitôt le cocher de Théodora fit galoper ses chevaux sur la route de la citadelle d'Asperg.

Lorenzo, jeune laquais intelligent et digne de mener à bien en tous points les instructions reçues, suivait la berline de Théodora. Rien n'avait été négligé sur sa toilette, pour compléter l'illusion même dans les ténèbres; son costume soyeux se révélait à l'oreille par des frôlements aristocratiques; sa chaussure avait des grincements doux amortis par la précaution ; sa chevelure était parfumée d'iris et annonçait le gentilhomme. La dernière instruction donnée par Mercurius à Lorenzo se formulait ainsi : — Parle peu surtout et très-bas, tu n'as pas assez d'esprit pour parler beaucoup.

. . . .

Il réussit à merveille ce plan de vengeance infernale imaginé par la Djaveniz. Avant l'aube, le jeune Lorenzo serrait la main de Théodora et sortait de l'appartement.

Le domestique, en remontant en voiture, entendit au-dessus de sa tête le bruit d'une fenêtre qui s'entr'ouvrait et une voix douce qui disait avec tendresse :

— A bientôt, Casanova.

Lorenzo étouffa un éclat de rire dans la berline et disparut avec elle sous les arbres de l'avenue. Théodora prêta longtemps l'oreille au bruit des roues, et quand elle n'entendit plus rien, elle quitta la fenêtre avec cette tristesse qui suit la cruelle minute des séparations.

Dans leurs plus secrètes actions, les grandes dames ont toujours auprès d'elles un témoin dont elles ne peuvent pas secouer la tyrannie : c'est leur femme de chambre. Ce témoin est en général discret, parce qu'il appartient au sexe faible et qu'il a une excessive tolérance pour des fautes qu'il a commises, qu'il commet ou qu'il se prépare à commettre. D'ailleurs, l'esprit de corps garantit la discrétion.

Au lever du soleil, Théodora sonna sa camériste, une jeune Hongroise vive, rusée, spirituelle, qui répondait au nom de Duka ; elle arriva en se frottant les yeux, comme un enfant réveillé en sursaut avant l'heure.

— Duka, dit la comtesse, en s'asseyant pour livrer ses beaux cheveux au peigne de la cameriste, dépêche-toi et habille-moi vite, nous allons partir pour Stuttgart.

— Et madame la comtesse reviendra-t-elle ici? dit la jeune fille sur le ton de l'indifférence.

— Peut-être... cela dépend de... je ne puis encore rien décider.

— Voilà un vrai gentilhomme! reprit Duka.

— De qui parles-tu? demanda la comtesse.

— Je parle de celui qui m'a donné une bourse, avec dix frédérics; ce doit être un prince déguisé en marquis.

— Et que penses-tu de sa visite... à une heure... qui n'est pas celle des visites?

— Ah!... je pense... je pense... Madame la comtesse veut-elle que je lui roule le chignon comme hier?

— A ta fantaisie, cela m'est bien égal... Mais tu ne m'as pas répondu?

— Tiens! c'est vrai... Mon Dieu! que les cheveux

de madame sont beaux!... de vrais cheveux de reine!... Je pense que c'est un prince qui a des affaires politiques... très-secrètes, et qui veut mettre madame la comtesse dans une conspiration, et...

— Chut! interrompit brusquement Théodora sur un ton naturel... je crains que ces murs ne nous écoutent... tu as deviné.

— Voyez le hasard! s'écria la camériste, en luttant de naturel avec sa maîtresse.

— Et dans trois jours le prince me rendra une seconde visite dans ma maison de la Kœnigsstrasse à Stuttgart, dit la comtesse.

— Quel bonheur! fit naïvement la camériste, j'aurai encore dix frédérics!

Les confidences sont dans la nature, c'est ce qui les fait supporter dans les tragédies. En cherchant autour d'elle, la comtesse Théodora ne vit personne digne d'une confidence, et emportée par le besoin de parler de son amour, elle crut pouvoir s'en entretenir avec une servante dévouée dont elle pouvait aussi acheter la discrétion par luxe de prudence. L'intrigue d'ailleurs, paraissait devoir se perpétuer à l'infini, et tôt ou tard la plus ingénue des servantes pouvant deviner la vérité, il était d'une bonne tactique de tout dire le jour même de l'inauguration, afin que l'honneur d'une confidence fût un garant de plus pour le secret à garder.

Debout, dans le plus grand des négligés, devant un large miroir de toilette, la comtesse Théodora se souriait à elle-même en admirant sa radieuse beauté; pour la première fois de sa vie elle se réjouissait d'être belle, et se détaillait tous ses charmes avec une complaisance d'amour-propre qu'elle s'étonnait d'avoir, et qu'elle trouva fort naturelle après réflexion ; car, pensa-t-elle, la richesse et la naissance ne sont pour une femme que deux honorables priviléges, sources des pompeux ennuis; la beauté seule lui donne l'amour, cette vie de la vie, cette fête perpétuelle, qui remplit toutes les heures et les change en délicieux instants.

— Duka, dit-elle, as-tu entendu parler du seigneur Casanova ?

— Cent fois, madame la comtesse, dit la camériste, et même je l'ai vu à Louisbourg.

— Comment le trouves-tu ?

— Je ne m'y connais pas beaucoup, madame, mais toutes les femmes et les jeunes filles de ma condition qui m'en ont parlé le trouvent charmant. On ajoute qu'il a fait tourner bien des têtes.

— Ah ! on ajoute cela ! fit la comtesse.

— Qu'y a-t-il là d'étonnant ? reprit la camériste ; c'est un gentilhomme accompli, avec des manières de cour, une figure des plus aimables, des yeux doux qui ont une étincelle au milieu des...

— C'est ainsi que tu ne t'y connais pas ! interrompit Théodora en riant.

— Je redis ce que j'ai entendu dire par des connaisseuses de mes amies à Louisbourg.

— Eh bien, Duka, dans trois jours, jeudi prochain, tu le verras chez moi, mais en plein midi ; il me l'a promis, et à l'automne prochain, ce gentilhomme dont tes amies font un si grand éloge, sera ton maître et mon mari.

— Voilà une nouvelle! s'écria la camériste, en laissant tomber deux mules mignonnes pour battre des mains.

— Allons, chausse-moi, reprit Théodora, et partons pour Stuttgart; il me semble que jeudi arrivera plus tôt, si je pars plus vite.

— Je vois avec bonheur que madame la comtesse a une grande affection pour son futur mari.

— Ah! oui, je l'aime! fit Théodora, en joignant ses mains avec un mouvement convulsif des bras, et jamais homme ne mérita mieux d'être aimé.

— Je le crois, reprit Duka; tenez... il me semble que je puis dire la chose à madame la comtesse... c'est...

— Voyons, dis...

— Il y a eu erreur, c'est évident... fit Duka, comme en *à parte*.

— De quelle erreur parles-tu?

— Voici... hier soir, dans les ténèbres du vestibule, j'ai reçu le seigneur Casanova, pour l'introduire selon vos instructions.

— Après ? parle donc vite.

— Il a cru, sans doute, que c'était madame la comtesse qu'il doit épouser, et il m'a embrassée comme on dévore et en me serrant la main à me faire crier. Ah ! quelle main de fer il a pour un gentilhomme ! j'en ai gardé la marque... voyez... J'aurais bien voulu me fâcher, moi, mais j'ai vu tout de suite qu'il me prenait pour une autre ; le vestibule était noir comme un four éteint... Ah ! mon Dieu ! je vois que j'ai fait une sottise !... j'ai déplu à madame la comtesse ; ce n'est pas ma faute, ce n'est la faute de personne... cela fait voir qu'il adore sa femme et qu'il veut le lui prouver avant même de lui dire bonsoir... Ce n'est pas moi ! lui ai-je dit en me dégageant, et aussitôt il m'a quittée, et il s'est laissé conduire comme un enfant docile... Oui, oui, ce gentilhomme vous aime bien, madame ! Que le bon Dieu me donne un mari comme celui-là, et je me marie demain, moi qui ai fait vœu de rester fille pour obliger ma mère ! Elle n'a pas été heureuse, la pauvre femme, avec le sien.

La sérénité reparut sur le visage de la comtesse; l'explication lui sembla naturelle, et elle essuya deux perles qui roulaient sur ses joues savoureuses.

— Oui, oui, dit-elle, en souriant, ce n'est la faute de personne... seulement, tu as eu le tort de ne pas me dire cela tout de suite... n'en parlons plus... comment trouves-tu la Djaveniz... la comtesse de Louisbourg ? Parle-moi franchement...

Je la trouve... je ne la trouve pas aussi belle qu'ils le disent là-bas... elle n'est pas mal à première vue... mais en la détaillant, on découvre beaucoup de défauts.

« Quand je la vois à votre côté, il me semble que je vois le soleil causant avec la lune, et ce n'est pas elle qui est le soleil... Nous sommes deux ici à vous le dire, moi et votre miroir. Si vous croyez que je mens, demandez à l'autre qui ne ment jamais.

— Ah! j'ai besoin d'être belle! fit Théodora, comme si elle eût été seule.

— Votre visage éblouit, reprit Duka les mains jointes; vous avez aux lèvres deux cerises qui s'ouvrent sur des perles. Votre bouche est un écrin. Vous avez un cou adorable qui n'a pas un pli; un sein qui me rappelle celui d'une statue que j'ai vue à Louisbourg; une taille ravissante; des pieds de pensionnaire, des bras de jeune reine, des mains qu'on dévorerait si c'était permis. Quand le bon Dieu vous a mise au monde, il a été bien content; il a embelli l'Allemagne et il a fait croire en lui ceux qui n'y croyaient pas.

La belle comtesse oublia la fierté de son rang, et saisie d'un accès de joie folle, elle embrassa la camériste et pirouetta devant son miroir.

La berline était attelée et les chevaux donnaient des signes d'impatience en frappant de leurs pieds le pavé de la terrasse. Ce bruit extérieur fit cesser l'entretien et ramena l'esprit de la comtesse vers la pensée du départ. Elle finit de s'habiller en aidant sa camériste, descendit l'escalier en deux bonds, monta en voiture avec Duka et en moins d'une heure elle était rendue à sa maison de Stuttgart.

Les trois jours d'attente furent employés à rendre les appartements dignes du gentilhomme accompli qui avait annoncé sa visite : rien n'était assez beau et assez cher dans les emplettes de tous les instants. Les plus délicates pensées de la femme se traduisaient sous vingt formes, dans les nuances des tentures, le choix ingénieux des fleurs, les peintures des cristaux de Bohême, les broderies des tapis et des meubles, les sujets des gravures, des statues, des tableaux; chaque chose avait son intention ; deux tableaux surtout, découverts chez un agathophile brocanteur, devaient frapper Casanova, pensait la comtesse : l'un représentait Vénus enchaînant avec des roses le volage Zéphyr, et sur l'autre on voyait Diane maudissant la fille de l'Érèbe, la Nuit, cette noire déesse qui lui cachait Endymion dans les ténèbres des bois.

Cependant le soleil du troisième jour venait de disparaître derrière les belles montagnes de Stuttgart et l'amant adoré n'arrivait pas. La nuit fut triste et dévorée par l'insomnie. Le lendemain ramena la fiévreuse attente de la veille, avec toutes les apparences fatalement liées à ces mots du désespoir abandon et oubli. On se livra aux conjectures; on embrassa de préférence celles qui portaient avec elles un prétexte honorable, une excuse légitime. Après tant d'amour, tant d'indifférence ! C'était inadmissible. Il y avait dans ce retard un secret motif; lequel? On en inventait cent pour deviner le bon dans le nombre, sans pouvoir dire c'est celui-là. Souvent la jeune camériste Duka était consultée, mais l'intelligente fille abondait toujours dans le sens des conjectures favorables et se gardait bien d'exprimer une idée qui aurait mis Théodora sur la voie des soupçons injurieux. La plus novice de ces deux femmes avait deviné l'énigme, en se fondant sur plusieurs raisons vagues qui formaient une raison claire. Duka ressemblait au témoin des jeux de haute combinaison: il voit souvent plus clair dans la partie que le joueur, mais la règle lui défend de parler.

Huit jours s'écoulèrent ainsi. Un crêpe de deuil couvrait les murs de l'alcôve; les tentures avaient perdu leurs couleurs riantes; les fleurs s'étaient flétries; les tableaux de Vénus et de Diane ressemblaient à des ironies peintes. La maison devenait inhabitable, il fallait la quitter pour savoir quelque chose, au risque de trop savoir. Un poëte l'a dit :

> Tout ce qu'en pareil cas une femme redoute,
> Ce n'est pas le malheur consommé, c'est le doute !

Théodora prit une énergique résolution, et dit, Allons à Louisbourg.

La belle Frédégonde Djaveniz avait fini sa retraite au pavillon de la *Favorite*. Sa longue absence avait édifié tout le monde; on n'était pas habitué à la voir s'enfermer seule pour se recueillir dans ses douleurs.

Le page Paulus, élevé à l'école de l'hypocrisie,

vint, avec un air triste, annoncer au château que la comtesse Djaveniz allait rentrer et qu'il fallait s'abstenir de toute démonstration de joie. Les courtisans et les adorateurs avaient disparu; les uns abandonnaient la partie en désespoir de réussite; les autres soupçonnant quelque chose de sinistre, s'étaient prudemment éloignés. Casanova et le prince Léopold, demeurés fidèles à leur poste soit par acharnement d'amour-propre, soit par amour, reçurent la comtesse et se donnèrent des visages funèbres, pour prendre la nuance de la situation.

La comtesse fit au prince Léopold un accueil froid qui ressemblait à un congé; mais elle donna au séducteur vénitien un de ces sourires qui retiennent et semblent demander un consolateur à l'amant du lendemain.

Quand les deux hommes se trouvèrent seuls, le prince Léopold dit à Casanova :

— J'ai perdu ma partie avec vous et je m'incline devant mon vainqueur.

Le Vénitien prit une pose de fatuité modeste et serra les mains de son infortuné rival, en lui disant :

— Vos femmes vous attendent, noble émir ; que Mahomet vous soit propice et qu'il éloigne son croissant de votre front trois fois conjugal.

Et serrant la main du prince en signe d'adieu, il descendit seul aux bords du lac, pour donner un regard de satisfaction à ce domaine délicieux qui allait être le sien. Cela m'était bien dû, pensait-il ; j'ai mis tous mes rivaux en pleine déroute et le champ de bataille est à moi. Me voilà riche, heureux, puissant. L'or va me remplir les mains ; pour en gagner, je pourrai désormais me dispenser de retourner des rois illégitimes au jeu des cinq points. La plus belle femme du monde est à moi, je puis donc borner à Louisbourg le cours de mes galanteries laborieuses. Merci, déesse de la beauté, merci, dieu de l'adresse, génie de la grâce, démon de l'esprit ! merci, patrons de Casanova de Seingalt.

Il se disait orgueilleusement ces choses, lorsque

lorsque la comtesse Djaveniz vint le joindre comme par hasard.

— Enfin, je respire ! dit-elle, en prenant son bras ; tous mes ennuyeux sont partis! L'unité dans l'amour, voilà ma devise ; la trouvez-vous acceptable?

— Oui, si je suis votre second dans l'unité, dit Casanova en serrant le bras de la jeune femme.

— Est-il timide dans ses espérances ! reprit la comtesse ; au reste, je ne me plains pas de ce défaut d'écolier, car je déteste, chez un homme, la présomption en amour.

— Cela veut dire? demanda humblement Casanova.

— Cela veut dire que je vous aime ; comprenez-vous maintenant?... Oh! ne vous mettez pas à mes genoux... pas de scène de théâtre, pas d'exclamation de joie; laissez cela aux comédiens. Le bonheur est une chose grave, on doit l'accepter avec calme, comme son frère le malheur; car tous les deux ils nous arrivent par la volonté de Dieu.

La comtesse avait pris un air inspiré en disant ces mots, et elle regardait le ciel.

— Commandez, reine, dit Casanova; l'esclave vous obéira toujours; il imposera silence aux battements de son cœur; il refoulera sa joie au fond de son âme, de peur que ces arbres, ces fleurs, ces statues ne divulguent le secret de ce jour, ce jour qui crée le bonheur!

— Casanova, reprit la jeune femme, d'une voix pleine de tendresse; je me donne à toi, non pas aveuglément, mais après longue réflexion. Le caprice est l'ennemi de l'amour. J'ai besoin d'une passion sérieuse, et j'ai toujours eu en horreur les folles fantaisies d'un moment. On a dit souvent de moi, c'est une coquette. Les hommes appellent ainsi les femmes qui leur résistent, et leur amour-propre est sauvé. La coquette est une femme qui ne badine pas avec son cœur et qui sait attendre pour bien choisir.

— Admirable! dit le Vénitien avec l'enthousiasme de l'amour heureux.

— La coquette, du moins la femme qu'on désigne ainsi, connaît les hommes et les redoute non sans raison ; elle sait tout ce qu'il y a de légèreté chez vous, mes beaux messieurs... n'interrompez pas... et se sentant au cœur le germe de la jalousie, elle redoute ces orages intimes qui empoisonnent l'existence et font de l'amour une des tortures de l'enfer.

— Oh! ne crains rien! dit Casanova, la main droite tendue vers le ciel ; je te jure une fidélité à toute épreuve ; aimé de toi, sur quelle femme pourrais-je abaisser un regard? Tu seras toujours, pour moi, la seule beauté de ce monde. Je cesserai de te voir quand s'ouvrira ma tombe, et je t'aimerai encore, quand elle se fermera.

Et il se penchait pour embrasser la comtesse, qui paraissait dans le ravissement, lorsqu'un bruit de pas lourds retentit sur l'escalier du lac.

— Au diable l'importun ! dit la comtesse, sur le ton le plus naturel.

C'était Lorenzo, le laquais de la vengeance ; un grand garçon de vingt-cinq ans, avec une figure de faune et des yeux noirs, deux tisons enflammés sous un front en saillie ; vrai type de cette beauté arcadienne que les modistes du jour appellent laideur. Il avait été pâtre au val d'Arno, et pour avoir trop imité le dieu Pan, son ancêtre, dans une rencontre avec la nymphe Syrinx, il avait été enfermé au *Bargello* de Florence, d'où il s'était échappé avant sa condamnation. Il passait des heures entières à contempler le groupe de Pan et de Syrinx, sculpté si audacieusement par Coustou, dans la grande cour du château de Louisbourg. Il s'imaginait que le statuaire avait voulu immortaliser sa rencontre sur l'Arno.

Il s'approcha d'un pas assuré du banc de gazon où la comtesse s'était assise, et il dit d'une voix émue :

— La comtesse Théodora m'ordonne de l'annoncer.

Casanova, malgré sa devise, *ad omnia paratus*, prêt à tout, tressaillit et ferma fortement sa bouche pour retenir un cri.

— Ah! elle nous revient, l'adorable femme! dit la Djaveniz, avec un accent naturel; est-elle au château?

Lorenzo fit un signe affirmatif.

— Point de cérémonie à la campagne, reprit la comtesse; dites-lui de descendre.

Casanova se leva et fit deux pas vers l'escalier, en disant :

— Me permettez-vous de monter pour la recevoir et lui offrir mon bras?

— Non, restez dit la Djaveniz, avec une nonchalance bien jouée. Asseyez-vous, Casanova... Lorenzo, dites à la comtesse Théodora que je l'attends à la cascade du lac. C'est un site qu'elle aime beaucoup.

Lorenzo s'inclina en réprimant un éclat de rire.

Casanova semblait demander à la terre de l'ensevelir.

VIII

La comtesse Djaveniz jouait avec un éventail et disait :

— C'est une femme charmante, Théodora ;... elle s'ennuyait à Stuttgart, sans doute, et elle vient s'amuser ici ; mais elle ignore que Louisbourg est devenu un désert... habité par l'amour ?... n'est-ce pas mon beau Lion de Saint-Marc ?

— Oui, dit Casanova d'une voie faible ; habité par l'amour... l'expression est juste.

— Tiens! j'y pense! fit la comtesse avec une joie enfantine; Théodora est une excellente joueuse de *reversis ;* elle fera notre quatrième, le soir, quand il pleut... A propos de *reversis,* comment faites-vous, Casanova, quand vous donnez les cartes, pour avoir toujours le *quinola* sixième, par le *deux de cœur?* On a remarqué cela. On ne peut jamais vous *forcer* votre valet de cœur, à vous.

— Oui, dit Casanova, en affectant le calme ; oui... je n'ai pas la chance malheureuse, au jeu...

— Heureux en tout! dit tendrement la jeune femme, en arrondissant le bras autour du cou du Vénitien.

Ce bras charmant produisit l'effet d'une froide couleuvre sur l'épiderme de Casanova... L'autre comtesse arrrivait.

La Djaveniz retira son bras avec une vivacité feinte, car elle avait su choisir son moment pour épouvanter Casanova par cette douce étreinte d'amour.

Théodora vit ce tableau et s'arrêta. Elle ressemblait à la statue de la femme de Loth sur le chemin de Gomorrhe.

La Djaveniz continua son jeu d'étourderie enfantine, qui consistait à ne s'étonner d'aucun étonnement ; elle se leva en poussant un cri de joie, embrassa la belle visiteuse et dit avec une volubilité folle :

— Cette chère amie ! est-elle aimable ! elle ne m'a pas oubliée dans mon malheur ! Ils sont tous partis, les autres, dès qu'ils m'ont vue en robe de deuil. Abandon général. On reviendra quand les fêtes recommenceront ; mais alors, portes closes pour les déserteurs. Embrassez-moi donc, chère ange. Ne soyez pas triste ainsi, triste de ma tristesse. J'ai cessé de pleurer. Je m'essaie au sourire ; voyez. Souriez-moi donc un peu. La douleur a une fin, comme la joie. N'est-ce pas, seigneur Casanova ?

Le Vénitien eut recours à la pantomine pour dire *oui ;* sa bouche desséchée ne pouvait pas même prononcer ce monosyllabe.

Théodora venait de subir deux émotions foudroyantes, coup sur coup. Lorsque Lorenzo vint lui annoncer que la comtesse Djaveniz l'attendait devant la cascade du lac, il fit un sourire de faune qui donna le frisson au cœur de Théodora ; la jeune femme éprouva une secousse électrique dont elle ne put se rendre compte. Elle regarda le domestique et pâlit comme devant une apparition infernale ; elle n'avait jamais vu cet homme, et elle croyait l'avoir vu dans un rêve fiévreux ; et lui, adossé contre un arbre, la regardait avec des yeux de flamme, et sa bouche frémissante de convoitises semblait murmurer des paroles d'amour, qu'elle n'osait dire à haute voix. Ainsi épouvantée par ce fantôme de midi, elle suivit le chemin de la cascade, pour trouver une diversion dans l'amical accueil de la comtesse Djaveniz, et ce qu'elle vit était encore plus intolérable que le faune railleur et mystérieux de la terrasse du château : la plus terrible des rivales embrassant Casanova de Seingalt! Aucune parole humaine, aucun geste de surprise ne peuvent rendre les sentiments éprouvés par cette double rencontre. Toutes les fonctions de l'esprit et du corps avaient été suspendues dans Théodora ; elle fut frappée de paralysie morale et d'immobilité.

La Djaveniz triomphante savourait *ces joies coupables du cœur* dont parle le poëte divin ; elle assisait à deux agonies et jouissait de cette double torleur comme d'une volupté nouvelle qui était le raffinement de la vengeance ; mais, souveraine maîtresse d'elle-même, elle ne laissait rien voir de son ivresse intérieure, de peur de compromettre le succès d'une comédie lamentable qui se jouait pour elle seule et qu'elle voulait mener à bien jusqu'au dénoûment.

Le hasard, toujours si favorable aux méchants et si funeste aux bons, vint se mettre de la partie et servit à souhait la comtesse Djaveniz. Le sculpteur Crepello se montra dans le jardin, où il paraissait s'occuper de mesurer un piédestal.

— Ah ! dit la comtesse Djaveniz, en se levant, voilà cet introuvable artiste ; j'ai deux mots à lui dire.

Figurez-vous, Casanova, que ce maître a commis une faute d'écolier. Il me termine une Pomone qui tient des fleurs dans sa main, comme la déesse du printemps. Je vais le prier de vouloir bien changer ces fleurs en fruits... Je suis à vous dans l'instant.

Tout cela paraissait fort naturel, grâce au talent de la comédienne.

Théodora croisa les bras sur son sein et regarda fixément le Vénitien.

— Oui, dit Casanova, je conviens que les apparences sont contre moi ; mais vous êtes trop intelligente pour être dupe des apparences, qui sont les mensonges des choses.

— Ah ! dit la jeune femme, en secouant la tête, je suis dupe des apparences, lorsque je vous attends huit jours à Stuttgart et que vous ne paraisssez pas.

Casanova ouvrit de grands yeux stupéfaits.

— Eh bien, reprit Théodora, qu'avez-vous à répondre ? Le silence est plus commode que la parole en ces occasions.

— Vous m'avez attendu huit jours à Stuttgart? dit le Vénitien.

— Ceci est trop fort, monsieur!

— Et c'est moi, madame, qui vous ai donné ce rendez-vous à Stuttgart?

Le rire nerveux de la folie éclata sur le visage de Théodora, en laissant les yeux dans une fixité sombre.

— Voilà une impudence qui dépasse tout ce qu'on m'avait di des lâchetés des hommes! dit Théodora, en rugissant comme une panthère; oui, lorsque ces infâmes ne redoutent pas le soufflet appliqué par une main virile, ils osent tout; ils quittent une maîtresse pour une autre du jour au lendemain; ils jouent avec l'amour; ils avilissent la femme, ils la flétrissent comme une fleur portée un jour, et la jettent au chemin sous les pieds des passants! Qu'est-ce qu'une femme pour ces gentilshommes! Un hochet d'enfant que le caprice de l'ennui caresse et brise avec une égale volupté!

— Mais, madame, donnez-moi un instant de justification...

— Et qu'en ferez-vous, de cet instant? interrompit Théodora.

— Je diminuerai mes torts à vos yeux... Au nom du ciel, écoutez-moi... Oui, je vous ai aimée ; oui, je vous aime encore ; mais vous m'accusez comme si notre liaison avait connu les suprêmes douceurs de l'amour, et...

— Oh ! ceci dépasse toute audace humaine, interrompit Théodora... Une seule nuit ne m'a-t-elle pas donné le droit de prendre le titre de fiancée et de m'indigner de votre abandon ?

— De quelle nuit parlez-vous ?

— Misérable ! s'écria Théodora d'une voix stridente, qui s'éteignit dans les sanglots.

Et elle regarda le lac, comme pour mesurer sa profondeur.

— Oui, dit Casanova, sur le ton de la vérité ; oui,

il y a ici un abominable mystère qu'il faut éclaircir. Nous sommes dans le château des embûches. Au nom du ciel, madame, reprenons tous deux un peu de calme et expliquons-nous.

— Voilà votre lettre, dit Théodora, en tirant de son corset le papier du faussaire ; et l'explication...

— Ma lettre ! interrompit Casanova, ma lettre !... Jamais je ne vous ai écrit... cette lettre n'est pas de moi, je vous le jure devant Dieu !.. Oh ! quelle horreur ! Madame, vous avez été la victime d'une odieuse vengeance. Oh ! tous mes bons instincts italiens se réveillent en moi ! J'ai pu devenir léger, infidèle dans mes intrigues et mes relations, malhonnête homme, jamais ! Votre beauté, madame, est un crime ici. Je devine tout, et je me révolte contre une infamie dont je ne veux pas être complice. A votre tour, voulez-vous avoir votre vengeance ? je suis prêt à vous servir.

L'accent de vérité qui accompagnait ces paroles fit entrer la conviction dans le cœur de Théodora.

Elle appuya son front sur ses mains, versa quelques larmes et murmura plusieurs fois ces mots :

— Mais l'homme de cette nuit ! l'homme de cette nuit !... quel est-il ?

Et elle ajouta d'une voix énergique :

— Celui-là ne doit plus vivre si je vis ; et je ne dois plus vivre si je dois subir ses regards... Avez-vous quelques soupçons, Casanova ?

— Oh ! madame, ici les soupçons ne suffisent pas. Il faut une certitude, et, pour l'obtenir, il faut de la ruse et du temps. Savez-vous tromper, savez-vous attendre ?

— J'apprendrai.

— Et je vous aiderai dans vos études, madame, et sans demander un salaire quelconque. Maintenant il faut tromper la grande trompeuse ; la voici. Tâchons d'être gais par le visage, le maintien et la parole. Vous allez voir comment on joue la comédie à Venise ; c'est nous qui l'avons apprise aux Allemands.

La comtesse Djaveniz arriva, folle de gracieuse étourderie, en disant :

— Ces artistes ont un amour-propre de démon ou d'homme !...

— C'est synonyme, dit Casanova.

Théodora força le rire à éclater sur son visage.

— Crepello, reprit la comtesse, soutient que Pomone est sœur de Flore, et qu'elle peut lui voler des fleurs sans scrupule, pour envelopper ses fruits.

— C'est ce que vous faites tous les jours, madame, dit Casanova, quand vous mettez un bouquet sur votre corsage.

— Ses madrigaux ressemblent toujours à des énigmes, dit la comtesse.

— Je faisais la même remarque, dit Théodora en riant faux.

— Je suis bien aise que vous m'ayez compris toutes les deux, mesdames, dit Casanova.

— De quoi vous entreteniez-vous en mon absence ? demanda la Djaveniz, en élargissant son bouquet.

— Madame la comtesse Théodora, reprit le Vénitien, a voulu remettre notre conversation sur le sujet si funèbre que vous savez ; mais je lui ai fait un discours frivole pour lui prouver qu'il ne faut abuser de rien, pas même de la tristesse, et je l'ai convertie à la gaieté.

— Cette chère Théodora ! dit la comtesse en l'embrassant; elle est jeune, belle, riche ; il ne lui manque rien, pour être heureuse, qu'un peu de malheur, et elle vient le chercher chez les autres quand il n'est pas chez elle. Allons, vous êtes un enfant, ma belle Théodora. Montez au château et allez prendre un peu de repos après la fatigue du voyage.

— C'est la fatigue qui me donne cet air de tristesse, dit Théodora en riant... Je vois sur la terrasse ma camériste qui me cherche... Au revoir et à bientôt, chère amie... Duka me fait un signe ; il faut toujours obéir à ses domestiques, n'est-ce pas ?

Elle serra la main de la Djaveniz et monta d'un pas de gazelle le gand escalier du château.

Dans le trio qui venait d'être parlé, l'oreille féline de la comtesse Djaveniz avait saisi des notes fausses dans la bouche de Théodora ; elle découvrit un jeu assez mal joué ; mais elle voulut attendre pour mieux savoir, et continua l'entretien, sur un ton badin, avec Casanova.

Duka, la jeune camériste, dit d'une voix tremblante à sa maîtresse :

— Madame la comtesse, je vous ordonne de me suivre.

Cet ordre, parti de si bas pour s'élever si haut, annonçait à Théodora un événement qui n'avait pas son pareil dans les catastrophes humaines.

La maîtresse obéit, et ses pieds la soutenaient à peine sur le parquet poli des galeries qu'il fallait traverser pour arriver à son appartement.

Elle se laissa tomber sur un fauteuil de sa chambre, comme si elle eût été foudroyée avant le coup de foudre.

Ses yeux démesurément ouverts interrogèrent Duka, car la voix expirait sur ses lèvres.

Une pâleur livide avait effacé l'incarnat sur les joues de la jeune camériste, et tout son corps, agité par des secousses convulsives, semblait en proie à cette fièvre ardente qui termine une agonie par la mort.

— Madame, dit-elle, en mots entrecoupés... une chose horrible... il a voulu m'embrasser... il m'a saisi la main... j'ai reconnu cette main... sa figure est celle d'un démon... Il m'a montré un médaillon... que vous lui avez donné l'autre nuit... c'est votre portrait en miniature... Il a voulu acheter ma discrétion... savez-vous à quel prix?... Je lui ai déchiré le visage avec mes ongles... j'aurais voulu être un tigre, je l'aurais dévoré... mais il me fallait votre médaillon... et alors... que Dieu me pardonne!... je me suis sacrifiée pour vous... Il ne lui reste plus rien comme preuve de cette nuit du crime... voilà votre médaillon.

Elle fondit en larmes et se jetta aux pieds de Théodora

La jeune femme vivait à l'état de morte; toutes les fonctions étaient suspendues en elle; on eût dit que son cœur venait de s'arrêter subitement, comme le balancier, quand les chaînons du rouage sont dévidés.

Une crise violente détermina chez elle une sorte de résurrection; sa pensée, qui n'était pas éteinte, se reporta vers cette nuit de ténèbres préparée par une vengeance infernale, et la femme redevint virile; elle voulut tout apprendre, tout savoir, pour atteindre ce point culminant du malheur consommé qui inspire les suprêmes résolutions et nous condamne à la vie avec la honte, ou nous conseille la réhabilitation par la mort.

— Duka, dit-elle, je connais cet homme; je viens de le voir, j'ai passé devant lui; il m'a regardée, et son regard m'a donné des frissons dont je ne pouvais deviner la cause... Cet homme est attaché à la domesticité du château, n'est-ce pas?

— Oui, dit la camériste, et il se nomme Lorenzo.

— C'est bien, reprit Théodora en riant aux éclats à travers les larmes : le rire des fous.

Elle se leva et se promena d'un pas agité dans la chambre, en redisant :

— C'est bien !

Puis elle s'arrêta, et se fappant le front, elle dit d'un ton résolu :

— Duka, je veux parler à cet bomme... va lui dire que je l'attends ici... va...

Duka regarda sa maîtresse d'un air effaré. Un signe impérieux ne lui permit pas de désobéir.

Lorenzo fut bientôt trouvé ; Duka l'introduisit et se retira.

— Lorenzo, lui dit la jeune femme, m'aimez-vous ?

Lorenzo s'inclina, joignit les mains, leva les yeux au plafond et les fit retomber sur la belle comtesse avec une expression ineffable. Puis une pensée d'amour-propre, commune à tous les hommes, princes ou serviteurs, le fit redresser fièrement sur ses pieds, pour prendre une pose convenable à un amant digne d'être adoré.

— Voulez-vous être attaché à ma maison ? reprit Théodora.

Lorenzo exécuta la même pantomime, ne trouvant aucune parole pour exprimer son bonheur.

— Lorenzo, prenez cette cassette ; elle contient deux mille frédérics. C'est la dot de ma camériste Duka, et vous l'épouserez.

Lorenzo allait se jeter aux pieds de Théodora.

— Maintenant, reprit la jeune femme, vous devez avoir les secrets de cette maison ; répondez-moi... et dites-moi la vérité... La comtesse Djaveniz est-elle l'auteur de la mort du jeune prince, fils du duc ?

— L'auteur, non, madame, reprit Lorenzo ; c'est un homme abominable qui est le véritable criminel ; c'est Mercurius ; il a cru être agréable à madame la comtesse, et comme il n'a pas été renvoyé, il est probable que son action n'a pas déplu.

— C'est infâme, dit Théodora... Savez-vous quelque chose sur la mort des deux gentilshommes prussiens tués à Schwetzingen?

— Oui, le petit page s'est vanté de les avoir tués en duel : Paulus est l'amant de la comtesse.

— Je comprends... Et le statuaire Crepello, quel est son titre ici ?

— Il est en grande familiarité avec madame, et je crois que Paulus va être remplacé. Nous savons tout, nous autres.

Théodora réfléchit quelques instants et dit :

— Lorenzo, pouvez-vous me procurer une clef de la chambre de la comtesse ?

— En voici une, madame ; celle de la petite porte de service.

— Cette porte sera ouverte, ce soir, à dix heures. Vous direz tout bas, à l'oreille de Paulus, qu'il est attendu, par madame un peu avant onze heures, dans sa chambre, et à Crepello, qu'il est attendu au dernier coup de la même heure. Cela fait, vous partirez pour

Stuttgart, avec Duka, dans ma berline qui sera attelée sur la place Saint-Louis. Obéissez aveuglément, si vous m'aimez... Ah! j'oubliais !... Conduisez-moi à la salle de l'*Apotheke* du château... je ne dors pas depuis cinq jours... j'ai besoin de sommeil... il me faut une potion calmante. Je sais ce que je dois prendre pour me guérir des insomnies. Ensuite, je donnerai mes instructions... Soyez tranquille... rien ne sera oublié.

Lorenzo était bon et facile à l'attendrissement, comme tous les hommes passionnés; en voyant la pâleur du désespoir empreinte sur le visage de cette jeune et belle femme, il fondit en larmes, tomba devant elle à genoux et sollicita son pardon d'une voix étouffée par les sanglots.

— Oui, je vous pardonne, Lorenzo, dit Théodora; je vous pardonne le crime des autres. Vous êtes le plus innocent de tous. L'heure brûle, relevez-vous, et ne perdez point de temps.

Elle consacra le reste du jour à tout préparer pour

une vengeance dont elle devait être la première victime.

La nuit tombée, elle remit avec mystère ce billet à la Djaveniz :

« Chère amie,

» L'amitié se prouve. J'a une confidence à vous faire, mais sans témoins indiscrets. J'ai entendu dire à Stuttgart des choses horribles sur les aventures des jardins de Schwetzingen et sur la mort du jeune prince. Je vous nommerai les personnes, et j'entrerai dans les plus grands détails, afin de vous éclairer sur la conduite que vous avez à tenir. Vous ne sauriez vous faire une idée de l'importance que j'attache à notre entretien ; votre avenir en dépend.

» A dix heures et demie je vous attends ce soir au pavillon de la Favorite ; faites-vous accompagner par Mercurius ; son nom est mêlé à l'affaire.

» A vous de cœur, chère amie,
» THÉODORA. »

« Brûlez ce billet. Croyez que le moment de la prudence excessive est venu. »

L'extrême résolution adoptée, la comtesse Théodora reprit sa physionomie des plus beaux moments et fut charmante, même au dernier repas du jour qui devait être le dernier de sa vie.

Elle avait trouvé le poison qui donne le sommeil éternel, et elle savourait la volupté qui vient de l'enfer, celle qu'éprouvent les élus de la fatalité, lorsqu'un désespoir incurable cherche son unique et criminel remède, le repos dans la tombe.

A dix heures, elle entra dans la chambre de la comtesse Djaveniz; elle se déshabilla lentement, disposa avec soin tous les objets de sa toilette sur le dos des fauteuils, comme si elle devait les reprendre le lendemain, et, fermant les rideaux du lit, elle prit la pose du sommeil, en priant Dieu de lui prrdonner le seul crime qui ne mérite aucun pardon, car il ne se donne pas une seule minute pour le repentir.

La Djaveniz, effrayée par la lettre de Théodora,

s'était rendue au pavillon de la Favorite avec Mercurius, et n'ayant trouvé personne, ils attendaient, en interrogeant de l'oreille tous les bruits venus du côté du lac et des arbres du parc.

La femme qu'ils attendaient avec une anxiété nerveuse était un cadavre, son lit, un catafalque, et la chambre des voluptés mystérieuses avait reçu la visite de la mort. Deux bougies jaunes, posées dans un angle, sur un guéridon, éclairaient d'un crépuscule livide le joyeux ameublement de ce temple de l'amour, de ce gracieux musée où la main d'une femme avait réuni toutes les adorables fantaisies que les peintres et les statuaires peuvent créer pour séduire les yeux et les sens. Un doux parfum d'iris, qui ne s'évaporait jamais, était l'énivrante atmosphère de ce boudoir de déesse, et, pour la première fois, dans cette affreuse nuit, ces suaves exhalaisons qui conseillent l'amour, se mêlaient aux miasmes de la tombe.

Un peu avant onze heures, la petite porte s'ouvrit avec précaution, et le jeune page entra sur la pointe des pieds, en retenant son souffle, de peur d'être entendu par l'écho du corridor.

Il entr'ouvrit les rideaux de l'alcôve et vit ce qu'il croyait être sa belle comtesse, endormie, la tête tournée vers le mur.

— La journée a été fatigante pour elle, pensa-t-il ; elle a besoin de repos.

Et il s'assit sur le fauteuil, en appuyant son coude dans un pli du rideau, collé contre le lit.

Onze heures sonnèrent au beffroi du château, et après le dernier coup, Paulus tressaillit en entendant grincer la petite porte de la chambre.

Il tira son poignard et se leva.

Le statuaire entrait avec une figure rayonnante et une phrase toute faite sur les lèvres pour exprimer l'étendue de son bonheur.

Cette phrase se changea en un cri de stupeur devant le page Paulus.

Le viril enfant ordonna par un signe à Crepello de sortir, en le menaçant de son poignard. Le sculpteur, taillé en Hercule, répondit par un sourire de pitié à la menace du page et fit deux pas en avant. L'arme se leva pour frapper, et Crepello, rejetant son torse en arrière, se servit de la pointe de son pied droit comme d'un poignard, et d'un coup vigoureux appliqué en pleine poitrine, il renversa Paulus sur le tapis, et se ruant sur lui avec une rage folle, il l'étouffa.

A son tour, il ouvrit les rideaux du lit, et trompé comme le page, il s'étonna que la lutte terrible qui venait de s'engager n'eût pas réveillé la comtesse. Un sentiment nouveau fonctionna en lui : il s'indigna de voir qu'un rendez-vous d'amour était changé en un guet-apens d'assassin, et se mit à réfléchir longtemps pour prendre une résolution. Fallait-il quitter la chambre et renvoyer au lendemain la foudroyante scène d'explication qui devait éclater entre lui et la Djáveniz? Ou bien fallait-il quitter le château et la ville, et passer sur la terre étrangère, en laissant aux autres le souci de débrouiller les mystères de cette nuit ? Il flottait indécis entre ces deux plans de conduite, lorsque la grande porte de la chambre s'ouvrit sans précaution.

Aucun peintre ne saurait reproduire les traits du sculpteur Crepello, lorsqu'ils se contractèrent devant la comtesse Djaveniz.

Elle entrait furieuse, en s'écriant :

— Je suis jouée !... Oh ! vous ici, Crepello !... qui vous a introduit ? que voulez-vous ? où avez-vous pris la figure que vous avez ?... Eh bien, vous ne répondez pas ?

En apercevant le cadavre de Paulus, elle s'écria :

— Vous l'avez assassiné, misérable ! Il épiait mon page, ce démon d'enfer, et il l'a tué, là devant mon lit ! J'arrive pour surprendre le crime et le criminel ! Je vais te livrer au bourreau, vil brigand !

Crepello arrêta la Djaveniz, et ouvrant les rideaux de l'alcôve, il dit d'une voix sourde :

— Quelle est cette femme qui ne se réveille pas ?

La comtesse regarda, et se précipitant sur le corps

de Théodora, elle poussa un cri lugubre et dit :

— Morte! et c'est elle qui a tout fait! je comprends!

Le cadavre de Théodora tenait un rouleau de papier dans ses doigts roidis et glacés. La Djaveniz le saisit et lut :

« Je meurs assassinée par la Frédégonde du château de Louisbourg. »

Crepello saisi d'horreur, mit les mains sur ses yeux et s'écria :

— Vous avez mérité votre réputation ; vous avez échappé à la justice des hommes, vous n'échapperez pas à la justice de Dieu !

Et il s'enfuit, laissant la comtesse Djaveniz entre deux cadavres...

Minuit sonnait au beffroi, avec une lenteur lugubre, comme le glas des trépassés.

IX

LA DIVINITÉ QUI INTERVIENT AU DÉNOUMENT.

L'habile intendant Mercurius avait fait disparaître toutes les traces de l'horrible nuit. Le château était alors à peu près désert, et rien ne transpira au dehors. Casanova, humilié dans son amour-propre par son premier échec en amour, reconnaissant qu'il avait été honteusement joué par une femme, et voyant des orages dans l'avenir, s'était réfugié à Bade, comme on le voit dans ses *Mémoires*.

Quinze jours environ après ces derniers événements,

le duc reçut, à Stuttgart, une lettre du grand Frédéric, qui lui annonçait sa prochaine arrivée au château de Louisbourg.

L'illustre roi, éternel bonheur de la Prusse, arriva bientôt, avec une suite peu nombreuse. Deux hussards escortaient sa berline. Le duc vint le recevoir dans la cour d'honneur et lui fit un accueil dont la pompe est racontée en détail par l'histoire. On cite surtout un dîner splendide où cent gentilshommes eurent l'honneur d'être les convives de Frédéric-le-Grand.

A l'issue de ce festin mémorable, le roi dit au duc :

— J'aurais deux mots confidentiels à dire à madame Djaveniz; est-elle toujours ici ?

— Hélas ! oui, sire, répondit le duc.

— Je comprends cet *hélas* ! dit le roi en souriant; vous êtes faible comme tous les amoureux qui le ne sont plus. Il vous faut de l'aide. Je n'ai pas pris la massue d'Hercule pour écraser un papillon; ma canne me suffit.

Et le roi brandit cette canne historique, qui souvent lui tenait lieu d'épée, quand il méprisait de trop faibles ennemis.

— J'en ai appris de belles sur le compte de votre Frédégonde, poursuivit-il ; mais Frédégonde est un anachronisme au siècle de Voltaire ; elle n'a plus sa raison d'exister. C'est comme si je voulais être Néron, moi. Je serais foudroyé par les Titans de l'Encyclopédie. Allons, cher duc, servez-moi cette femme au dessert.

Qui pouvait résister à ce roi, dont la parole vive était toujours accompagnée d'un regard de feu ? Un officier monta aux appartements où la Djaveniz s'était recluse, et lui apporta l'ordre de Frédéric.

La comtesse se donna une énergie d'occasion, rajusta sa toilette, regarda son miroir d'un air de satisfaction, et descendit, en suivant l'officier, qui l'introduisit dans une petite salle du rez-de-chaussée, où le roi attendait.

Elle s'inclina respectueusement devant le glorieux

monarque et se redressa tout de suite avec fierté, comme pour dire : Je sais honorer le roi, et je suis prête à lutter avec l'homme.

— Madame, dit Frédéric d'un ton de maître, il y a, pour vous, un couvent en Alsace et une citadelle à Spandau ; choisissez.

— Sire, répondit la jeune femme, je choisis ma liberté.

— Et moi la citadelle, reprit le roi.

Il sonna, et deux hussards gigantesques apparurent devant la Djaveniz.

— Hussards, dit le roi, faites monter madame, de gré ou de force, dans une berline de poste, et conduisez-la dans la citadelle de Spandau.

— J'attends la force, dit fièrement la Djaveniz.

Le roi leva la canne, et la jeta bien loin au moment de frapper. L'intrépide comtesse ne recula pas.

La force fut employée ; quatre bras vigoureux emportèrent la jeune femme. Une poterne s'ouvrit, et personne ne fut témoin de cet enlèvement.

Depuis ce jour, personne aussi n'a entendu parler de la comtesse Djaveniz, la Frédégonde de Louisbourg.

Casanova séjourna longtemps encore dans le Palatinat, et son nom est encore cité comme celui d'un héros légendaire, chez quelques familles de Steinbach et d'Achern.

STEINBACH

Les étrangers connaissent la magnifique vallée alpestre qui se déroule depuis Géroldsau jusqu'à Neuweyer. C'est un amoncellement de forêts et de montagnes qu'on traverse en calèche, comme un parc naturel, qu'une fantaisie de la création aurait voulu rendre accessible aux Allemands pour leur donner une idée des sombres solitudes de l'Afrique intérieure. Seulement, il n'y a pas ombre de sauvage et de bête fauve. On y rencontre à peine un de ces chiens indépendants qui abondent aux environs de Bade, et qui ont toujours l'air de gens affairés courant à des rendez-vous. La nature, toujours prodigue de sa dépense, a bordé le chemin d'une épaisse frange de mousse, de fougères, de saxifrages, de marguerites, de digitales, de clochettes d'or, on voit que ce luxe d'ameublement ne coûte rien à l'ouvrière germanique : elle ne semble pas même se soucier d'être applaudie ; elle travaille dans le désert, sans songer à l'homme, et se met en frais pour embellir le conservatoire des oiseaux.

Vers le milieu du treizième siècle, un jeune villageois, né à Steinbach, se plaisait souvent à traverser la vallée de la Neuweyer, si voisine de son village. Dans les belles soirées de l'été, il s'asseyait sur les doux fauteuils que la nature couvre de ses fleurs, et il contemplait les splendides effets de lumière horizontale, envoyés comme un adieu par le soleil couchant. A cette heure du jour, la forêt ressemble à un temple immense que Dieu visite et illumine. Les sapins, avec leurs fûts élancés et symétriques, prolongent à l'infini leurs voûtes et leurs colonnades de verdure, et semblent poser devant l'architecte comme modèles de nefs, d'absides, de voussures, d'ogives, de corniches, de jubés et de tous ces ornements qui conseillent la prière, la méditation, la rêverie, le recueillement, et élèvent l'âme à travers la voûte des arbres jusqu'à la voûte du ciel.

C'était l'époque de la foi et des sublimes folies : on passait les mers pour délivrer Jérusalem ; on posait la première pierre d'un monument qui demandait deux siècles de travail. Le jeune Erwin se disait, dans la forêt de Neuweyer, quelle gloire serait acquise par celui qui traduirait en colonnades de pierre ces nefs de sapins, et en ferait un temple pour la gloire de Dieu ! et il rentrait avec tristesse dans son village de Steinbach, et le sommeil lui donnait de merveilleux rêves, où sa main bâtissait une cathédrale de granit, image pétrifiée du temple végétal planté par la main de Dieu.

Le mot *pierre*, placé providentiellement dans le nom de **Steinbach**, donna sans doute à un bourgmestre l'idée de fonder une société de sculpteurs, nommée *Société de la pierre*. Les jeunes villageois de ce hameau indigent se réunirent donc pour s'entr'aider de leurs lumières et suivre l'élan d'une vocation irrésistible. Erwin se mit à leur tête, et il prépara ces artistes, ses compatriotes, aux grandes œuvres qui devaient un jour illustrer les deux rives du Rhin.

Cependant une haute protection était nécessaire à ces jeunes artistes, qui n'avaient d'autre richesse que leur imagination. L'illustre maison de Hohenstauff vint en aide à la société de Steinbach et lui fournit les moyens de se consacrer aux études de la sculpture en négligeant un peu les beaux vignobles de Neuweyer. Les vignerons abondent toujours; ce sont les grands artistes qui manquent. Cela soit dit sans dédain pour la noble profession vinicole de Noé, le patriarche, et de Brennus, le Gaulois. Il faut même croire que la vigne et la truelle s'accordent très-bien ensemble, et que le voisinage de l'Affenthaler n'a pas nui aux travaux des architectes de Steinbach.

Un jour, l'évêque Conrad de Lichtenberg, un des hommes qui ont efficacement protégé les arts à cette époque, vint faire sa visite au hameau de Steinbach. Il jugea par lui-même des progrès de la société; il eut de longs entretiens avec Erwin, et lui demanda un plan de cathédrale pour la ville de Strasbourg. Erwin se mit tout de suite à l'œuvre, avec la ferveur de l'enthousiasme, et tout rempli de son idée, il créa sur le papier cette merveille architecturale qui est religieusement conservée à Strasbourg, dans les archives du Münster.

L'évêque Conrad de Lichtenberg, fut attendri aux larmes en voyant ce premier travail de l'architecte, et dit à Erwin, en désignant la pointe de la flèche : *Sic itur ad astra, generose puer. Je t'ordonne de monter au ciel avec ta merveille; tout l'or que nous possédons sur la terre est à toi.* — Quand commencerai-je? demanda l'architecte. — Demain, dit l'évêque; demain,

2 février, jour de la Chandeleur, l'an du Christ, 1277.

— Quand je mourrai, reprit Erwin, ma cathédrale sera à la hauteur de mon épaule. — Tu l'admireras de là-haut, dans deux siècles, dit l'évêque en lui montrant le ciel.

Ainsi fut créé ce monde de poésie qui est attaché à la terre comme une décoration d'honneur, et qui est et sera éternellement la cathédrale de Strasbourg.

Il faut quelquefois bien des siècles à la reconnaissance pour se faire jour chez les hommes oublieux. En 1845, c'est-à-dire cent trente-sept ans après la mort d'Erwin, un monument a été élevé à sa mémoire sur le monticule qui domine Steinbach, le grand-duc Léopold régnant. On arrive par un escalier bordé de fleurs et de vignes devant la statue, œuvre d'un sculpteur alsacien, M. André Friedrich. La statue est faite avec un de ces blocs de granit rhénan qui prennent à l'air la couleur et la dureté du marbre, et sortent de ces riches carrières tant fouillées par les architectes d'Allemagne. Tout le Münster est fait de ce granit; on croirait voir une montagne de bronze sculptée par le ciseau des géants. La pose de la statue d'Erwin est fière sans être théâtrale ; l'artiste l'a ingénieusement placée sur son véritable terrain : elle regarde l'horizon, où s'élève la flèche de la cathédrale de Strasbourg, et, chose singulière dans ce pays de montagnes et de forêts, pas un arbuste, pas un accident du sol ne se montre de Steinbach au Rhin. C'est une plaine unie comme une mer calme, et quand aucun nuage ne ternit la pureté de l'atmosphère, on distingue à l'œil nu le campanille merveilleux comme un pilier qui soutient le ciel à l'horizon.

ACHERN

Dans les jours de l'été, à Bade, il y a un but de promenade assez négligé, on ne sait pourquoi, et qui mérite d'être mis en vogue : c'est le monument de Turenne. Le chemin de fer vous conduit en moins d'une heure à la station d'Achern, joli village qui se fait ville; on déjeune à l'hôtel de l'*Aigle*, où le service est excellent, et dix minutes de calèche vous conduisent au monument funèbre de Saasbach.

Un obélisque de granit désigne la place où le héros

fut frappé; une pierre fruste désigne la place où il expira; elle émeut avec cette seule inscription : *Hic cecidit Turennius*. Deux siècles ont bruni cette pierre, et lui ont donné la teinte antique. On croirait voir le cénotaphe d'un consul de Rome enseveli chez les Germains.

Ce mot *cecidit* rappelle le verset des Machabées qui ouvre la magnifique oraison funèbre de Fléchier : *Quomodo cecidit potens!* Comment est-il tombé, cet homme puissant! Et si on sait par cœur ce discours comme je le sais, on peut se donner l'émotion de le prononcer devant cette pierre deux siècles après Fléchier. On dirait alors que les arbres écoutent et que des plaintes se font entendre autour du monument.

L'imagination remet alors en scène la journée et la fatale catastrophe du 27 juillet 1675. On repeuple de soldats ce terrain immense et on assiste à la bataille qui va commencer.

Turenne est attaqué par des forces supérieures : il

n'a que vingt mille hommes à opposer aux soixante mille de Montecuculli. Il a quitté la plaine détrempée par la pluie et s'est retranché sur les hauteurs, où son artillerie triplera ses forces et rendra la partie égale. Le général de Lorges occupe le village et le cimetière de Saasbach, que vous voyez à votre gauche ; le général de Maubrun défend le terrain à droite, jusqu'au pied des montagnes. Sur cette éminence où s'élève le monument, Saint-Hilaire va placer une batterie, et Turenne, à cheval, regarde la position des impériaux, et dit imprudemment les trois mots qui n'appartiennent qu'à Dieu : *Je les tiens!*

En face, à trois cents toises environ, sur cette colline couverte d'arbres, se voile une batterie autrichienne ; l'armée de Montecuculli est séparée de l'armée française par un large et profond ravin tout sillonné de ruisseaux. Ainsi, au point de vue de la stratégie de l'époque, la position de Turenne est inexplicable. Ce profond ravin sera le tombeau de Montecuculli.

L'histoire affirme que cet illustre général, voyant péril à l'attaque, se disposait à battre en retraite, pour choisir sans doute un terrain plus favorable. C'était d'ailleurs une partie d'échecs que Turenne et son rival jouaient depuis longtemps sur l'échiquier du Palatinat.

Saint-Hilaire remarque un mouvement mystérieux dans la colonne des impériaux qui menace le retranchement de Saasbach ; il accourt, suivi de son fils, et étendant la main, il montre à Turenne cette évolution de l'ennemi. Au même instant, un boulet du hasard, parti de la colline opposée, emporte le bras du général Saint-Hilaire, frappe Turenne à la poitrine, rebondit sur un arbre et se perd dans les hautes herbes du mamelon.

Turenne est mort! Ce cri est bientôt répété par toute l'armée et la couvre de deuil.

Il faut placer ici la belle période de Fléchier : *N'attendez pas de moi que je décrive une scène tragique, que je vous montre ce grand homme étendu sur ses propres trophées, que je fasse crier son sang, comme celui d'Abel; que j'expose à vos yeux les tristes images de la religion et de la patrie éplorées. Dans les pertes vulgaires, on surprend, avec ces artifices de langage, la pitié des auditeurs.*

Maintenant l'histoire aurait dû nous dire par quel miracle l'armée française, abattue par la mort de son général, a pu échapper aux soixante mille hommes de Montecuculli, en abandonnant ses fortes positions de Saasbach, pour opérer sa retraite vers le Rhin, par un chemin de plaines. On ne mentionne qu'un seul combat livré du côté de Kehl. Ainsi, pendant six heures de marche, le général de Lorges a échelonné sa retraite, sans être inquiété par les impériaux ; il a repassé le Rhin et, en attendant les ordres de Paris, il s'est retranché dans les cantonnements alsaciens.

Aujourd'hui, ce champ de bataille est un champ de fleurs. On ne se douterait jamais que la terrible guerre palatine a traversé cette magnifique campagne de Saasbach, ce large ravin où les fermes se marient aux arbres avec tant de grâce ; cette fraîche oasis d'Erlenbad, où l'ombre épaisse de la verdure couvre les tables des joyeux festins villageois. Ces adorables paysages n'avaient pas été créés pour encadrer les batailles ; la paix les a rendus à leur destination première, et le monument de Turenne, isolé dans un coin sombre de ce rayonnant horizon, semble donner une leçon de philosophie aux deux rives du Rhin : paix aux chaumières qui entretiennent les moissons, nous dit-il. La gloire de la guerre est une fort belle chose, sans doute, mais dans le passé.

En arrivant par l'allée du côté d'Achern, on voit, du premier coup d'œil, l'obélisque de granit tiré des carrières du Rhin et dont la teinte rappelle la pierre du Mokatan et des bords du Nil. Sur le stylobate, on a sculpté un beau médaillon accusant en relief le profil de Turenne. A quelques pas, à gauche, s'abaisse le bloc fruste et contemporain de l'année fatale 1675, avec l'inscription, dans sa simplicité antique ; elle rappelle le *Sta, viator, heroëm calcas* du tombeau de Mercy, immortalisé par Bossuet. Le petit pavillon de verdure a conservé traditionnellement la physionomie du bosquet agreste où Turenne déjeuna le 27 juillet, à midi, avec son neveu et les généraux Saint-Hilaire et de Lorges. La ligne de l'horizon voisin est formée d'ondulations de montagnes boisées, parallèles au cours du Rhin.

Il faut visiter aussi la petite maison du gardien du monument. On y entre pour y voir quelques reliques précieuses, entre autres le boulet qui frappa le héros. Un registre déjà séculaire est ouvert sur une table, et tous les visiteurs sont invités à inscrire leurs noms ou leurs pensées sur ces pages jaunies par le temps. On y remarque la signature du prince Louis Bonaparte et de la reine Hortense. Le gardien du monument est toujours un officier français en retraite. C'est le plus beau des postes d'honneur.

L'ORPHELINE

DE SOLFERINO

I

Les lecteurs de journaux sont friands de ces petites nouvelles nommées *faits-Paris*, qui racontent, en style laconique, *more Laconum*, *un accident déplorable, un événement malheureux, une catastrophe terrible, une rixe sanglante, un attentat criminel.* Deux colonnes sont ordinairement consacrées à distraire le public, avec l'élixir de ces tragédies bourgeoises dont la scène est à Paris, cette ville qui a le privilége d'amuser l'univers. Après le grand festin des articles politiques, arrivent les petites catastrophes, en guise de dessert ; ce sont les friandises qui vont à tous les goûts. Le soir, on est assis devant un bon feu ; on passe en revue tous les malheurs signalés, la veille, sur le pavé de Paris, et, tout en les déplorant, on éprouve un certain plaisir égoïste, en voyant que l'insertion au chapitre néfaste est une spécialité réservée aux privilégiés du destin. On se croit placé en dehors du tourbillon fatal qui lance tant d'articles sinistres à la funèbre chronique de Paris... Jamais on n'y donne la moindre place aux événements heureux.

Le bonheur n'est pas intéressant. Pour surcroît d'attentione nvers le lecteur, tout journal se croit tenu, après avoir énuméré les catastrophes, de donner, aux dernières lignes, un article nécrologique, et la liste des personnes mortes de mort naturelle, ou frappées d'apoplexie foudroyante. On dirait que les journaux sont des trappistes, obligés, par leur règle, à nous crier chaque matin : *Frères, il faut mourir.* Pour eux, l'année est composée de trois cent soixante-cinq mercredis des cendres ; chaque abonné reçoit son *Memento,* sous bande, à son lever et à son coucher. Les Egyptiens promenaient un cercueil autour de la table des festins ; avec notre passion pour les choses tristes, et *les succès de larmes,* qui *font de l'argent,* nous arriverons même à ce luxe égyptien, quand nous aurons percé l'isthme de Suez.

J'ai un *fait-Paris* tout récent à conter ; par malheur il est heureux, et il ne serait pas reçu au troisième étage d'un journal. Pourtant le côté funèbre y joue un rôle, puisqu'il s'agit du 2 novembre, le jour triste par excellence ; mais les développements qu'exige le côté heureux le font rentrer dans le domaine du feuilleton. Il faut quatre lignes pour annoncer la plus terrible des catastrophes ; il faut un petit volume pour donner la recette morale qui peut conduire un homme au bonheur.

Le 1er novembre 1862, un jeune homme qui désire garder l'anonyme, ou se nommer Maxence, pour les besoins de la narration, écrivait à son ami V*** le billet suivant :

« Mon cher Urbain,

» J'ai la maladie de la richesse et de la santé, je m'ennuie à mourir. Un notaire comme toi est un médecin moral ; donne-moi une heure de consultation dans ton étude, et bientôt, car novembre commence, et ce mois jaune me rend triste comme le marronnier du 20 mars.

» Ton client et ami.

» MAXENCE. »

Le notaire répondit en ces termes :

« Mon cher malade,

» Je suis ravi d'apprendre que tu te portes bien ; viens déjeuner chez moi demain, jour des Morts, fête des médecins. Mon étude fait relâche, personne n'ayant le courage de se marier ce jour-là. Je suis donc libre, et tout à toi,

» Urbain V***. »

— Tu vois, Maxence, je te traite en malade, dit le jeune notaire en montrant à son ami qui arrivait, une table sur laquelle tous les caprices de la gourmandise matinale avaient été prévus.

— Ah ! quelle joie nous eût inondés, dit Maxence en s'asseyant, si on nous eût servi ce déjeuner au collége ! Mais aujourd'hui, le veau froid, ou le salmis aux truffes, sont égaux devant mon appétit.

— Tu me psalmodies cela sur une gamme bien triste, mon vieux et pauvre millionnaire de trente ans !... Ah ! tu es déjà blasé sur la vie, comme ceux qui ont tout reçu au berceau, même la vaccine... Il te faudrait un petit malheur pour te secouer, et te faire vivre... Une idée !

— Voyons l'idée.

— Si je te mariais !

— Tout juste ! dit Maxence ; je venais te consulter pour cela.

— Voyons, reprit Urbain ; as-tu fait un bon choix ?

— Pas encore.

— Si tu veux que je le fasse pour toi ; j'ai une oule d'héritières disponibles... Tiens... Vois-tu ce carton noir ?

— Oui.

— C'est un dépôt de blondes... Vois-tu ce carton noir ?

— Oui.

— C'est un dépôt de brunes... toutes riches.

— Et jolies ?

— Voilà une demande stupide ! La beauté d'une femme a toujours fait le malheur de l'homme. Vois tous les procès criminels... Ils commencent toujours ainsi : *L'accusée est une jeune femme d'une beauté remarquable et d'une figure douce.* Toutes les jeunes veuves sont jolies ; c'est reconnu. Dieu avait évidemment un but paternel, lorsqu'il a créé des femmes laides ; que lui en coûtait-il pour les faire toutes belles ? Adam a épousé sa côte ; c'est comme s'il s'était épousé lui-même : eh bien, Ève avait une beauté incomparable, et son mari a été malheureux en ménage. Alors la laideur féminine a été mise au monde pour le bonheur de quelques rares époux aventureux et devenus centenaires. La fable est venue au secours de l'histoire, et elle a dépeint le bonheur du ménage, avec Philémon et Baucis, tous deux affreusement laids ; tous deux morts centenaires, à la même heure, et qui, métamorphosés en tilleuls, ont vécu encore trois siècles, après leur mort, en se murmurant des paroles d'amour, feuille à feuille.

— Et cela veut dire, fit Maxence en riant, que tu n'as dans tes cartons matrimoniaux que des Baucis laides.

— Oui, mais riches ; et Baucis n'avait pas le sou. Si elle avait eu seulement vingt-cinq mille francs de rente, le couple aurait vécu l'âge d'Hénoch, trois cents ans. Va, mon ami, suis le conseil que je te donne, épouse mademoiselle Olga d'Hermelin. C'est la moins laide de mes cartons. Elle a de petits yeux noirs, un nez un peu ambitieux du côté de la bouche, mais qui ne manque pas de majesté ; un menton un peu aigu, mais que l'âge doit arrondir ; un teint olivâtre, mais très-estimé dans trois parties du monde, ce qui constitue la majorité. A ces avantages elle joint une dot d'un million, ce qui corrige tous les nez abusant de l'aquilin.

— Et pourquoi ne l'épouses-tu pas, toi ?

— Mais je ne veux pas encore me marier, moi ! mais je ne m'ennuie pas, moi ! ma vie de garçon est douce, et je trouve le bien si bon, que je ne veux pas courir après son ennemi, qui est le mieux.

— Mon ami, tu ne me convertiras jamais à l'adoration de la laideur. Je ne veux pas que mes enfants m'accusent d'être laids par ma faute.

— Voilà encore une de ces erreurs qu'il faut retirer de l'hospice des Incurables ! s'écria Urbain en agitant sa fourchette ; mais tu ne crois donc pas au progrès ; tu ne crois pas au libre échange, à M. Cobden, à notre traité de commerce avec l'Angleterre !...

— Mais qu'a de commun ? interrompit Maxence, qu'a de...

— Attends donc, interrupteur ! laisse-moi finir ! En Angleterre, tous les enfants sont beaux, depuis 1837 ; et il y a des Anglaises plus laides que toutes les Françaises qui sont dans mes cartons. A Londres, on trouve aujourd'hui des sculpteurs d'enfants ; des *drill-sergeants*, qui changent la laideur en beauté, avec une spatule, une brosse et du savon de Windsor. Tous les enfants sont beaux, et se ressemblent comme les écritures anglaises. Tu es riche : profite du libre échange ; envoie à M. Cobden un cuisinier de Paris ; il t'enverra un *drill-sergeant*, et marie-toi sans crainte pour ta postérité.

— Mon cher Urbain, dit Maxence en se levant, je ne suis pas venu pour te demander une consultaion en plaisanteries ; j'ai cru que le notariat, qui est un sacerdoce, t'avait rendu grave, et je vois que tu as gardé tes vingt ans.

— Non, je les ai repris, dit Urbain en se levant pour serrer les mains de son ami ; je les ai repris en te revoyant après six mois d'absence. Tu es venu chez moi avec une face d'élégie ; j'ai cru voir entrer le 2 novembre en personne, quand tu t'es assis à ma table en mettant le bout de ta serviette à ta boutonnière, comme un provincial invité ; tu ressemblais à un prisonnier qui se rive à sa chaîne de sa propre main. Et moi, j'étais heureux de te voir, heureux de ne pas voir mon premier clerc, heureux d'être libre et de déposer jusqu'à demain ma cravate blanche, collier de misère de mon sacerdoce, et je n'ai pas voulu me mettre à ton unisson pour chanter le *Requiem* du jour en déjeunant, et je n'ai pas voulu prendre au sérieux ta fantaisie conjugale ; cependant, comme il est permis de dire la vérité en riant, je maintiens vrai tout ce que je t'ai dit sur le mariage ; ainsi, tu peux en profiter si tu veux briser la chaîne de ton célibat pour jouir de la liberté conjugale... En attendant, allons fumer un cigare sur le boulevard. Le temps est superbe... regarde... se croirait-on au 2 novembre !..

— Oui, dit Maxence en se mettant au balcon ; oui, le temps est plus gai que moi.

— Allons donc ! reprit Urbain ; fais comme le temps... Te souviens-tu des fêtes des Morts de notre enfance, quand notre père nous conduisait au cimetière ? Il y avait déjà autour de nous toutes les infamies de l'hiver ; la brume noire qui fait pleurer ; ou la neige, ce linceul de mort ; ou la pluie, ce stupide crachat du ciel.

— Oui, tu as raison, dit Maxence.

— Le ciel disait son *Requiem* aussi... Maintenant tout est bouleversé, mais en bien. Il y a une révolution là-haut. Cela ne m'étonne pas. Nous avons créé des courants nouveaux partout, avec nos chemins de fer, nos fils électriques, nos percements de montagnes. Notre planète ne s'y reconnaît plus : elle a déraillé. Elle tourne dans des espaces remplis d'aérolithes ignés et de germes de mondes en fusion... As-tu lu l'ouvrage de M. Slider?

— Non, dit Maxence impatienté... Où diable as-tu l'esprit aujourd'hui? Tu me fais promener dans les espaces imaginaires; j'aime mieux le boulevard... Descendons et causons des choses de la terre...

— Bon! reprit Urbain, te voilà retombé dans les lubies noires d'où je voulais t'arracher... je parie que tu vas me parler mariage encore...

— Eh! je ne suis venu que pour cela...

— Peste! comme tu t'acharnes sur une idée!

— Et toi donc, Urbain! que dirais-tu si tu éprouvais une grande douleur, et si je répondais à tes plaintes en te parlant des aérolithes, des germes en fusion et autres fadaises scientifiques?

— Soit, reparlons mariage, puisque c'est ton idée fixe. Je voulais te distraire, tu ne veux pas être distrait...

A ces derniers mots, les deux amis étaient arrivés sur le boulevard Bonne-Nouvelle, où la foule compacte les séparait souvent et coupait une phrase en deux.

— Trois choses conduisent un jeune homme au mariage, poursuivit le notaire : l'ennui, l'intérêt et même l'amour... Es-tu amoureux?... Non... As-tu besoin d'argent? Non... Tu meurs d'ennui?... Eh bien, mon cher, va dans le monde, et je te promets qu'avant huit jours, avec tes dispositions, tu deviendras amoureux d'une blonde ou d'une brune, et tu demanderas *sa main*, comme disent les comédies et les opéras.

— Tu me donnes là un fameux conseil! dit Maxence, c'est là le pont sur lequel passent tous les ânes. Je ne vais pas dans le monde ; je suis un phénomène de timidité. Un salon me fait peur. Je ne valse pas, je ne danse pas. La société me rend stupide ; le regard d'une femme me rend muet. L'autre jour, une femme m'a souri, là, sur le boulevard où nous sommes ; cela m'a tellement troublé, que je me suis réfugié sous la porte Saint-Denis, en me courbant, de peur de me blesser à la tête. Juge de ma terreur!

— Et à te voir on te prendrait pour un don Juan parisien, dit Urbain; avec ta tenue irréprochable, avec ta tournure de Bressant, ta fine moustache à l'impériale, ta cravate à la bronchite; pas plus de rides sur ta figure que sur tes gants; je crois bien que les femmes te sourient devant la porte Saint-Denis.

— Oh! mon cher Urbain, ne plaisante plus; aide-moi, aide-moi; cela vaudra mieux.

— Aussi de quoi t'avises-tu d'être un phénomène! mon ami, j'ai tout épuisé.

— Oh non! reprit Maxence d'un ton mystérieux.

— Non, dis-tu? alors, tu es plus instruit que moi... c'est à toi de m'aider. Je suis tout à ton service.

— Tu ne devines donc pas, Urbain; toi, rusé comme un notaire?

— Franchement, je ne devine pas.

— Cherche bien autour de toi.

— Je ne vois que la porte Saint-Martin.

— Dans ta famille?

— Ah!

Le notaire fit tressaillir tous les passants avec ce *ah!* Un sergent de ville le regarda même d'un œil sévère, comme si ce *ah !* avait troublé le repos public un jour des Morts.

Un long silence suivit ce cri perturbateur. Quand les deux amis furent arrivés sur le perron du théâtre Fournier, le jeune Maxence hasarda un eh bien interrogatif.

— Eh bien, répondit Urbain sur un ton sérieux, je t'ai compris... tu es amoureux de ma cousine germaine...

— Non, dit Maxence, mais si je l'épousais, je te jure de l'adorer après le mariage.

— Ainsi, tu ne l'aimes pas en ce moment?

— Non; j'attends.

— Tu es encore plus phénomène que tu ne crois, mon pauvre ami.

— Me conseilles-tu de m'adresser à ton oncle?

— Non pas, reprit vivement Urbain.

— Il me refuserait?

— Tout net.

— Et pour quelle raison?

— Pour la meilleure de toutes... Elle est mariée...

— Avec qui?

— Avec moi... Cela t'étonne?... Tu me regardes avec le sourire de l'incrédulité... Le mariage n'est pas tout à fait accompli, mais cela provient d'un retard forcé. Nous attendons depuis deux mois la dispense de Rome, et à Rome, en ce moment, on a bien autre chose à faire que ma dispense... Eh bien... te voilà immobile! Tu ressembles à la statue du Mélodrame devant la Porte-Saint-Martin.

— Décidément, je suis de ceux qui naissent pour le malheur, dit Maxence d'une voix sombre.

— Mais si tu ne l'aimes pas, ma cousine, que t'importe que je l'épouse? Il y a, dans Paris, deux cent mille jeunes filles qui attendent des maris... Tiens, regarde à droite et à gauche; nous marchons entre deux torrents de crinolines destinées à peupler le Paris neuf de 1870, et l'Afrique par-dessus le marché.

— Et tu étais si heureux de ton état de célibataire ! pourquoi te maries-tu ?

— J'étais fiancé, à mon insu. Je l'avais oublié. Ma cousine est une Alsacienne de Colmar, elle suit les coutumes allemandes ; on nous a fiancés au berceau. C'est sacré comme à Lammermoor. Ensuite, un notaire doit être marié, puisqu'il marie les autres. Dans notre état, on doit donner l'exemple du courage civil. J'ai voulu cacher mon héroïsme jusqu'au dernier moment, après la dispense. Tu m'as obligé de t'envoyer mon billet de faire part avant la lettre.

— Adieu, Urbain.

— Tu me quittes ? Où vas-tu ?

— Je n'en sais rien.

— Et moi, je ne te quitte pas ; mon bras se lie à ton bras... Tiens ! je te propose une promenade charmante. Suivons la foule. Allons au cimetière du Père-Lachaise, avec tout ce monde brillant, qui célèbre aujourd'hui, sur ce boulevard, le mardi maigre de la mort. — Tu as une pieuse visite à rendre à ta tombe de famille...

— Ah ! mon Dieu ! fit Maxence en se frappan ıle front, je l'avais oublié !

— Comme moi mes fiançailles de Colmar.

— Allons, et merci, mon cher Urbain.

Le devoir du jour fit une subite diversion à l'idée fixe du mariage dans la tête de Maxence; il se laissa conduire, ne parla plus, et se mit à l'unisson du recueillement de la foule.

Paris, disons-le à son éloge, est admirable, ce jour-là dans sa dévotion pour le culte des morts. Rien n'est touchant comme ce concours de peuple qui s'achemine vers les tombes, comme cette ville des vivants qui va visiter la ville des morts. Le ciel de l'automne mêle sa douce mélancolie à cette fête funèbre ; les jardins des sépulcres sont dévastés et annoncent l'hiver ; les arbres secouent les feuilles sèches sur le marbre des épitaphes, et semblent dire : Nous ressusciterons au premier sourire d'avril.

Nos deux amis étaient entrés avec la foule dans l'immense nécropole de l'Est, le Paris de la mort. Maxence avait rempli son pieux devoir, et marchait à côté d'Urbain dans ces rues tristes, où les tombes remplacent les maisons, où les prières remplacent les colloques. C'est un spectacle émouvant, et qui fait pardonner bien des choses au Paris frivole des autres jours. Par intervalles, une tombe entourée d'une famille en pleurs arrêtait le regard de Maxence et de son ami Urbain, mais les convenances ne permettaient pas de s'arrêter devant cette scène de deuil domestique.

Une fois seulement, le terrain accidenté et voilé de feuillages jaunis favorisa la curiosité des deux jeunes gens, et leur fit voir tout à leur aise un tableau des plus touchants. C'était une très-jeune fille de dix ans au plus, belle à ravir, et en robe de deuil ; elle se prosterna devant une tombe modeste, et pria en pleurant. Puis elle donna au ciel un regard séraphique, comme si elle entendait une voix connue qui lui parlait d'en haut, et prenant une couronne d'immortelles, ornée d'un ruban vert, elle déposa sur elle un baiser qui semblait contenir son âme, et la suspendit à la croix de la tombe. Cela fait, la jeune fille essuya ses yeux, et laissa voir un visage où perçait, sous les traces des larmes, le sourire de la consolation.

Maxence avait gardé une belle couronne qu'il réservait pour l'imprévu ; il s'approcha de la tombe, et la posa sur la croix.

— Vous êtes sans doute un ami? demanda la mère.

— Oui, madame, répondit le jeune homme, et l'ami de tous ceux qui dorment ici autour de nous.

La jeune fille présenta son front à Maxence, qui l'effleura de ses lèvres.

— Cela vous portera bonheur, dit la mère, et ayant fait un salut amical, elle s'éloigna.

On lisait sur l'épitaphe de cette tombe... *Mort à Solferino.*

— Pauvre orpheline! dit Maxence; voilà ce que

font les guerres! Si elles ne tuaient que les hommes, ce ne serait rien; mais elles tuent de petits anges comme celui-là.

Urbain se détourna pour cacher pudiquement deux larmes.

— Il me semble que cela vient de t'attendrir? lui dit Maxence.

— Moi! répondit Urbain en s'efforçant de sourire, moi... oh!... on ne m'attendrit pas si aisément... notre état nous met une couche de plomb sur le cœur... mais il ne faut désespérer de rien... on perce le mont Cenis... Tiens! voilà des vers sur une tombe!... lisons:

> Oui, la vie est partout! la vie est dans la tombe;
> Elle est dans le cercueil que le fossoyeur plombe;
> Elle est dans le linceul où vient d'être placé,
> Après le dernier souffle, un cadavre glacé;
> Rien ne meurt sous l'azur d'un ciel où Dieu respire,
> Où notre âme a conquis l'infini pour empire!

» Ces vers sont consolants, dit Urbain après un long silence.

La foule qui descendait de la chapelle sépara les deux amis.

Maxence s'appuya contre un arbre, croisa ses bras sur sa poitrine, et se plongea dans ses réflexions, comme s'il eût été seul dans son jardin.

Urbain chercha longtemps son ami, et le retrouva dans cette attitude méditative.

— A quoi penses-tu donc? demanda-t-il en lui frappant sur l'épaule, comme pour le réveiller.

— Je pense au triste rôle que je joue dans la société des vivants, et je crois que ma véritable place est ici. Lorsqu'on entend de cette hauteur le fracas que Paris fait pour se donner la peine de vivre, on envie le sort de son aîné défunt qui dort tranquillement sous nos pieds.

— Mon ami, si tu parles toujours ainsi, comme un Hamlet en paletot, dit Urbain, je me dévoue, comme un Antiochus quelconque; je te donne en mariage ma cousine, et je l'appelle Stratonice. Tu te souviens que nous avons traité ce sujet en rhétorique;

et que tu me dis à l'oreille : Tu ne ferais pas cela toi? eh bien, je le ferai.

— Et moi, dit Maxence, si ton amitié te poussait à un pareil sacrifice, je n'accepterais pas...

— Oh! interrompit Urbain, je ne veux pas que tu t'exagères la grandeur du sacrifice, ma cousine était fort belle, dit-on, au berceau, lorsqu'on me la fiança, mais en avançant en âge, elle n'a pas tenu ce qu'elle avait promis. Mais je t'ai développé ma théorie sur les laides, et je ne transige pas avec mes principes. Un notaire doit donner l'exemple et encourager tous les choix.

— Urbain, dit Maxence en avançant d'un pas, la foule a disparu, nous allons bientôt être seuls; comptes-tu passer la nuit ici?

— Dieu m'en garde! je n'aurais jamais ce courage. La nuit doit être affreuse dans ces rues de tombes. On doit entendre des voix, des plaintes, des murmures sinistres, des conversations souterraines, que sais-je, moi!... Oh! j'ai le frisson en y songeant... Tiens;

regarde maintenant l'aspect nouveau que prend le cimetière... le soleil va disparaître ; il y a déjà une teinte de crépuscule dans ce vallon semé de croix, et désert comme la rue des tombeaux à Pompéia. C'est lugubre... Que regardes-tu de l'autre côté, avec une attention si grande ?

— Chut !

Maxence prononça ce mot bien bas, et en l'accompagnant d'un geste impérieux.

Et il ajouta sur le même ton :

— Ne te montre pas.

A travers un massif d'acacias, de tilleuls et de saules pleureurs, on distinguait deux femmes qui n'avaient pas suivi la foule, et se croyaient seules dans ce coin retiré du cimetière. Une parfaite ressemblance entre elles pouvait faire présumer, sans crainte d'erreur, que la plus âgée était la mère, et qu'elle avait conduit sa fille devant une tombe sur laquelle bien des larmes avaient déjà coulé, car rien ne saurait exprimer la désolation peinte sur le visage de la plus jeune. A la distance où se trouvaient les deux amis, on pouvait lui donner vingt ans. La conjecture mentale qu'ils se firent tous deux se resumait ainsi : c'est une mère et sa fille qui viennent pleurer sur le tombeau d'un mari et d'un père.

Maxence et Urbain observaient toujours, avec l'intérêt qu'on attache à une pareille scène, lorsque les personnages agissent sans hypocrisie aucune, car ils se croient seuls, et bien loin de tout regard scrutateur.

II

Les deux femmes avaient la même toilette; elles portaient des robes de soie noire, des confections de même nuance, et des chapeaux lilas. Ce n'était pas ce vrai deuil qui annonce une perte récente. La mère paraissait profondément attristée de la douleur de sa fille, et son regard désolé ne la quittait pas.

— C'est une veuve, dit Urbain tout bas à l'oreille de son ami; elle n'a perdu que son mari, mais la fille a perdu son père.

Maxence répondit par un haussement d'épaules qui
signifiait : tu choisis bien ton moment pour faire des
réflexions satiriques contre les veuves !

Dans les moments de sainte douleur, quand les
yeux d'une jeune femme se tournent vers le ciel,
quand ses mains jointes se serrent contre son sein,
et que le léger mouvement de ses lèvres annonce une
prière mentale, la beauté de son âme resplendit sur
son visage et lui donne un caractère divin. C'est
ainsi que la femme de la tombe apparut au premier
regard de Maxence. Il y avait même dans cette réalité
vivante quelque chose de fantastique, comme la vision d'un songe. Le silence de la mort régnait dans
ce funèbre paysage, hérissé d'arbres qui laissaient
tomber leurs feuilles, comme des larmes sur les
tombes. La pâle clarté d'un soir d'automne prodiguait
des teintes étranges aux images de pierre, et à la
funèbre architecture des monuments de la douleur
ou de l'orgueil. C'était bien le *royaume du vide* dont
parle le poëte, le bocage élyséen, avec son ciel morne

et sa lumière indécise ; mais une jeune femme était là, debout, en prières devant un sépulcre, et elle semblait donner la grâce et la vie à cette terre de mort.

La mère regarda le ciel du côté du couchant et le montra du doigt à sa fille, qui ne parut pas comprendre ce geste, car elle tira de son corsage une lettre en lambeaux, qu'elle lut avec lenteur, et qu'elle referma soigneusement comme une relique. Tout à coup elle parut faire un violent effort pour s'arracher à cette tombe chérie, et fit à sa mère le signe qui veut dire : Partons.

Maxence entraîna son ami vers le petit sentier que les deux femmes allaient suivre pour sortir du cimetière, et il combina si bien sa marche, qu'il leur barra le passage comme par hasard. La jeune femme toujours absorbée par sa douleur, ne daigna pas lever la tête ; elle tenait toujours ses yeux fixés sur cette terre grasse qui recouvre tout un monde disparu.

Les deux amis suivirent les deux femmes sans affectation, et se disposaient à traverser Paris avec elles pour connaître leur domicile ; mais à cinquante pas de la porte du cimetière, elles montèrent dans un coupé de remise, et disparurent. Maxence chercha de tous côtés une voiture ; mais les stations étaient désertes, malgré la beauté du soir.

— Me permets-tu de parler, maintenant? dit Urbain.

— Oui, si tu m'indiques un moyen de découvrir le domicile de cette apparition.

— Me voilà donc condamné à être muet toute ma vie devant toi, dit Urbain.

— Mais, reprit Maxence, il n'y a que cela qui m'intéresse aujourd'hui et m'intéressera toujours !

— Quel feu ! eh bien, j'aime mieux cela; tu es superbe d'animation, te voilà réconcilié avec la vie ; tu ressuscites le jour des Morts, et dans un cimetière !

— Mais avoue, mon cher Urbain, que cette rencontre tient du prodige?

— Je l'avoue.

— Avoue que si le bonheur dans le mariage est dans un choix difficile à faire, il y a toutes les chances favorables pour l'homme qui épouserait cette jeune fille?

— Je l'avoue encore.

— Avoue que tu n'as jamais rien vu de plus beau sur les toiles des peintres des anges?

— Oh! par exemple, ceci, je ne l'avoue pas.

— Comment! cette jeune fille n'est pas belle?

— Non... à la distance où nous étions, elle m'a paru jolie, mais je l'ai vue ensuite de plus près, quand nous nous sommes croisés avec elle, et je la classe hardiment parmi les laides. Au reste, c'est un détail insignifiant; tu connais mes opinions sur la laideur envisagée au point de vue conjugal.

— Urbain, je te récuse comme juge de la beauté des femmes. Tu as le goût bourgeois, comme un notaire de village.

— Soit, nous soumettrons la chose à une expertise d'amis.

— Urbain, quand tout Paris te donnerait raison, je donnerais tort à tout Paris.

— Au reste, nous nous échauffons là sans résultat possible. Cette jeune fille est une vision ; elle a disparu, et nous ne la reverrons plus.

— Nous la reverrons ! dit Maxence.

— Et où ?

— Parbleu l'an prochain, le 2 novembre 1863, et cette fois, je prendrai mes précautions.

— Ah ! mon cher Maxence, je n'avais pas songé à cela. Tu as raison, un an est vite passé. Je te donne rendez-vous, chez moi, le 2 novembre prochain ; j'aurai mon coupé, mon domestique, et un bon cheval. En attendant, allons dîner, et parlons de l'expédition du Mexique.

Ils descendirent le faubourg du Temple sans échanger une parole.

En mettant le pied sur le boulevard, Urbain

désigna un café-restaurant de bonne apparence, et dit :

— Entrons ici, on y dîne bien.

Maxence était silencieux et pensif, et cette taciturnité morose paraissait devoir se prolonger pendant le repas. Urbain n'eut pas l'air de remarquer la sombre préoccupation de son ami, et après avoir parcouru d'un œil distrait la première page d'un journal, il dit :

— Nous allons apprendre, au premier jour, notre entrée a Mexico, n'est-ce pas ?

— C'est possible, dit Maxence.

— On aurait dû remettre en scène l'opéra de *Fernand Cortez*, poursuivit Urbain, et le donner le jour où la grande nouvelle arrivera. Si je rencontre Alphonse Royer, je lui communiquerai mon idée... La trouves-tu bonne... avec un décor de Cambon et Thierry représentant un vrai Mexico.

— Oui, très-bonne.

— Mon père est un grand admirateur de l'opéra

de *Fernand Cortez*; il dit que cela vaut cent fois mieux que tout le répertoire de Meyerbeer et d'Halévy. Les vieux sont tous les mêmes. Mon père était dans sa lune de miel quand il vit cet opéra de Spontini, avec sa jeune femme, et comme ce soir-là il était heureux, il met aujourd'hui ce bonheur sur le compte de *Fernand Cortez*. Nous serons ainsi, nous, à soixante et dix ans... Ne trouves-tu pas cela profond?

— Très-profond! dit Maxence de l'air d'un homme qui n'écoute que le dernier mot.

— Mon oncle me disait un jour... les oncles font toujours des confidences à leurs neveux, comme dans *Gastilbelza*... on ne fait plus des opéras comme *Fernand Cortez*, crois-le bien... *Guillaume Tell* et *les Huguenots* sont des vaudevilles auprès de ce chef-d'œuvre...

« Trois jours après mon mariage, selon l'usage d'alors, je conduisis ma femme à l'Opéra... c'était toujours une clause du contrat de mariage. On jouait *Fernand Cortez*... Tu sais ou tu ignores qu'il y a, dans cet ouvrage, cet air :

>Je n'ai plus qu'un désir,
>C'est celui de te plaire;
>Je n'ai plus qu'un bonheur,
>C'est celui de t'aimer.

On ne fait plus de vers comme ceux-là aujourd'hui... c'était madame Damoreau qui les chantait, et qui les redisait une douzaine de fois, parce que, dans les opéras, quand on a dit une chose, on la répète un quart d'heure. Eh bien, tout le temps que madame Damoreau chantait cela, ma femme me regardait avec des yeux qui chantaient les mêmes paroles... j'étais dans l'extase, moi... un jeune marié de trois jours! et ta tante était une des plus jolies femmes de Paris... Oh! quel opéra! s'écriait mon oncle... Ah çà! mais, Maxence, tu me condamnes donc maintenant au monologue perpétuel?

— Parle toujours, dit Maxence, à voix basse, j'écoute ce que disent nos voisins de table.

— Ah! voilà qui est poli.

— Et que diable ! tu me parles du Mexique, de Fernand Cortez, de ton oncle, de ta tante, que sais-je, moi! est-ce que cela m'intéresse ?

— Mais, mon ami, il faut bien parler de quelque chose en dînant! nous ne sommes pas dans une chartreuse... Et que disent nos voisins de si intéressant pour toi?

— Ce sont deux membres de la Société de statistique; ils ne perdent pas leur temps à parler de *Fernand Cortez*, ceux-là !

— Et de quoi parlent-ils ?

— Ils parlaient de la fête d'aujourd'hui.

— Ah! nous y voici! Continue Maxence.

— Ils disaient que le nombre des visiteurs du Père-Lachaise s'élève à trois cent mille, et que jamais, de mémoire de statisticien, on n'avait vu pareille affluence.

— Mais, Maxence, il est convenu entre nous que cette funèbre conversation est renvoyée à l'année prochaine ! Il faut bien varier un peu... j'allais te raconter une autre histoire de vieillard encroûté... celui-là n'avait vu qu'un opéra dans sa vie, *les Pêcheurs* de Gossec... En as tu entendu parler de ces *Pêcheurs ?*

— Jamais.

— Ni toi, ni moi, ni personne... Gossec était chef d'orchestre à l'Opéra .. Or, ce vieux, qui était jeune alors, conduisit sa fiancée et son futur beau-père à la représentation des *Pêcheurs.* Au lever du rideau, il y a un pêcheur qui chante pendant un quart d'heure ces deux vers :

>Simon est un brave garçon,
>Il en tient pour ma fille.

En entendant ces vers, le beau-père serra la main du gendre, le gendre serra la main de la fiancée, la fiancée serra la main de son père, et aujourd'hui ils soutiennent encore tous les trois que les *Pêcheurs* de Gossec sont le chef-d'œuvre de l'art musical.

— Trois cent mille! dit Maxence, comme si sa pensée ne pouvait se détacher de ce nombre.

— Bon! dit Urbain, il va répéter trois cent mille jusqu'a l'année prochaine ; j'aime mieux encore le refrain d'un opéra.

— C'est que, mon cher ami, dit Maxence avec conviction, c'est que tu ne sais pas tout ce qu'il y a pour moi de providentiel dans ce nombre.

— Tu as raison, je l'ignore, instruis-moi.

— Trois cent mille!... c'est-à-dire la population de trois grandes villes qui a défilé devant moi, et dans laquelle une jeune femme était perdue comme une perle dans l'Océan. Et dans cette énorme foule, qui peuplerait Lyon et ses faubourgs, je n'ai vu que cette femme, et seule elle est restée pour me montrer, à son insu, la beauté de son âme, la tendresse de son cœur, et précisément le soir même de ce jour où je désespérais de mon avenir, où je succombais sous l'intolérable fardeau de mon isolement... dis-moi, Urbain, là sérieusement, contre ton habitude, dis-moi, cela ne te paraît-il pas miraculeux et providentiel ?

— Mon cher Maxence, j'avais fait cette réflexion avant toi.

— Et pourquoi ne me l'as-tu pas communiquée, au lieu de me parler de Fernand Cortez et de ton oncle ?

— Parce que j'avais un projet dans ma tête.

— Quel projet ?

— Tu le connaîtras, quand il aura réussi.

— Et s'il ne réussit pas ?

— J'en inventerai un autre. C'est mon état de venir au secours des gens, quand ils peuvent être secourus. Mais je ne suis pas de ceux qui annoncent l'efficacité d'un remède quand le remède n'est pas trouvé... Écoute, et tu vas voir si je sais me dévouer sérieusement à un ami, au moment même où j'affecte de m'occuper ou de parler d'autre chose... Lorsque j'ai vu l'effet salutaire produit sur toi par cette apparition du cimetière, j'ai cru avoir trouvé ce remède de médecin moral, celui que tu me demandais ce matin. Toi, tu étais absorbé dans ta contemplation, et tu ne songeais à rien ; moi, je me suis avancé aussi près que possible de la tombe, en me cachant dans le feuillage, pour lire le nom du mort sur l'épitaphe.

— Oh ! quelle admirable idée !... interrompit Maxence ; oui, nous allons être sur le chemin de la découverte...

—Attends donc, reprit Urbain, laisse-moi finir... La tombe est une colonne votive surmontée d'une croix, la plus modeste des tombes ; elle n'annonce pas l'opulence dans la famille du mort. J'ai lu cette date : 25 juin 1859, et il n'y a pas de nom.

— Et tes yeux ne t'ont pas trompé ? demanda Maxence d'une voix émue.

— Non... il faut donc maintenant trouver autre chose et...

— Et tu trouveras, interrompit vivement Maxence ;

car, vois-tu, ce remède qui me renvoie à l'année prochaine me tuerait en route. Ce que tu viens de me dire a doublé mon amour pour cette ange.. 1859! 1859! trois ans écoulés! quel trésor de larmes répandu et non tari encore! quel cœur d'élite! quelle âme noble qui se refuse à la consolation, après trois ans de désespoir!

— C'est vraiment exceptionnel, dit Urbain d'un ton sérieux.

— Entre bien au fond de ma pensée, reprit Maxence : je veux me marier; je suis ennuyé d'être seul, je veux être deux, et pourtant le mariage m'épouvante. Tu m'avais vanté cent fois les excellentes qualités de ta cousine, et, te croyant sur parole, j'avais résolu d'entrer dans ta famille. Projet anéanti. Je ne suis pas homme à compromettre mon bonheur par un choix hasardeux; je n'irai pas donner étourdiment mon nom et ma vie à une femme qui se sera fardée au physique et au moral avant le mariage, et ne me montrera qu'après le véritable teint de son visage et de son cœur. Un miracle a été fait pour moi, et j'en remercie le hasard, cet agent de Dieu. Un quart d'heure m'a suffi pour connaître une femme qui ne songeait pas à se faire connaître, et ne croyait montrer son âme qu'à son père mort et aux anges du ciel. Ma vie est à cette femme miraculeuse qui m'a ressuscité le jour des Morts... Urbain, tu viens de m'écouter avec attention, je vois enfin que tu m'approuves.

— Oui, Maxence, il est impossible de dire quelque chose de plus raisonnable, dans une passion aussi folle. Ne prends pas ce mot en mauvaise part. L'histoire, la fable, le roman, le théâtre sont peuplés d'amoureux qui se sont improvisé une de ces passions à la minute, en voyant une femme pour la première fois, et s'il fallait compter les repentirs, on compterait toutes ces passions. La phrase : *Je vous vis, et je connus l'amour*, a été écrite depuis le jour qui vit tailler la première plume. Mais tu dois jouir, toi, Maxence, du bénéfice de l'exception, et servir d'exemple aux improvisateurs d'amour qui viendront après toi.

La cause déterminante ne sera jamais aussi heureuse pour les autres qu'elle l'a été aujourd'hui. Un jeune homme ne surprendra pas toujours une jeune fille en flagrante exhibition de son âme sur la pierre d'une tombe: cela n'arrive qu'une fois; mais il peut y avoir d'autres accidents fortuits, d'autres combinaisons du hasard qui servent à faire connaître le caractère d'une femme, avant l'irrévocable signature du contrat. Quant à moi, cher Maxence, si j'avais à faire un choix, je profiterais de la leçon d'aujourd'hui, elle porte sa moralité avec elle. On aura beau *faire la cour* à une femme six mois avant l'échange du *oui* fatal, on ne connaîtra bien que sa figure, son esprit et sa science en toilettes ; si elle a de graves imperfections de cœur, elle les cachera soigneusement, et quand elles se montreront au grand jour, il sera trop tard. Je donne volontiers trois mille francs aux pauvres si je découvre la maison de cette jeune fille, et si tu l'épouses, parce qu'alors j'aurai le droit d'écrire ton histoire et de la placarder dans mon étude, pour l'instruction de mes jeunes contemporains de ce siècle d'argent, ceux qui voudront, en se mariant, mettre le bonheur avant la dot.

— Maintenant, tu parles comme un vieillard, dit Maxence ; tu n'es plus un jeune notaire de 1862, tu es un tabellion du bon vieux temps, et je suis ravi de voir que tu as pris enfin mon affaire au sérieux ; mais en t'écoutant je faisais une réflexion désolante...

— Communique moi ta réflexion.

— La voici... Je me suppose placé sur le point le plus culminant de Paris, sur la coupole du Panthéon, par exemple. De cette hauteur, mon regard embrasse un horizon immense, une ville démesurée, un échantillon de l'univers, Paris enfin, avec ses trente mille maisons, ses rues et ses boulevards sans fin ; et je me dis : Il y a dans ce monde, peuplé de quatorze cent mille habitants, il y a un atome perdu, et dans cet atome il y a mon bonheur. Cette idée me donne le vertige et le désespoir. As-tu vraiment un secret pour trouver un atome dans ce monde qui est sous mes pieds, dis-moi ce secret tout de suite; il y a pour moi une nuit de fièvre mortelle entre ce soir et demain.

— Mon ami, dit Urbain, ce n'est que demain qu'il me sera permis d'agir. Il est trop tard aujourd'hui. Mets ta confiance en moi, et crois bien que, lorsque je me mêle d'être sérieux, je rendrais des points au nonce du pape.

— Très-bien ! reprit Maxence, tu agiras demain; mais qui t'empêche de parler aujourd'hui?

— Allons, tu es un enfant, il faut te satisfaire... J'ai demandé l'addition... laisse-moi payer notre dîner, et nous causerons en nous promenant... C'est une soirée de juin.

Il y avait sur les boulevards la foule des soirs de fête, mais une foule sans tumulte et encore recueillie, après le pèlerinage des tombeaux.

Les deux amis étaient sortis et avaient renoué leur entretien.

— Demain, à huit heures, dit Urbain, nous monterons dans mon coupé et nous irons au cimetière de l'Est. Il y a sans doute une administration tumulaire, un bureau, des archives, un endroit quelconque où l'on enregistre les défunts honorés d'une tombe. Il n'y a pas de nom sur celle du père de notre jeune fille ; mais n'importe, tout ce domaine doit être très-bien cadastré, comme un quatre-vingt-huitième département, celui de la mort.

— C'est évident, remarqua Maxence avec joie.

— Tu devines le reste, reprit Urbain. Là nous apprendrons tout ce qu'il nous importe de savoir pour faire les démarches nécessaires et arriver jusqu'à la famille du défunt. Je me charge ensuite des négociations, en ma qualité de notaire. Je suis expert en fait de mariages, et j'ai la main heureuse, même lorsqu'il s'agit de mariages d'argent ; je ne dois pas échouer pour la première fois avec un mariage de cœur.

— Oh ! tu réussiras ! dit Maxence en serrant le bras d'Urbain contre le sien. Vois-tu, il y a dans tous les hasards d'aujourd'hui une marche régulière qui fait pressentir un but écrit dans ma destinée... D'abord ma visite chez toi ; puis le beau temps exceptionnel qui nous a engagés à sortir à pied ; ensuite le conseil que tu m'as donné de me rendre au cimetière, au moment où je te disais adieu; enfin la rencontre de cet ange, cette petite orpheline de Solférino, qui doit me porter bonheur. Le hasard ne prend pas la peine de si bien combiner tant de choses pour ne rien amener. Nous réussirons.

— Au moins je ferai tout ce qu'il faut pour réussir, dit Urbain ; mais il ne faut jamais se réjouir d'un bonheur qui n'est qu'en perspective, dans un songe ; le réveil est trop cruel si le bonheur n'arrive pas.

— Enfin, reprit Maxence en souriant, tu m'as fait descendre de la coupole du Panthéon, c'est beaucoup : j'aurais passé là-haut une fort triste nuit.

Il était arrivé devant sa maison, sur le boulevard Montmartre, et il ajouta :

— Je rentre chez moi, car j'ai bien besoin de repos, après cette journée d'émotions. Demain, à l'heure dite, je serai dans ton étude, et si je trouve des clients au salon d'attente, je les congédie en ton nom. Demain, tu n'as qu'une affaire, la mienne. Ton premier clerc aime-t-il les gratifications ?

— Il n'en demande jamais, dit Urbain, mais il les accepte quand on les lui donne.

— Réussite ou non, je ne l'oublierai pas. Renvoie-lui tes clients ; nous aurons peut-être demain toute une journée à perdre.

— Ou à gagner, reprit Urbain en serrant la main de son ami.

II

Le lendemain, à neuf heures, nos deux amis entraient dans le cimetière de l'Est, et avisant à droite un corps de logis qui semblait être habité par des vivants, ils entrèrent, et un concierge leur dit que les bureaux de l'administration n'étaient pas ouverts.

Pour occuper une heure d'attente, ils rendirent une visite au tombeau d'Héloïse et d'Abélard ; un monument d'amour, une pierre qui contient des larmes, une relique d'éternelle émotion. Il y a toujours des couronnes fraîches sur cette tombe gothique; elles n'ont pas été déposées par des amants heureux.

A Paris, ville bureaucrate, on trouve souvent, dans le voisinage des plus grandes choses, une réalité administrative qui semble vouloir les amoindrir. Ainsi, même dans cette magnifique nécropole, où le luxe du néant terrestre porte la pensée vers l'infini de Dieu, on trouve des bureaux et des commis qui tiennent des archives pour la vallée de Josaphat avec la même nonchalance routinière que s'il s'agissait de listes électorales. Il y a des casiers, des pupitres, des cartons, des registres sur le seuil de ce formidable domaine, où les torrents de larmes de trois générations auraient formé un lac navigable, si la terre n'absorbait pas, chaque lendemain, le contingent des douleurs de la veille.

Dix heures sonnaient.

Urbain termina une phrase sur l'immortalité de l'âme par ces mots :

— Allons voir si les bureaux sont ouverts.

Un préposé subalterne, courbé sur son pupitre et occupé d'un travail urgent, fit un signe d'impatience en entendant le grincement de sa porte; mais, voyant entrer deux jeunes gens de bonne mine et de la tournure la plus distinguée, il adoucit le sérieux de son accueil et leur désigna deux chaises, avec un demi-sourire administratif.

Maxence n'aurait pas inventé une syllabe dans cette atmosphère de bureaucratie, trop voisine du tombeau d'Héloïse et d'Abélard; mais Urbain, en sa qualité de notaire, trouvant fort naturel tout cet attirail de comptabilité lugubre, s'exprima ainsi:

— Monsieur, nous venons demander un service à votre obligeance.

Le préposé appuya ses coudes sur son bureau, croisa les mains, posa son menton sur ses mains, inclina la tête et ferma les yeux; ce qui veut dire, en pantomime administrative: Parlez, je vous écoute.

— Il s'agit, monsieur, d'un renseignement, poursuivit Urbain ; d'un renseignement auquel nous attachons la plus haute importance. Il y a, dans votre... établissement, une tombe, ou, pour mieux dire, une colonne votive, à fût tronqué, avec une date et sans aucun nom de défunt ou de défunte. Ce nom doit être inscrit sur un de vos registres, et nous voudrions le connaître.

— Ma réponse sera bien simple, dit le préposé : il m'est impossible de vous donner ce renseignement.

Maxence fit un mouvement et étouffa un cri.

— Croyez, monsieur, dit Urbain en soulignant chaque mot, croyez bien que vous n'obligerez pas des ingrats.

— Oh ! monsieur, dit le préposé d'un ton sévère, ces sortes de services ne se payaient pas dans le temps où il était permis de les rendre ; mais il y a eu des abus ; nous avons reçu des plaintes, et toutes les tombes n'ont à rendre compte de leurs secrets qu'à leurs familles. Si cette colonne votive n'a pas de nom, c'est que les survivants ont des raisons majeures pour ne pas graver ce nom sur le marbre.

Cette raison parut si péremptoire, qu'elle rendit muets les deux jeunes gens.

Le préposé reprit sa plume et feuilleta bruyamment un énorme registre, en disant en lui même:

— Voyons... terrain concédé à perpétuité... à l'hoirie...

Le reste de la phrase se perdit en sons inarticulés...

Les deux amis comprirent le sens de cette mélopée administrative; ils se levèrent et sortirent en s'inclinant devant le préposé, qui leur rendit un salut distrait.

— Me voilà retombé sur le dôme du Panthéon! dit Maxence d'un air désespéré.

— Qui se serait attendu à une réponse pareille! dit Urbain en croisant les bras sur sa poitrine. Dans ce diable de Paris, toutes les fois qu'on dresse un plan raisonnable à la porte d'une administration quelconque, on se heurte contre une impossibilité. On a tout prévu, excepté la chose qu'un commis vous lance à la tête comme une tuile de bureau.

— Et maintenant, que faire, Urbain?

— Ma foi, je n'en sais rien, mon cher Maxence... et j'ai une expertise à dix heures et demie... deux contrats à onze heures... des époux qui n'ont pas voulu signer hier, jour des Morts... ça porte malheur, ont-ils dit... je commence à le croire...

— Si nous écrivions au préfet de la Seine! interrompit Maxence.

— Oh! mon ami, cela ne le regarde pas; il a bien assez de Paris vivant dont il s'occupe, pour s'occuper du Paris mort!...

En causant ainsi, ils montaient la pente du cimetière, dans la direction de la chapelle.

— Que regardes-tu là? demanda Urbain.

— Cette tombe... celle où priait hier cette angélique petite fille... l'orpheline de Solférino...

— Oh! je devine ta pensée, dit Urbain : tu vas me

conduire à la tombe sans nom... il est trop tard... mes affaires me rappellent chez les vivants...

— Mon Dieu! un quart d'heure de plus ou de moins ne te fera pas perdre ta clientèle!... Ah! si Dieu pouvait m'ouvrir une de ces tombes et m'y enfermer à perpétuité, quel service il me rendrait aujourd'hui! Vois comme ils ont l'air d'être bien, les locataires de ces loges de marbre! quelle douce sérénité autour de ces demeures! quel calme divin! On voit bien que le ciel commence là pour ne pas finir!

— Mon ami, dit affectueusement Urbain, nous avons tous notre vie à faire; faisons-la d'abord le plus agréablement possible, et puis nous louerons une de ces loges pour l'éternité; cela n'est pas urgent... J'ai deux contrats de mariage...

— Oui, je suis à toi, dit Maxence. Tiens, la tombe sans nom est là... tout près... une minute de station sur le gazon qu'elle a foulé hier, et nous partons.

— Une minute?

— Pas davantage... Nous y sommes... Oh! qu'il fait bon ici! je suis dans l'air qu'elle a déplacé hier en pleurant ; ces herbes gardent les traces de ses larmes... et point de nom!... point de nom!

— La minute est expirée, Maxence...

— Urbain! Urbain!... vois... vois...

— Eh ! quel accès te prend-il?

— Urbain... lis... au bas... en lettres imperceptibles... *Causse, sculpteur*, rue des Amandiers... Courons chez ce sculpteur ; c'est tout près d'ici... Il a donné son adresse, cet excellent artiste !...

Et il s'était élancé dans la direction de la porte du cimetière, sans écouter le rappel d'Urbain, qui le suivait malgré lui.

Sur le parvis de la mort, il ouvrit le coupé, s'y installa, donna l'adresse du sculpteur au cocher et faillit ne pas attendre Urbain.

— Monte donc, lui cria-t-il, monte, te dis-je ; c'est l'affaire d'une minute... tes deux mariés attendront ; je leur donne bien l'exemple, moi... et tu ne parleras pas à ce sculpteur ; je porterai la parole, cette fois... Tu crois être fin, et on se méfie de tes airs de notaire. Tu vas voir comme je vais mener l'affaire, moi !

— Ah ! que dira mon premier clerc ! murmurait Urbain sans écouter Maxence.

— Bon ! le voilà esclave de son premier clerc ! dit Maxence sur le ton de la pitié.

— Je suis esclave de mon devoir, et...

— Tu te dois à l'amitié, interrompit Maxence ; c'est moi qui suis ton premier clerc... Ah ! nous sommes chez le sculpteur. En voilà un marbrier que je mets au-dessus de Phidias et de Praxitèle !

L'atelier de M. Causse est vaste et bien garni en tombes de tout genre ; il y a surtout un complet assortiment de couvercles de marbre, sur lesquels sont inscrites les vertus du défunt ou de la défunte ; le nom reste en blanc ; on le grave après l'achat. Rien ne donne au *Misanthrope* de Molière un démenti plus victorieux que l'ameublement funèbre d'un cimetière ;

tous les pères, les fils, les neveux y sont déclarés *bons* et cumulent toutes les vertus.

M. Causse se présenta, le ciseau à la main, pour recevoir les deux jeunes gens.

— Monsieur, dit Maxence, un ami, qui a été content de vos travaux d'artiste, m'a donné votre adresse, et je viens vous commander une tombe pour un cimetière de petite ville, et vous me l'expédierez par le chemin de fer.

— Je travaille même pour l'étranger, dit le sculpteur.

— On sait cela, reprit Maxence.

— Voulez-vous quelque chose dans le goût nouveau ? demanda le marbrier.

— Oh ! tout ce qu'il y a de plus nouveau !

— Est-ce pour un grand ou un petit mort ?

— Pour un mort ordinaire... Tenez, par exemple, je voudrais quelque chose dans le genre de ce cénotaphe.

— Oh ! monsieur, ça ne se fait plus ; le grec est

passé de mode. Nous travaillons beaucoup dans le style renaissance, aujourd'hui. Je vous conseille de suivre le goût du moment.

— J'aimerais mieux suivre le mien.

— Comme il vous plaira, monsieur. Quel prix comptez-vous mettre à l'ouvrage ?

— On ne voudrait pas dépasser deux mille francs, et l'on donne mille francs d'arrhes, parce que c'est une commande de province.

Maxence ouvrit son portefeuille et déposa un billet grand format sur un tombeau.

— Mon correspondant s'en est référé à mon goût, et je désirerais une colonne, mais une colonne tronquée, symbole d'une vie brisée par le malheur... Il y a au moins une pensée dans ce marbre muet, et je suis étonné d'avoir eu cette idée avant tout le monde.

Le sculpteur sourit avec l'orgueil de la modestie, et dit :

— J'en demande pardon à monsieur, mais je suis

obligé de dire que j'ai déjà trois colonnes de ce genre sorties de mon atelier.

— Vraiment! dit Maxence avec une stupéfaction bien jouée.

— Oui, monsieur, trois.

— Et s'appliquant à des existences brisées par le malheur? demanda Maxence.

— Ah! monsieur... c'est-à-dire... une vie est toujours brisée par la mort, qui est le plus grand des malheurs.

— C'est ce que je nie... La mort est la fin de la vie, voilà tout; c'est un accident commun; mais lorsqu'une fatalité violente détermine la mort, oh! alors... vous me comprenez, monsieur le sculpteur?

— Parfaitement... Ainsi la mort sur un champ de bataille... Tenez, j'ai une colonne dans l'établissement, une colonne élevée à la mémoire de... de.. enfin le nom ne fait rien à l'affaire; c'est un officier, mort de ses blessures le lendemain de Solferino.

Maxence tressaillit de la tête aux pieds, et son visage prit une expression étrange qui arrêta la phrase du sculpteur.

— Monsieur, dit-il, a perdu sans doute quelqu'un qui lui était cher, dans cette bataille?

— Oui... oh! oui... très-cher... dit Maxence, en balbutiant.

— Je suis fâché, reprit M. Causse, de vous avoir involontairement rappelé un triste souvenir.

— C'est la vive impression d'un moment, dit Maxence; ce n'est rien. Revenons à notre affaire. Je ne voudrais pas avoir l'air d'avoir fait copier une colonne... il faudrait changer de style... Peut-on voir le modèle du monument élevé à la mémoire de... cet officier... Vous devez avoir un croquis dans vos cartons?

— Oh! monsieur, je garde copie de tout.. Tenez... vous allez voir.

Il prit un large portefeuille, et trouva promptement ce qu'il cherchait.

— Le nom est au bas, dit-il, mais il n'est pas sur la colonne. Lisez : *Tombeau du lieutenant-colonel Desbéniers...* C'est l'idée de monsieur, n'est-ce pas ?

Maxence prit négligemment la feuille, la regarda sans émotion apparente, et dit :

— Oui, c'est à peu près mon idée... seulement je voudrais ma colonne plus petite, et en granit noir ou rose, granit égyptien... C'est la veuve qui a fait élever ce tombeau ?

— Ah ! ce n'est pas un tombeau, monsieur, interrompit le sculpteur ; c'est une pierre d'attente, comme nous disons... Le corps est dans un caveau d'une église de village, en Italie, et comme il faut faire des frais considérables pour le transporter ici, on s'est contenté provisoirement d'une pierre commémorative. La veuve n'est pas riche ; elle attend, dit-on, un petit héritage d'Amérique, et quand elle l'aura reçu, elle me commandera un cénotaphe à quatre pointes, avec une épitaphe de cent lettres, ce qui, à un franc la lettre, selon mon tarif, n'est déjà pas mal.

— Je vois avec plaisir que votre commerce va bien, dit Maxence, pour éloigner tout soupçon.

— Et, grâce à Dieu, je ne me plains pas, dit le sculpteur ; nous sortons de la morte saison ; voici l'hiver ; l'été tue le métier. Nous sommes trop nombreux aussi. Le premier marbrier de cheminée se mêle de tailler du marbre de tombe...

— Mais, interrompit Maxence en faisant une fausse sortie, je vous fais perdre un temps précieux... Deux mots encore... c'est convenu : une colonne comme celle du colonel de... des...

— Desbéniers.

— Je crois avoir connu ce... dit Maurice en regardant le plafond... oui, je crois l'avoir connu à Paris ; il demeurait rue de... non... boulevard de... de...

— Ah ! voilà ce que je ne saurais vous dire, fit le sculpteur ; sa veuve ne m'a jamais donné son adresse. C'est une femme de quarante à quarante-deux ans, très-bien conservée ; elle est venue trois fois dans mon établissement, et n'est jamais restée plus de dix minutes. Elle m'a payé ici... là... sur cette table, et je ne l'ai plus revue... Cela paraît vous contrarier?

— Moi, dit Maxence en souriant faux, comment voulez-vous que cela me contrarie? Je croyais avoir connu ce... il y a des noms qui se ressemblent... Mon ami me fait signe de remonter en voiture... c'est un homme d'affaires... Monsieur Causse, je vous recommande ce petit travail.

— Voulez-vous un reçu de vos mille francs?

— C'est inutile. Quand pourrai-je vous rendre une seconde visite?

— Dans une quinzaine.

— C'est bien.

Maxence salua et sortit. Urbain l'avait devancé dans le coupé.

— Cela te coûte un billet de mille, et à moi le double de cette somme, dit Urbain, et nous ne sommes pas plus avancés que ce matin à neuf heures.

— Que veux-tu? c'est une fatalité, dit Maxence;

cependant j'ai fait un pas : je sais le nom... C'est la fille du lieutenant-colonel Desbéniers.

— Oh! te voilà bien avancé!... Mon ami, sais-tu comment finira cette course au mariage?

— Voyons.

— Tu épouseras ma cousine.

— Bah!

— Pendant que tu causais avec ce marbrier, j'ai jeté un coup d'œil sur son journal du soir, à la date du 3 novembre, et j'ai vu que mes affaires s'embrouillent là-bas... ma question romaine va mal. Le pape est allé à Sainte-Marie-Majeure; il a tenu un consistoire; il a visité deux églises; il a eu un long entretien avec notre chargé d'affaires, et comme les mêmes choses reviennent tous les jours, dans cette ville éternelle, ma dispense ne m'arrivera jamais.

— Eh bien, alors? demanda Maxence.

— Eh bien, alors je te cède Stratonice : tu épouses ma cousine, et moi je reviens à mon état naturel, qui est le célibat... Tu me regardes d'un air pétrifié!...

Puisque tu as la passion du mariage incrustée dans le cœur, et que cette jeune fille d'hier s'évapore comme une vision qu'elle est, précipite-toi, comme un naufragé de l'amour, sur le premier festin de noces qui qui se présente ; reviens à ton premier choix. Ma cousine ne demandera pas mieux ; elle raffole des millions comme toutes les jeunes filles élevées dans l'amour de la simplicité.

— Et que dirait ta famille si tu n'épousais pas ta cousine ?

— Avec le refus de la dispense, je me tire d'affaire, moi ; j'ai été avocat avant d'être notaire ; je dirai que la retraite du général de Goyon a brouillé Rome avec Paris, que les affaires d'Italie sont brouillées avec les affaires de France ; qu'on ne veut plus entendre parler de nous au Vatican, et que le cardinal Antonelli ne veut plus accorder de dispenses pour les mariages de ses ennemis.

— Cela paraît admissible, dit Maxence, après avoir réfléchi.

— Aimes-tu mieux attendre le 2 novembre 1863 ? reprit Urbain.

— Oh! impossible! ce serait le moyen de devenir mon propre fossoyeur et de m'inhumer sous la colonne tumulaire que je viens de commander chez le marbrier de la mort... Et d'ailleurs cette jeune fille se mariera bientôt, j'en ai le pressentiment. Sa mère attend un héritage d'Amérique.

— Allons, c'est bien, tu te fais raisonnable, dit Urbain; tu étais mon ami, te voilà mon cousin.

— Ma foi, reprit Maxence, dans le désespoir où je suis, ce mariage est un suicide comme un autre.

— Mon cher cousin, celui-là te fera vivre longtemps.

Ils étaient arrivés devant la maison du notariat.

Maxence, triste et désolé, tendait la main à son ami, qui le retint en disant:

— Oh! tu ne me quittes pas; j'aurai besoin de toi là-haut, pour me justifier devant mes clients, et je mettrai tout sur ton compte. Monte avec moi.

— Comme tu voudras, fit Maxence sur le ton de la résignation.

— En entrant dans mon étude, dit Urbain, prends un air grave.

— Oh ! il est pris, remarqua Maxence, et je le garderai toute la vie.

Le premier clerc se leva en voyant entrer le notaire, et lui dit :

— Vos clients des contrats ont perdu patience, ils sont partis.

— C'est bien, dit le notaire sur le ton de la gravité.

— Une personne vous attend dans votre cabinet.

— Connaissez-vous cette personne ?

— Oui, monsieur... c'est votre oncle.

— Ah ! reprit Urbain en attirant son ami dans l'embrasure d'une croisée, c'est mon oncle ; la Providence nous l'envoie. Tu n'es pas de trop ; nous allons arranger l'affaire à la minute.

Urbain ouvrit la porte du cabinet et se trouva soudainement étouffé dans les embrassements de l'oncle, qui s'écriait :

— La dispense est arrivée ! la voilà ! écrite en latin et scellée de la tiare et des clefs !

Urbain ne répondit pas avec la même chaleur à cet accueil ; il mit ses phrases décousues sur le compte de son émotion, et présenta Maxence à son oncle, pour aligner une phrase banale qui n'avait aucun rapport avec la situation.

La joie obscurcissait les yeux du bon oncle ; il ne remarqua aucun trouble chez les deux amis, et, s'asseyant devant le feu, il dit :

— Il faut voir la joie de ta cousine ; je ne puis la comparer qu'à la tienne, mon cher Urbain. C'est qu'elle t'aime bien, la bonne petite ! C'est si naturel d'ailleurs. Vous avez été élevés ensemble, comme Paul et Virginie. Nous avons reçu la dispense ce matin, à neuf heures ; il paraît que cela s'est ébruité, entre concierges, dans le quartier. Une femme est venue nous offrir un châle de l'Inde, mais d'occasion ;

il vient de la succession d'une duchesse. Il a coûté dix mille francs; on le cède pour mille écus: c'est donné. Ta cousine a pris ce châle et a fait des attitudes devant son miroir, en riant comme une folle. Ton ami sera des nôtres à la noce, n'est-ce pas ?

Maxence et Urbain s'inclinèrent.

— La liste des invités est faite, reprit l'oncle; mais que de choses encore! Nous causerons ce soir; ta cousine... ta femme t'invite à dîner... six heures précises... Si monsieur veut se joindre à nous...

— Ah! veuillez bien m'excuser, bégaya Maxen j'ai un engagement ce soir.

— Il a un engagement sacré, dit Urbain; est très-répandu dans le monde.

— Monsieur est marié? demanda l'oncle.

— Il n'a pas encore ce bonheur, dit Urbain; mais il est sur le bon chemin du mariage.

— Tant mieux! tant mieux! dit l'oncle en se levant; le vrai bonheur es dans l'union de deux cœurs faits l'un pour l'autre et qui... Mais il est fort tard;

les journées sont courtes et j'ai une foule d'achats... Vous m'excuserez, messieurs, si je vous quitte. L'essentiel est connu. Adieu, Urbain, à ce soir... Monsieur, j'ai bien l'honneur de vous saluer.

L'oncle parti, Maxence et Urbain se regardèrent fixément, immobiles aux deux côtés de la cheminée, comme deux assortiments de pendule. L'un attendait que l'autre rompît le silence, et aucun des deux ne trouvait un commencement.

Une annonce importante tira les deux jeunes gens de leur immobilité. La porte de la salle à manger s'ouvrit, et une voix de domestique fit entendre ces paroles :

— Monsieur est servi.

— Bon! fit Urbain; j'allais oublier le déjeuner! Commençons par vivre d'abord, et puis nous verrons ce que le destin veut faire de nous... Donne-moi le bras, Maxence, et déjeunons en tête-à-tête, comme si demain n'existait pas.

Maxence, absorbé dans ses réflexions, se dégagea du bras de son ami, et lui dit:

— L'excès du malheur est une fièvre qui donne les idées.

— Ah! tu as une idée! Viens me la communiquer entre deux huîtres. Viens donc.

— Non, dit Maxence; je déjeunerai ce soir en dînant, si je réussis... Adieu.

— Ton idée? ton idée? Dis-la moi, je la jugerai.

— Je vais rue Saint-Dominique.

— Voilà une idée, dit Urbain; et que vas-tu faire à ce bout du monde?

— Je vais au ministère de la guerre.

— Tu vas t'engager pour le Mexique?

— Je te conterai tout cela au retour.

— Ah! je devine, dit Urbain; tu vas demander des renseignements sur le lieutenant-colonel Desbéniers?

— Tout juste. C'est une idée qui vient de m'éclater dans le cerveau, et je la crois bonne. La veuve doit avoir une pension, et son adresse est aux archives de la Guerre, c'est évident.

— Ah! tu n'es pas content des archives de ce matin! s'écria le notaire; tu veux encore te voir mettre à la porte, comme un espion, par un commis, et cette fois un commis guerrier, orné de moustaches grises!

— Sois tranquille, reprit Maxence avec calme; je ne vais pas à l'inconnu, cette fois; je m'adresserai à M. D***, un chef de division qui a autant d'esprit que d'obligeance; il m'a déjà été utile dans une occasion, et, s'il peut me rendre un second service, il me le rendra.

— Soit, dit Urbain; il faut épuiser toutes les impossibilités, puisque nous y sommes; mais qui t'empêche de déjeuner avant de voyager en terre lointaine?

— J'ai la fièvre, dit Maxence, et la diète m'est nécessaire. Attends-moi en déjeunant avec lenteur; je partagerai ton dessert, si j'arrive guéri.

— Égoïste! reprit Urbain; tu n'as pas un mot de consolation pour moi! Crois-tu que je suis sur des roses? comme disait Guatimozin, allongé sur un gril ardent, au Mexique. C'est encore un mot de circonstance.

— Oh! te voilà bien malheureux, dit Maxence; tu te maries comme tous les notaires se sont mariés, par devoir d'état. Qui se marie par amour aujourd'hui? personne. Eh bien, les notaires doivent donner l'exemple à leurs clients.

— Comme il arrange cela pour se dispenser de me plaindre! s'écria Urbain. Allons, prends mon coupé, brûle le chemin, vois ton chef de division; expédie vite ton affaire, et succès ou échec, viens tout me conter, grand égoïste. Je t'attends.

IV

L'amour a des ailes et il en donne aux amants. Urbain vit tomber son ami devant lui avant le dessert.

— Je la tiens ! s'écria Maxence en ouvrant la porte.

Un client qui causait affaires avec Urbain se leva épouvanté et prit la fuite, croyant que le feu était à la maison. Tous les clercs accoururent au secours de leur chef, dans l'espoir de gagner une gratification de sauvetage. Urbain les congédia par un geste amical, en leur disant :

— Ce n'est rien; laissez-nous seuls avec monsieur.

Et il ajouta, en s'adressant à Maxence :

— Mon cher ami, tu bouleverses mon étude; il est temps que cela finisse.

— C'est fini; j'ai l'adresse : boulevard de Sébastopol. On n'a pu m'indiquer exactement le numéro, mais...

— Ah bon! interrompit Urbain, ce boulevard a quatre kilomètres ! c'est le boulevard de l'éternité !

— Attends donc, reprit Maxence, le numéro est dans les soixante, côté impair ; rien n'est plus facile à trouver. Je m'en charge et je pars. Mon plan est fait; un plan superbe !... Donne-moi une plume et une feuille de papier officiel de notaire avec ton nom en tête...

— Mais ne va pas me compromettre avec le syndicat.

— Sois tranquille.

— Passe dans l'autre pièce, tu trouveras tout ce qu'il te faut pour ta nouvelle folie.

Maxence répondit par un geste de triomphateur et se mit à écrire ce billet :

« Madame veuve Desbéniers est priée de venir à mon étude aujourd'hui même, avant trois heures; il s'agit d'une affaire importante qui la concerne. »

Ce billet fut porté à la signature du notaire, qui hésita d'abord et signa de mauvaise grâce.

Maxence écrivit l'adresse sans numéro, descendit d'un bond l'escalier, remonta en coupé, traversa le Paris neuf, mit pied à terre devant le numéro 60 du boulevard éternel, trouva bientôt le domicile de madame Desbéniers, et remit le billet au concierge.

Avant le coup de trois heures, madame Desbéniers était introduite dans le cabinet du notariat, où Maxence, assis devant un bureau, taillait une plume, comme un premier clerc.

Il avait reçu tout pouvoir de son ami Urbain, qui s'était blotti derrière un bureau à deux étages.

Maxence se leva, salua profondément madame Desbéniers, lui désigna un fauteuil, s'assit, prit un couteau d'ivoire comme un hochet de contenance, et dit d'un ton grave :

— D'après ce qui est arrivé à ma connaissance, madame, vous attendiez des nouvelles d'Amérique ?

— Oui, monsieur, de la Nouvelle-Orléans, dit madame Desbéniers avec une émotion bien vive. Ma fille voulait m'accompagner, mais elle n'est pas remise d'une indisposition d'hier.

— Il s'agirait d'un léger héritage provenant de l'hoirie... laissez-moi chercher le nom dans mon dossier...

— L'hoirie Walton, interrompit madame Desbéniers.

— C'est cela... l'hoirie Walton... La somme, par malheur, n'est pas forte...

— Six mille dollars, interrompit l'héritière.

— Oui, environ trente mille francs... et déduction faite des frais...

Il prit un papier et ajouta :

— Cela se monte à vingt-neuf mille huit cent quarante-quatre francs soixante et dix-huit centimes.

— Comment! monsieur, les fonds sont arrivés! s'écria l'héritière en pleurant de joie. Je ne les attendais plus et j'en avais fait mon deuil. On m'avait dit qu'à cause de cette maudite guerre du Sud et du Nord, mon petit héritage avait été confisqué.

— Si peu confisqué, madame, qu'il est là, tout compté, à votre disposition.

— Oh! mon Dieu! s'écria madame Desbéniers, en prenant les billets de banque sans les compter, quelle joie pour ma pauvre fille!

— Madame a le bonheur d'avoir une fille?

— Oui, monsieur, une fille de vingt ans, et bien malheureuse!

— Voilà donc un petit héritage qui arrive à propos, dit Maxence. L'argent ne fait pas le bonheur, mais il n'y a pas de bonheur sans argent.

— Oh! ma fille supporte très-aisément la vie modeste que la pension de l'empereur lui a faite, comme veuve d'un brave colonel.

Maxence laissa tomber le couteau d'ivoire et s'improvisa une toux fausse pour cacher une émotion au-dessus des forces humaines.

Un éclat de rire comprimé faillit éclater violemment derrière le bureau colossal qui abritait Urbain.

Dans son émotion d'héritière, madame Desbéniers ne remarqua rien, et elle poursuivit avec volubilité :

— Ma fille, madame Desbéniers... nous portons le même nom... mon mari se nommait comme mon gendre... c'est un nom très-répandu dans les colonies... nous sommes créoles... J'ai oublié ce que je voulais vous dire... ah! j'y suis! Monsieur paraît bien enrhumé?

— Ce n'est rien, madame... c'est une quinte... ne faites pas attention...

— Ma fille a voulu faire hier ses dévotions de la fête des Morts, et elle s'est refroidie malgré la beauté du temps. Nous sommes très-sensibles à l'air, nous, créoles... J'ai un reçu à vous faire de la somme, n'est-ce pas?

— Inutile, madame, dit Maxence d'une voix éteinte.

— Mais si fait, dit Urbain en se levant, pour corriger l'étourderie de Maxence ; il faut toujours un reçu... Madame, prenez la peine de vous asseoir devant mon bureau... un reçu tout simple...le chiffre de la somme en toutes lettres, et vous signez...

Urbain profita de la position que madame Desbéniers avait prise pour écrire, et il ordonna par signe à son ami de se remettre d'une émotion immodérée qui allait compromettre son étude. Maxence promit d'obéir.

— Voilà mon reçu, dit madame Desbéniers en se levant; est-il en règle?

— Parfait, dit Urbain... Votre fille s'est donc mariée bien jeune !

— A seize ans et demi; on marie même à quatorze ans, aux colonies... Elle était veuve bien jeune, comme vous voyez, la pauvre enfant !

— Et elle doit toujours bien regretter son héroïque mari ? demanda Maxence d'un air de commisération.

— Oh ! monsieur, reprit madame Desbéniers en levant les yeux au plafond, on la croirait veuve d'un jour. Si vous l'aviez vue hier, au cimetière, elle vous aurait fait fondre en larmes... Vous pleurez, monsieur... ah ! c'est bien honorable pour un homme de loi !

— C'est que c'est très-touchant ce que vous racontez là, madame ! dit Urbain pour faire diverion.

— Moi, reprit-elle, j'ai tant pleuré en voyant pleurer ma fille, que mes yeux n'ont plus rien à donner... mais, grâce à ce petit héritage, il se prépare encore une longue journée de larmes; ce sera terrible à passer...

— Voyons, madame, dit Urbain, allez jusqu'au bout, nous vous écoutons.

— Nous allons faire transporter la dépouille mortelle de mon pauvre gendre à Paris ; c'est l'idée fixe de ma fille. Elle veut faire élever un tombeau digne du héros qu'elle pleure. Croiriez-vous qu'elle a composé une épitaphe ?... Pardon, messieurs, ces détails ne vous intéressent pas, sans doute ?

— Au contraire, dit Urbain; peut-on connaître l'épitaphe ?

— Oui, monsieur, elle est là, dans ce petit portefeuille... attendez... Soyez indulgents; ma fille n'est pas un auteur... *A la mémoire du colonel Paul Desbéniers, mort, dans un jour de gloire éternelle pour la France, et de deuil éternel pour son inconsolable veuve. Vous qui...*

Maxence bondit sur son fauteuil, laissa tomber ses bras dans toute leur longueur sur le bureau et sa tête sur ses mains, en poussant un cri sourd.

Madame Desbéniers serra vivement l'épitaphe et regarda Maxence d'un air ébahi.

Urbain, au comble de l'embarras, prit madame Desbéniers par la main, la conduisit dans l'embrasure d'une croisée, et lui dit :

— Ce jeune homme n'appartient pas au siècle; il est doué d'une sensibilité bien rare, comme vous voyez; il occupe un rang distingué dans le monde; il a une fortune de deux millions; il jouit d'une santé vigoureuse : eh bien, il ne sera plus au nombre des vivants demain !

— Serait-ce possible ? dit madame Desbéniers; mais

vraiment je ne comprends rien à ce que je vois, à ce que j'entends; expliquez-vous mieux.

— Oui, reprit Urbain ; je vais être clair, madame... ce jeune homme aime votre fille.

Madame Desbéniers recula en poussant un cri.

Urbain confirma par un signe de tête ce qu'il venait de dire, et il raconta dans tous ses détails la scène de la veille dans le cimetière de l'Est.

— Vous voyez, madame, dit-il en finissant, que le doigt de Dieu a montré à ce jeune homme la femme qu'il devait choisir. Dieu a signé le premier au contrat. Il y a des choses mystérieuses devant lesquelles il faut s'incliner, et rayer d'une tombe le mot *inconsolable*, qui n'est pas chrétien, puisque Dieu console de tout.

— Pauvre jeune homme ! dit madame Desbéniers au comble de l'émotion ; ah ! je croyais n'avoir plus de larmes ! Comme c'est touchant ce que vous venez de me dire !

Un bruit de sanglots attira vers Maxence madame Desbéniers et Urbain.

Maxence gardait toujours sa position.

— Parlez-lui, fit le notaire à l'oreille de madame Desbéniers.

— Monsieur, dit-elle à Maxence, je sais tout, et croyez bien à l'intérêt que je vous porte. Ce qu'il sera possible de faire pour vous, je le ferai. Une mère a toujours un grand pouvoir sur sa fille; j'userai du mien. Ne vous désespérez pas.

— Allons, voyons, dit Urbain en relevant son ami, fais-toi homme, vieux enfant! tu as déjà la mère pour toi; la partie est presque gagnée.

— *Inconsolable !* murmura Maxence en relevant la tête.

— Ce mot l'a foudroyé, reprit Urbain; c'est **un mot** de veuve. Il ne signifie pas qu'une veuve ne doive pas se remarier, mais qu'elle ne doit pas se consoler; eh bien, madame veuve Desbéniers ne se consolera jamais et fera comme toutes les autres, elle se remariera.

— Oui, mais elle a pleuré trois ans son mari ! dit Maxence en secouant la tête.

— Raison de plus pour être fidèle au second et l'adorer, reprit Urbain ; l'amour qu'une veuve a donné à son mari mort garantit l'amour qu'elle donnera à son mari vivant... Madame, notre sort est entre vos mains ; je dis notre ; parce que je dois me marier aussi, et ce soir il y a chez mon futur beau-père un festin de fiançailles ; mais, en voyant le désespoir de mon ami, je ne puis aller m'asseoir gaiement à la table de nos deux familles. A six heures, si mon ami est encore dans l'état où vous le voyez, je porte le désespoir dans deux maisons, je jure de ne pas me marier et je bouleverse tout.

— Au moins, dit madame Desbéniers, donnez-moi deux jours.

— Deux heures, reprit Urbain. Excusez, madame, cette exigence, il y a péril de mort.

— Oui, murmura Maxence d'un ton lugubre.

— Madame, dit Urbain avec feu, le veuvage n'est

pas un état pour une jeune femme; votre fille a pleuré trois ans son mari; il n'y a pas d'exemple de deuil pareil.

Maintenant elle a des devoirs à remplir envers la société. Son mari même, s'il sortait de la tombe, avec les idées nouvelles qu'on doit avoir dans l'autre vie, lui dirait : « Ne pleure plus et marie-toi. Cela m'est égal. »

— Messieurs, dit madame Desbéniers en cherchant ses mots... je vais parler à ma fille... mais, j'ai peur qu'elle... C'est délicat ce que je veux vous dire... très-délicat...

— Dites toujours, fit Urbain; faites comme si ce n'était pas délicat.

— Eh bien, messieurs, elle ne croira pas à une passion si grande... Savez-vous pourquoi elle aimait tant son mari?... il faut vous avouer que ma fille n'est pas une femme ordinaire, — elle se connaît : — *Je ne suis pas jolie et il m'adore!* voilà une phrase que je lui ai entendu répéter mille fois. Vous l'avez vue hier dans un moment d'exaltation qui animait sa figure et ses yeux.

— Mais je la verrai toujours ainsi, interrompit Maxence, et elle sera pour moi, tant que je vivrai, la plus belle et la plus angélique des femmes ! Dans ce moment, qui a décidé de mon avenir, votre fille appartenit aux légions des créatures célestes, et je chercherais en vain parmi les filles des hommes cet idéal de beauté qui m'a ébloui. Je comprends votre scrupule maternel; il vous honore. Vous craignez qu'en revoyant votre fille dans d'autres conditions, je n'arrive à ce désenchantement subit qui serait une insulte pour elle. Vous me jugez mal, et vous êtes excusable, car vous ne me connaissez pas. Je vous supplie de plaider ma cause avec un cœur de mère, c'est le plus éloquent des avocats ; je mets mon bonheur et ma vie entre vos mains.

— Mon consentement vous est acquis déjà, dit madame Desbéniers; croyez que ma vie est bien triste aussi ; depuis trois ans nous n'avons pas échangé un sourire avec ma fille. Nous avons quitté le deuil sur nos robes, mais nous le portons dans l'âme.

— Oh ! il faut changer tout cela ! dit Urbain d'un ton leste ; nous sommes jeunes, rions : nous sommes riches, vivons. Il faut, dans huit jours, faire deux mariages et mettre des fleurs partout à la place du deuil. Madame, dites à votre fille qu'un ange du ciel, une orpheline de Solferino est descendue de là-haut, hier, par ordre de son mari, pour nous porter bonheur à tous.

— Messieurs, dit madame Desbéniers en saluant, ma fille va tout savoir, et vous connaîtrez le résultat de mes démarches demain...

— Ce soir, dit Urbain d'un ton impérieux.

Madame Desbéniers leva les yeux au ciel et sortit.

— En attendant, dit Urbain, elle emporte l'héritage, par distraction, probablement.

— Oh ! s'écria Maxence en coupant l'air avec ses poings, oh ! il ne devrait pas être permis au destin de ballotter un homme avec cet acharnement !

— Voyons, dit Urbain, je te trouve bien ingrat dans tes éternelles plaintes contre le destin! Ne faut-il pas que tu lui payes les intérêts de la grande fortune qu'il t'a donnée! où serait la justice de Dieu, si les millionnaires vivaient toujours dans les roses, sans être piqués par moments? C'est la vengeance du pauvre. Vois-les tous passer sur le boulevard, nos Crésus de Paris; est-ce qu'ils portent sur leurs visages les rayons d'or de leurs caisses? Ils sont tristes comme des ministres en retraite; ils ont tous un ver rongeur qui les mine, ou la goutte qui les fait boiter, ou la satiété qui les ruine.

Toi, Maxence, tu as l'ennui, cette goutte de l'âme; te voilà donc le plus heureux des millionnaires, car une femme peut te guérir, et les podagres du corps sont incurables.

— Oui, dit Maxence en se promenant avec agitation d'un angle à l'autre, oui, mais il faut trouver la femme, il faut réussir, et j'ai bien peur d'échouer, à mesure que l'heure du dénoûment approche.

Le premier clerc entra, dit quelques mots à l'oreille d'Urbain et sortit d'un air consterné.

— Vraiment, reprit le notaire, encore une journée comme celle-ci et mon étude s'écroule! Mes clercs disent que je fais répéter un drame dans mon cabinet; les clients perdent patience et partent en menaçant du poing mon buste; un d'eux vient de sortir en disant : « La loi ne devrait confier le sacerdoce du notariat qu'à des hommes mariés et d'âge mûr. » Voilà le rapport de mon clerc.

— Urbain, je sors... dit Maxence d'une voix funèbre.

— Allons! bien! il se fâche! Non, ne sors pas... j'ai un tas de feuilles à signer... Mets-toi dans ce vaste fauteuil, prends un livre dans ma bibliothèque... le premier livre venu... oui, celui-là qui est sur ton bureau, le *Dictionnaire des vingt-cinq mille adresses...* c'est amusant et tu ne te fatigueras pas l'esprit. Un roman t'agiterait trop. Songe qu'en ce moment la jeune veuve entend prononcer ton nom pour la première fois.

Urbain se remit à ses affaires, et Maxence entretint sa fièvre par la pensée, en cherchant une diversion favorable dans des livres qu'il ne lisait pas. Le premier clerc entrait souvent dans le cabinet du notaire pour demander de nouvelles signatures, et en sortant il lançait à Maxence un regard aussi terrible qu'un commis peut le composer avec le souvenir des drames du boulevard. Maxence ne prenait pas la peine de donner un coup d'œil à cette face bourgeoise qui se démenait devant lui, mais il ne manquait jamais de demander : — Quelle heure est-il ? en regardant la pendule quand elle sonnait... C'est là le symptôme de la plus fiévreuse préoccupation.

Un peu avant six heures, le premier clerc entra et remit une lettre à Urbain.

— C'est une lettre en deuil, dit-il en examinant l'enveloppe, elle est à mon adresse, mais c'est toi qui la liras.

— Ouvre-la, dit Maxence en tremblant ; j'ai un brouillard sur les yeux... une lettre qui contient ma vie !... je n'aurai jamais la force de la lire... Rends-moi le service de la parcourir rapidement et de me la résumer en deux mots. Je n'aime pas les longues sentences.

— Puisque tu m'y autorises, dit Urbain, j'en aurai la primeur.

Pendant la lecture muette, Maxence prit la pose de l'accusé qui attend la décision du jury.

— Eh bien, dit Urbain en déposant la lettre sur le bureau, voici mon opinion... la main sur la conscience, devant Dieu et devant les hommes, je suis satisfait de cette lettre.

— Et moi, en serai-je satisfait? demanda Maxence d'une voix faible.

— Oh! toi! il faudrait, pour te satisfaire, une lettre en style de César : *Vous m'avez vue, je vous ai plu, marions-nous.*

— Enfin, telle qu'elle est, je veux l'entendre; relis-la pour moi, dit Maxence.

— Mon Dieu ! reprit Urbain, si la chambre des notaires savait que mon étude est un foyer d'intrigues amoureuses et une officine de faux héritages, je serais rayé du tableau demain.

— Voilà un beau malheur ! dit Maxence ; elle est belle la vie que tu mènes dans cet affreux bouge, rempli de dossiers jaunes qui ont un intolérable parfum de moisi ! je ne voudrais pas y demeurer deux jours, en photographie, seulement. . Allons, je te prie de lire la lettre qui t'a satisfait.

— Avec toi, Maxence, il faut être un Job, pas le duc, le saint… voici la lettre :

« Monsieur,

» Ma fille Hortense n'était pas préparée au récit détaillé que je viens de lui faire, et, dès qu'elle a entendu prononcer le mot de mariage, elle s'est levée et a repoussé avec indignation la demande de votre ami. Après ce premier mouvement inspiré par ses pieux devoirs de veuve inconsolée, elle m'a écoutée avec calme;

je n'ai pas jugé à propos de lui parler de l'héritage américain, à cause de l'usage qu'elle veut en faire, usage qui ne servirait qu'à éterniser son deuil et rendre un mariage impossible. Tous les détails de la scène d'hier l'ont profondément émue, et je l'ai amenée à reconnaître le doigt providentiel dans cette rencontre.

» Ses scrupules ont été combattus par moi, et j'ai fait valoir mon autorité de mère après mes conseils d'amie. Quant à la date fixée pour le mariage, elle s'est énergiquement refusée à l'accepter, et sur ce point je l'ai trouvée intraitable. Ma fille n'a pas assez d'amour-propre pour croire qu'elle puisse inspirer une passion durable. Désireuse d'agir selon ses louables idées, je lui ai soumis un projet qu'elle a accepté avec résignation. Nous recevrons tous les jours, à deux heures, votre visite et celle de votre ami, et si, après deux semaines, M. Maxence a conservé les mêmes sentiments, le mariage sera conclu. J'espère que vous apprécierez tout ce qu'il y a de délicat dans l'intime pensée de ma fille, et que ce délai d'épreuve ne fera obstacle au bonheur de personne.

» J'ai l'honneur, etc.

» Virginie Desbéniers. »

— Seras-tu dans quinze jours ce que tu es aujourd'hui ? demanda Urbain.

— Dans quinze jours ! dit Maxence ; le délai est inutile.

— L'acceptes-tu ?

Maxence se tut et réfléchit. Urbain répéta la question.

— Il le faut bien ! dit Maxence.

— Alors, reprit Urbain, je vais annoncer notre visite aux deux veuves pour demain, n'est-ce pas ?

— Oui, au plus tard, dit Maxence.

— Plus tôt est impossible, fit Urbain ; et tu dîneras ce soir en famille avec nous, ce sera ton déjeuner d'aujourd'hui.

— Ainsi, te voilà décidé au mariage avec ta cousine ? dit Maxence.

— Eh ! puisque le pape le veut, avec son pouvoir spirituel, il le faut bien ! Tous les notaires se marient comme moi. Un notaire ne connaît pas l'amour, il ne connaît que l'hymen, comme les *notarii veloces,* dont parle Martial. Ces notaires écrivaient tant et si vite, qu'ils n'avaient pas le temps d'aimer ; ils se mariaient. Tu vois que je suis les traditions... Mais, mon cher Maxence, je trouve ta joie bien modérée ; l'échéance de ton bonheur n'a qu'un sursis de quinze jours.

— Tu appelles cela des jours, dit Maxence avec un soupir ; ce sont des siècles. Que ferai-je pendant ces deux semaines ?

— Ce que tu fais tous les jours, ennuyé millionnaire, tu ne feras rien. N'es-tu pas condamné à l'oisiveté par ta paresse et tes millions ? Subis ton malheur encore quinze jours, et fais en sorte, par tes plaintes, de ne pas mériter quelque catastrophe qui t'amuserait trop.

Les hommes qui aiment l'argent pour le prodiguer et qui, par leur nature, sont destinés à ne jamais en posséder l'abondance, car leur épiderme est *argentofuge,* ne comprendront jamais quel vide laisse dans l'âme un coffre-fort trop plein. Ce jeune Maxence, à l'exemple de ceux qui tourmentent l'argent, *vexant pecuniam,* ne pouvait se lancer dans la brûlante excitation des affaires ou dans les fades intrigues des femmes folles, ou dans les galanteries dangereuses qui se dénouent devant les cours d'assises. Il avait vu le bonheur dans la douce monotonie de la vie conjugale, et semblable au prisonnier qui, après cinq ans de réclusion, croit ne plus avoir la force de traverser la dernière semaine qui le sépare de la liberté, il quitta son ami d'un air triste, comme si le bonheur allait lui échapper, en n'arrivant pas à l'échéance du lendemain.

Le caractère de Maxence avait été révélé à la jeune veuve par une de ces mystérieuses sympathies qui s'établissent entre deux âmes nées pour s'unir. Nos aïeules les Gauloises avaient des secrets d'intuition constatés par les historiens et restés inexplicables. La race de ces sibylles du cœur est toujours vivante sur le sol gaulois.

Il est vrai qu'en cette occasion le rapport détaillé fait par la mère avait puissamment servi à éclairer la jeune veuve, ce qui rapproche le mystère du domaine des faits naturels.

Le lendemain, à deux heures, lorsque la porte du salon de madame Desbéniers s'ouvrit devant Maxence et Urbain, une mise en scène bien entendue frappa le jeune futur mari et lui fit éprouver une de ces joies d'extase qui semblent fonder le bonheur de toute une vie. La vision du 2 novembre portait une robe d'un vert splendide, pudiquement colletée, mais rendant justice aux gracieux attraits de la femme. Elle était assise et tenait embrassée sur ses genoux une jeune fille, vêtue de blanc, couronnée de cheveux d'or, et belle comme une vierge de dix ans peinte par Corrége. C'était l'ange que Maxence avait vu le 2 novembre, l'ange du bonheur, la petite orpheline de Solferino.

Une communauté d'infortunes avait lié les deux familles depuis trois ans. Les mères étaient debout et paraissaient profondément émues. Tous les visages étaient tristes. La jeune fille souriait seule à Maxence et lui tendait ses deux petites mains.

Urbain rompit le silence le premier en disant :

— Il faut rendre justice à l'indignation des femmes, dans les choses du cœur. Il n'y a plus rien à dire après cela. Tout a été dit sans parler. Que d'embarras cette scène muette enlève à la conversation ! Vous voilà mariés, mes enfants, un ange vous a bénis.

Quand le mot mariage est prononcé, le rideau tombe toujours sur le théâtre, car tout intérêt cesse. Un dernier mot suffit maintenant. Les quinze jours de noviciat n'ont pas été longs pour Maxence. Au coup de deux heures, il aimait à retrouver la scène de la première visite, et il tressaillait toujours de la même joie en voyant resplendir la beauté de la petite orpheline dans le regard de la jeune veuve qui la tenait sur ses genoux.

Avant-hier, le mariage a été célébré à l'église Saint-Leu. La foule des curieux remplissait les nefs, et on disait dans les groupes que la jeune mariée était fort belle, ce qui ravissait d'aise le jeune mari et faisait citer à Urbain ce proverbe antique : *La voix du peuple est la voix de Dieu.*

Maxence a adopté l'orpheline en disant à la mère :

— Je veux avoir deux anges gardiens.

FIN

TABLE

	Pages.
DÉDICACE	1
LES MYSTÈRES D'UN CHATEAU	3
LA DIVINITÉ QUI INTERVIENT AU DENOUEMENT	176
STEINBACH	181
ACHERN	189
L'ORPHELINE DE SOLFERINO	197

Paris. — Imprimerie VALLÉE, 15, rue Breda.

CATALOGUE

DE

MICHEL LÉVY

FRÈRES

LIBRAIRES-ÉDITEURS

ET DE

LA LIBRAIRIE NOUVELLE

PREMIÈRE PARTIE
Nouveaux ouvrages en vente. — Ouvrages divers, format in-8°
Bibliothèque contemporaine, format grand in-18. — Bibliothèque nouvelle.
Œuvres complètes de Balzac. — Collection Michel Lévy, format gr. in-18
Bibliothèque des Voyageurs, in-32. — Collection Hetzel et Lévy, in-32
Ouvrages illustrés. — Musée littéraire contemporain, in-4°
Brochures diverses. — Ouvrages divers

RUE VIVIENNE, 2 BIS
T BOULEVARD DES ITALIENS, 15
AU COIN DE LA RUE DE GRAMMONT
PARIS
—
JANVIER — 1864

NOUVEAUX OUVRAGES EN VENTE

Format in-8.

ALFRED DE VIGNY — fr. c.
LES DESTINÉES — Poèmes philosophiques, 1 vol. . . . . 6 »

LÉONCE DE LAVERGNE
LES ASSEMBLÉES PROVINCIALES SOUS LOUIS XVI. — 1 vol. 7 50

AD. FRANCK
RÉFORMATEURS ET PUBLICISTES DE L'EUROPE. — Moyen-âge et renaissance. — 1 vol. 7 50

PREVOST-PARADOL
ESSAIS DE POLITIQUE ET DE LITTÉRATURE. — 3e série. — 1 vol. . . . 7 50

GEORGES PERROT
SOUVENIRS D'UN VOYAGE EN ASIE MINEURE. — 1 vol. 7 50

ERNEST RENAN
VIE DE JÉSUS. — 11e édit. — 1 vol. . 7 50

LORD MACAULAY
Traduit par GUILLAUME GUIZOT
ESSAIS SUR L'HISTOIRE D'ANGLETERRE 1 vol. . . . . 6 »

L. DE VIEL-CASTEL
HISTOIRE DE LA RESTAURATION, tome VI. — 1 vol. . . . . . . 6 »

MICHEL NICOLAS
ÉTUDES CRITIQUES SUR LA BIBLE (Nouveau Testament). — 1 vol. . 7 50

CASIMIR PÉRIER
LES FINANCES ET LA POLITIQUE. — 1 vol. 5 »

LOUIS REYBAUD
LE COTON. Son régime, ses problèmes, son influence en Europe. — Nouvelle série des études sur le régime des manufactures. — 1 vol. 7 50

J.-H. MERLE D'AUBIGNÉ
HISTOIRE DE LA RÉFORMATION EN EUROPE AU TEMPS DE CALVIN — 2 vol. 15 »

M. GUIZOT
MÉMOIRES POUR SERVIR A L'HISTOIRE DE MON TEMPS. Tome VI. — 1 v. 7 50
HISTOIRE PARLEMENTAIRE DE FRANCE, 5 vol. 37 50

SAINTE-BEUVE
POÉSIES COMPLÈTES. — Joseph Delorme. Les Consolations. — Pensées d'août. Notes et Sonnets. — Un dernier Rêve — *Nouv. édit. très-augm.*, 2 vol. 10 »

J. B. BIOT, *de l'Institut*
ÉTUDES SUR L'ASTRONOMIE INDIENNE ET SUR L'ASTRONOMIE CHINOISE. — 1 vol. avec 2 cartes. 7 50

DUVERGIER DE HAURANNE
HISTOIRE DU GOUVERNEMENT PARLEMENTAIRE EN FRANCE (1814-1848). — Tome V. 1 vol. 7 50

J. SALVADOR
HISTOIRE DES INSTITUTIONS DE MOÏSE ET DU PEUPLE HÉBREU. — 3e *édit., revue et augmentée d'une introduction.* — 2 vol. . . . . . . 15 »

Format gr. in-18 à 3 fr. le vol.

MARIO UCHARD — vol
LA COMTESSE DIANE. . . . . . .

MAURICE SAND
CALLIRHOÉ. 1

CHAMPFLEURY
LES DEMOISELLES TOURANGEAU. . . 1

C. A. SAINTE-BEUVE
NOUVEAUX LUNDIS. 1re et 2e séries. 2

EDGAR POE
Traduction CHARLES BAUDELAIRE
EUREKA. 1

GUSTAVE FLAUBERT
SALAMMBÔ. 3e *édition*. 1

MERY
LES AMOURS DES BORDS DU RHIN. . 1
L'Auteur des Horizons prochains
LES TRISTESSES HUMAINES, 3e édit. 1

ALEXANDRE DUMAS
THÉATRE COMPLET. Tomes I à V . 5

CH. DE MAZADE
LA POLOGNE CONTEMPORAINE. . . 1

J.-C.-L. DE SISMONDI
LETTRES INÉDITES, suivies de lettres de Bonstetten, de Mmes de Staël et de Souza, avec une introduction par St-René Taillandier. 1

GEORGE SAND
MADEMOISELLE LA QUINTINIE. — 2e éd. 1

M. GUIZOT
TROIS GÉNÉRATIONS, 1789-1814-48, 3e éd. 1

ERNEST FEYDEAU
UN DÉBUT A L'OPÉRA. — 3e édit. . 1
MONSIEUR DE SAINT-BERTRAND, 3e éd. 1
LE MARI DE LA DANSEUSE — 3e édit. 1

AMÉDÉE ROLLAND
LES FILS DE TANTALE. 1

HENRI RIVIÈRE
LA POSSÉDÉE. 1

AMÉDÉE GUILLEMIN
LES MONDES. — Causeries gastronomiques. — 3e *édition* 1

CUVILLIER-FLEURY
HISTORIENS, POÈTES ET ROMANCIERS. 2

ALFRED DE VIGNY
SERVITUDE ET GRANDEUR MILITAIRES. 8e *édition*. 1

BIBLIOTHÈQUE NOUVELLE

Format gr. in-18, à 2 fr. le vol.

ALEXANDRE DUMAS
LE FILS DU FORÇAT. 1

A. VERMOREL
LES AMOURS VULGAIRES. 1

AURÉLIEN SCHOLL
SCÈNES ET MENSONGES PARISIENS, 2e éd. 1

JULES NORIAC
MÉMOIRES D'UN BAISER. 2e *édition*. 1

LÉON GOZLAN
LE PLUS BEAU RÊVE D'UN MILLIONNAIRE. 1

ARSÈNE HOUSSAYE
LES FILLES D'ÈVE. 1

AUGUSTE MAQUET
L'ENVERS ET L'ENDROIT. 2

OUVRAGES DIVERS
Format in-8

J. J. AMPÈRE — fr. c.
CÉSAR, scènes historiques. 1 vol. . . 7 50
L'HISTOIRE ROMAINE A ROME, avec des plans topographiques de Rome à diverses époques. 2e édit.—2 v. 15 »
PROMENADE EN AMÉRIQUE:—Etats-Unis. — Cuba. — Mexique. — 3e édition. — 2 vol. . . . . . 12 »

***
MADAME LA DUCHESSE D'ORLÉANS, HÉLÈNE DE MECKLEMBOURG-SCHWERIN. 6e édition. 1 vol. . . 6 »

***
ALESIA, Étude sur la septième campagne de César en Gaule. Avec 2 cartes (Alise et Alaise). —1 vol. 6 »

***
LES TRAITÉS DE 1815. — 1 vol. . . . 2 »

J. AUTRAN
LE CYCLOPE d'après Euripide, 1 vol. 5 »
LE POEME DES BEAUX JOURS.—1 vol. 5 »

J. BARTHÉLEMY SAINT-HILAIRE
LETTRES SUR L'ÉGYPTE. 1 vol. . . . 7 50

L. BABAUD-LARIBIÈRE
ÉTUDES HISTORIQUES ET ADMINISTRATIVES. — 2 vol. . . . . . . 12 »

L. BAUDENS
Inspecteur, membre du Conseil de santé des armées de terre et de mer.
LA GUERRE DE CRIMÉE:— Les campements, les abris, les ambulances, les hôpitaux, etc. . . . . 6 »

IS. BÉDARRIDE
LES JUIFS EN FRANCE, EN ITALIE ET EN ESPAGNE, recherches sur leur état depuis leur dispersion jusqu'à nos jours, sous le rapport de la législation, de la littérature et du commerce. — 2e édition, revue et corrigée. — 1 vol. 7 50

LA PRINCESSE DE BELGIOJOSO
ASIE MINEURE ET SYRIE. Souvenirs de Voyages. 1 vol. 7 50
HIST. DE LA MAISON DE SAVOIE. 1 v. 7 50

J.-B. BIOT
Membre de l'Académie des Sciences et de l'Académie française
ÉTUDES SUR L'ASTRONOMIE INDIENNE ET SUR L'ASTRONOMIE CHINOISE. 1 v. 7 50
MÉLANGES SCIENTIFIQUES ET LITTÉRAIRES. — 3 vol 22 50

LE PRINCE A. DE BROGLIE
QUESTIONS DE RELIGION ET D'HISTOIRE. — 2 vol. . . . . . . 15 »

CAMOIN DE VENCE
MAGISTRATURE FRANÇAISE, son action et son influence sur l'état de la Société aux diverses époques. 1 vol. 6 »

AUGUSTE CARLIER
DE L'ESCLAVAGE dans ses rapports avec l'Union américaine. — 1 vol. 6 »
HISTOIRE DU PEUPLE AMÉRICAIN — Etats-Unis — et de ses rapports avec les Indiens depuis la fondation des colonies anglaises, 2 vol. 12 »

J.J. COULMANN
RÉMINISCENCES. Tome I. . . . . . . 5 »

J. COHEN
LES DÉICIDES. — Examen de la divinité de J.-C. et de l'église chrét. au point de vue du judaïsme. 2e éd. revue, corrigée et considérablement augmentée. — 1 vol. . . . 6 »

VICTOR COUSIN *de l'Académie française*
PHILOSOPHIE DE KANT. — 1 vol. . . 5 »
PHILOSOPHIE ÉCOSSAISE. — 1 vol. . . 5 »
PHILOSOPHIE SENSUALISTE. — 1 vol. 5 »

J. CRÉTINEAU-JOLY
LE PAPE CLÉMENT XIV, seconde et dernière lettre au père Theiner.—1 v. 3 »

A. BEN-BARUCH CRÉHANGE
LES PSAUMES, traduct. nouv. 1 vol. 10 »

LE PRINCE L. CZARTORYSKI
ALEXANDRE 1er ET LE PRINCE CZARTORYSKI. — Correspondance particulière et conversations publiées, avec une introduction. — 1 vol. 7 50

LE GÉNÉRAL E. DAUMAS
LE GRAND DÉSERT : Itinéraire d'une Caravane du Sahara au pays des Nègres (royaume de Haoussa), suivi d'un Vocabulaire d'histoire naturelle et du Code de l'esclavage chez les musulmans, avec une carte coloriée. *Nouvelle édition.* 1 vol. 6 »

A. DU CASSE
DU SOIR AU MATIN. — Scènes de la vie militaire. — 1 vol. . . . . . 5 »

Mme DU DEFFAND
CORRESPONDANCE INÉDITE AVEC LA DUCHESSE DE CHOISEUL ET L'ABBÉ BARTHÉLEMY, précédée d'une introduction par M. de Sainte-Aulaire. — 2 vol. . . . . 15 »

CH. DESMAZE
LE PARLEMENT DE PARIS. 1 vol. . . 5 »

CAMILLE DOUCET
COMÉDIES EN VERS. — 2 vol. . . 12 »

DUVERGIER DE HAURANNE
HISTOIRE DU GOUVERNEMENT PARLEMENTAIRE EN FRANCE (1814-1848), précédée d'une introduction. 5 vol. 37 50
TOME VI (*Sous presse*). 1 vol. . . . 7 50

LE BARON ERNOUF
HISTOIRE DE LA DERNIÈRE CAPITULATION DE PARIS. — Evénements de 1815. — Rédigée sur des documents entièrement inédits. 1 vol. 6 »

LE PRINCE EUGENE
MÉMOIRES ET CORRESPONDANCE POLITIQUE ET MILITAIRE, publiés, annotés et mis en ordre par A. Du Casse. 10 vol. . . . . 60 »

J. FERRARI
HISTOIRE DE LA RAISON D'ÉTAT. 1 v. 7 50

GUSTAVE FLAUBERT
SALAMMBÔ. 4e *édition*. — 1 vol. . . 6 »

LE COMTE DE FORBIN
CHARLES BARIMORE. — *Nouvelle édition*. — 1 vol. .... 3 »

AD. FRANCK, *Membre de l'Institut.*
ÉTUDES ORIENTALES. — 1 vol. ... 7 50
RÉFORMATEURS ET PUBLICISTES DE L'EUROPE. — Moyen-âge et Renaissance. — 1 vol. 7 50

Cte AGÉNOR DE GASPARIN, *Anc. député.*
L'AMÉRIQUE DEVANT L'EUROPE, principes et intérêts. — 1 vol. ...... 6 »
UN GRAND PEUPLE QUI SE RELÈVE, LES ÉTATS-UNIS EN 1861. — 1 vol. 5 »

ERNEST GERVAIS
LES CROISADES DE SAINT LOUIS. 1 vol. 6 »
CONTES ET POÈMES — 1 vol. .... 5 »

ÉMILE DE GIRARDIN
QUESTIONS DE MON TEMPS. — 12 vol. 72 »

ÉDOUARD GOURDON
HISTOIRE DU CONGRÈS DE PARIS. 1 vol. 5 »

ERNEST GRANDIDIER
VOYAGE DANS L'AMÉRIQUE DU SUD. — Pérou et Bolivie. — 1 vol. .... 5 »

F. GUIZOT
LA CHINE ET LE JAPON, par *Laurence Oliphant*. Trad. nouv., avec une introduction. — 2 vol. 12 »
L'ÉGLISE ET LA SOCIÉTÉ CHRÉTIENNES EN 1861. — 3e *édition*. — 1 vol. . 5 »
HISTOIRE DE LA FONDATION DE LA RÉPUBLIQUE DES PROVINCES-UNIES, par *J. Lothrop Motley*, trad. nouvelle, précédée d'une grande introduction (l'Espagne et les Pays-Bas aux XVIe et XIXe siècles). — 4 vol. 24 »
HISTOIRE PARLEMENTAIRE DE FRANCE, recueil complet des discours de M. Guizot dans les chambres de 1819 à 1848, accompagnés de résumés historiques et précédés d'une introduction; formant le complément des mémoires pour servir à l'histoire de mon temps. — 5 vol. 37 50
MÉMOIRES pour servir à l'histoire de mon temps. — 2e *édition*. 6 vol. 45 »
LE PRINCE ALBERT, son caractère et ses discours, traduit par ***, et précédé d'une préface. — 1 vol. . 6 »
TROIS ROIS, TROIS PEUPLES ET TROIS SIÈCLES (*sous presse*). 1 vol. ... 7 50
WILLIAM PITT ET SON TEMPS, par *lord Stanhope*, traduction précédée d'une introduction. — 4 vol. ... 24 »

LE COMTE D'HAUSSONVILLE
HISTOIRE DE LA POLITIQUE EXTÉRIEURE DU GOUVERNEMENT FRANÇAIS : 1830-1848, avec documents, notes et pièces justificatives. 2 vol. 12 »
HISTOIRE DE LA RÉUNION DE LA LORRAINE A LA FRANCE, avec notes, pièces justificatives et documents entièrement inédits. 4 vol. .... 30 »

ROBERT HOUDIN
LES TRICHERIES DES GRECS DÉVOILÉES. — 1 vol. .... 5 »

VICTOR HUGO
LES CONTEMPLATIONS. 4e *éd*. 2 vol. 12 »
LA LÉGENDE DES SIÈCLES. — 2 vol. 15 »

PAUL JANET
PHILOSOPHIE DU BONHEUR. 2e *édition*. — 1 vol. 7 50

JULES JANIN
LES GAIETÉS CHAMPÊTRES. 2 vol. . 12 »
LA RELIGIEUSE DE TOULOUSE. 2 vol. 12 »

ALPHONSE JOBEZ
LA FEMME ET L'ENFANT, OU MISÈRE ENTRAINE OPPRESSION. 1 vol. ... 5 »

***
ÉTUDES SUR LA MARINE :
L'escadre de la Méditerranée. — La Question chinoise. — La Marine à vapeur dans les guerres continentales. — 1 vol. 7 50

A. KUENEN
Traduction A. Pierson
HISTOIRE CRITIQUE DES LIVRES DE L'ANCIEN TESTAMENT, avec une préface par *Ernest Renan*. — 1re part., LIVRES HISTORIQUES. 1 v. 7 50

LAMARTINE
GENEVIÈVE. — Histoire d'une Servante. 1 v. 5 »
NOUVELLES CONFIDENCES. 1 vol. . . 5 »
TOUSSAINT-LOUVERTURE. 1 vol. ... 5 »
VIE D'ALEXANDRE LE GRAND. — 2 vol. 10 »

CHARLES LAMBERT
LE SYSTÈME DU MONDE MORAL. 1 vol. 7 50

DE LAROCHEFOUCAULD (Duc de Doudeauville)
MÉMOIRES. — Tome I à XII. — 12 v. 90 »

JULES DE LASTEYRIE
HISTOIRE DE LA LIBERTÉ POLITIQUE EN FRANCE — 1re *Partie*. 1 vol. 7 50

DE LATENA
ÉTUDE DE L'HOMME. 3e *édit*. 1 vol. . 7 50

LEONCE DE LAVERGNE
LES ASSEMBLÉES PROVINCIALES SOUS LOUIS XVI. 1 vol. 7 50

JULES LE BERQUIER
LA COMMUNE DE PARIS. — 1 vol. . . 3 »

VICTOR LE CLERC ET ERNEST RENAN
HISTOIRE LITTÉRAIRE DE LA FRANCE AU XIVe SIÈCLE. — 2 vol. .... 16 »

CHARLES LENORMANT
BEAUX-ARTS ET VOYAGES, précédés d'une lettre de M. Guizot. 2 vol. 15 »

L. DE LOMÉNIE
BEAUMARCHAIS ET SON TEMPS, études sur la Société en France au XVIIIe siècle, d'après des documents inédits. — 2e *édition*. — 2 vol. ... 15 »

LORD MACAULAY
Traduit par GUILLAUME GUIZOT
ESSAIS HISTORIQUES ET BIOGRAPHIQUES. — 2 vol. .... 12 »
ESSAIS POLIT. ET PHILOSOPHIQUES, 1 v. 6 »
ESSAIS LITTÉRAIRES. Précédés d'une Notice sur lord Macaulay, par *Guillaume Guizot*. — (S. pr.) — 2 vol. 12 »
ESSAIS SUR L'HISTOIRE D'ANGLETERRE. — 1 vol. .... 6 »

JOSEPH DE MAISTRE
CORRESPONDANCE DIPLOMATIQUE (1811-1817), recueillie et publiée par *Albert Blanc*. 2 vol. .... 15 »

OUVRAGES DIVERS. — FORMAT IN-8. 5

JOSEPH DE MAISTRE (*suite*) fr. c.
MÉMOIRES POLITIQUES ET CORRESPONDANCE DIPLOMATIQUE, avec explications et commentaires historiques, par *Albert Blanc*. — 1 vol. .... 6 »

LE COMTE DE MARCELLUS
CHATEAUBRIAND ET SON TEMPS. 1 vol. 7 50
LES GRECS ANCIENS ET LES GRECS MODERNES. — Études litt. — 1 vol. 7 50
SOUVENIRS DIPLOMATIQUES. Correspondance intime de M. de Chateaubriand. — *Nouv. édition*. — 1 vol. . 5 »
VINGT JOURS EN SICILE. — 1 vol. . . 5 »

J.-H. MERLE D'AUBIGNÉ
HISTOIRE DE LA RÉFORMATION EN EUROPE AU TEMPS DE CALVIN-2 vol.15 »

MÉRY
NAPOLÉON EN ITALIE. Poëme. — 1 vol. 5 »

LE COMTE MIOT DE MÉLITO
Ancien ambassadeur, ministre, conseiller d'Etat et membre de l'Institut
SES MÉMOIRES, publiés par sa famille (1788-1815). 3 vol. . . . . 18 »

LE COMTE DE MONTALIVET
LE ROI LOUIS-PHILIPPE (liste civile). *Nouv. édit.*, entièrement revue et consid^t augm. de notes, pièces justificatives et documents inédits, avec portrait et fac-simile du roi, et plan du château de Neuilly. — 1 vol. 6 »

MORTIMER-TERNAUX
HISTOIRE DE LA TERREUR (1792-1794), d'après des documents authentiques et inédits. Tome I à III. 3 v. 18 »

LE BARON DE NERVO
LES BUDGETS DE LA FRANCE ET DE L'ANGLETERRE. — 1 vol. 7 50
LES FINANCES FRANÇAISES SOUS L'ANCIENNE MONARCHIE, LA RÉPUBLIQUE, LE CONSULAT ET L'EMPIRE, 2 v. 15 »

MICHEL NICOLAS
DES DOCTRINES RELIGIEUSES DES JUIFS pendant les deux siècles antérieurs à l'ère chrétienne. 1 vol. 7 50
ESSAIS DE PHILOSOPHIE ET D'HISTOIRE RELIGIEUSE. — 1 vol. 7 50
ÉTUDES CRITIQUES SUR LA BIBLE. — Ancien Testament. — 1 vol. . . . 7 50
ÉTUDES CRITIQUES SUR LA BIBLE. — Nouveau Testament. — 1 vol. . 7 50

CHARLES NISARD
LES GLADIATEURS DE LA RÉPUBLIQUE DES LETTRES. — 2 vol. . . . 15 »

CASIMIR PÉRIER
LES FINANCES DE L'EMPIRE. — 1/2 v. 1 »
LES FINANCES ET LA POLITIQUE. — 1 v. 5 »
LE TRAITÉ AVEC L'ANGLETERRE. — 2e *édit.*, rev. et augm. — 1/2 vol. 1 »

GEORGES PERROT
SOUVENIRS D'UN VOYAGE EN ASIE MINEURE. — 1 vol. 7 50

A. PHILIPPE
ROYER-COLLARD. Sa vie publique, sa vie privée, sa famille. 1 vol. . . 5 »

L. PHILIPPSON
Traduction de L. Lévy-Bing
DU DÉVELOPPEMENT DE L'IDÉE RELIGIEUSE dans le Judaïsme, le Christianisme et l'Islamisme. 1 vol. . . . 6 »

L'ABBÉ PIERRE
CONSTANTINOPLE, JÉRUSALEM ET ROME avec un plan de Jérusalem et une carte des côtes orientales de la Méditerranée. — 2 vol. . . . . . 15 »

LE COMTE DE PONTÉCOULANT
SOUVENIRS HISTORIQUES ET PARLEMENTAIRES, extraits de ses papiers et de sa correspondance (1764-1848).—Tomes I à III. 3 vol. 18 »

PRÉVOST-PARADOL
ÉLISABETH ET HENRI IV (1595-1598). — 2e *édition*. — 1 vol. . . . . . 6 »
ESSAIS DE POLITIQUE ET DE LITTÉRATURE.—2e *édition*.—1 vol. . . 7 50
NOUVEAUX ESSAIS DE POLITIQUE ET DE LITTÉRATURE.—1 vol. 7 50
ESSAIS DE POLITIQUE ET DE LITTÉRATURE. — 3e série, 1 vol. 7 50

EDGAR QUINET
HISTOIRE DE LA CAMPAGNE DE 1815. — 1 vol. avec une carte. 7 50
MERLIN L'ENCHANTEUR. 2 vol. . . 15 »

Mme RÉCAMIER
SOUVENIRS ET CORRESPONDANCE tirés de ses papiers. — 3e éd. 2 v. 15 »
COPPET ET WEIMAR. — MADAME DE STAEL ET LA GRANDE DUCHESSE LOUISE. — Récits et Correspondances, par l'auteur des *Souvenirs de Madame Récamier*. 1 v. 7 50

CH. DE RÉMUSAT
de l'Academie française
POLITIQUE LIBÉRALE, ou Fragments pour servir à la défense de la Révolution française. 1 vol. 7 50

ERNEST RENAN
AVERROÈS ET L'AVERROÏSME, essai historique.—2e *édition*, 1 vol. . 7 50
LE CANTIQUE DES CANTIQUES, traduit de l'hébreu, avec une étude sur le plan, l'âge et le caractère du poème. — 2e *édition*. — 1 vol . . 6 »
LA CHAIRE D'HÉBREU AU COLLÉGE DE FRANCE. — Brochure . . . . 1 »
DE L'ORIGINE DU LANGAGE. 4e *édition*. 1 vol. . . . . 6 »
DE LA PART DES PEUPLES SÉMITIQUES DANS L'HISTOIRE DE LA CIVILISATION. — 3e éd. Broch. 1 »
ESSAIS DE MORALE ET DE CRITIQUE.— 2e *édition*.—1 vol. 7 50
ÉTUDES D'HISTOIRE RELIGIEUSE. — 6e *édition*. — 1 vol 7 50
HISTOIRE GÉNÉRALE DES LANGUES SÉMITIQUES. — 4e *édition* revue et augmenté. — 1 vol. 7 50
HISTOIRE LITTÉRAIRE DE LA FRANCE AU XIVe SIÈCLE. — 2 vol. . . . . . 16 »

ERNEST RENAN (suite)   fr. c.
LE LIVRE DE JOB, traduit de l'hébreu, avec une étude sur l'âge et le caractère du poëme. — 2e éd. 1 vol.   7 50
VIE DE JÉSUS. — 11e édit. 1 vol.   7 50

D. JOSÉ GUEL Y RENTÉ
PENSÉES CHRÉTIENNES, POLITIQUES ET PHILOSOPHIQUES. — 1 vol.   5 »

LOUIS REYBAUD, de l'Institut
ÉCONOMISTES MODERNES. — 1 vol.   7 50
ÉTUDES SUR LE RÉGIME DES MANUFACTURES. Condition des ouvriers en soie. 1 vol.   7 50
LE COTON. Son régime, ses problèmes, son influence en Europe. — Nouvelle série des études sur le régime des manufactures. — 1 vol.   7 50

LE COMTE R. R.
LA JUSTICE ET LA MONARCHIE POPULAIRE. — 1re partie: La Guerre d'Orient. — 1 vol.   3 »

J.-J. ROUSSEAU
ŒUVRES ET CORRESPONDANCE INÉDITES, publiées par M. Streckeisen-Moultou. — 1 vol.   7 50
J.-J. ROUSSEAU — SES AMIS ET SES ENNEMIS, correspondance publiée par M. Streckeisen-Moultou, avec une introduction de M. Jules Levallois, et une appréciation critique de M. Sainte-Beuve, de l'Académie française. — 2 vol   15 »

LE MARÉCHAL DE St-ARNAUD
LETTRES, avec pièces justificatives. — 2e édition, précédée d'une notice par M. SAINTE-BEUVE. — 2 vol, ornés du portrait et d'un autographe   12 »

SAINTE-BEUVE
POÉSIES COMPLÈTES, JOSEPH DELORME, LES CONSOLATIONS — PENSÉES D'AOUT. — Nouvelle édit. très-augmentée. — 2 volumes   10 »
SAINT-MARC GIRARDIN, de l'Ac. franç.
SOUVENIRS ET RÉFLEXIONS POLITIQUES D'UN JOURNALISTE. 1 vol.   7 50
LA FONTAINE ET LES FABULISTES (sous presse). — 2 vol.   15 »

SAINT-RENÉ-TAILLANDIER
ÉTUDES SUR LA RÉVOLUTION EN ALLEMAGNE. — 2 vol.   15 »

J. SALVADOR
HISTOIRE DES INSTITUTIONS DE MOÏSE ET DU PEUPLE HÉBREU. 3e édition, revue et augmentée d'une Introduction sur l'avenir de la Question religieuse. — 2 vol.   15 »
PARIS, ROME, JÉRUSALEM. Question religieuse au XIXe siècle. — 2 vol.   15 »

EDMOND SCHERER
MÉLANGES D'HISTOIRE RELIG. 1 vol.   7 50

DE SÉNANCOUR
RÊVERIES. — 3e édition. — 1 vol.   5 »

JAMES SPENCE
L'UNION AMÉRICAINE, ses effets sur le caractère national et la politique 1 v.   6 »

A. DE TOCQUEVILLE   fr. c.
L'ANCIEN RÉGIME ET LA RÉVOLUTION. 4e édition. 1 vol.   7 50
DE LA DÉMOCRATIE EN AMÉRIQUE. — Nouvelle édition, 3 vol.   18 »
ŒUVRES ET CORRESPONDANCE INÉDITES, précédées d'une Introduction, par Gustave de Beaumont. 2 vol.   15 »

E. DE VALBEZEN
LES ANGLAIS ET L'INDE, avec notes, pièces justificatives et tableaux statistiques. — 3e édition. 1 vol.   7 50

OSCAR DE VALLÉE
ANTOINE LEMAISTRE ET SES CONTEMPORAINS. — Études sur le XVIIe siècle. — 2e édition. 1 vol   7 50
LE DUC D'ORLÉANS ET LE CHANCELIER D'AGUESSEAU. — Études morales et politiques. — 1 vol.   7 50

PAUL VARIN
EXPÉDITION DE CHINE. — 1 vol.   5 »

LE DOCTEUR L. VÉRON
QUATRE ANS DE RÈGNE. — OÙ EN SOMMES-NOUS? — 1 vol.   5 »

LOUIS DE VIEL-CASTEL
HISTOIRE DE LA RESTAURATION. — 8 v. 48 »
En vente, tomes I à VI, 6 vol.   36 »

ALFRED DE VIGNY, de l'Acad. franç.
ŒUVRES COMPLÈTES (NOUVELLE ÉDITION)
CINQ-MARS, avec autographes de Richelieu et de Cinq-Mars. — 1 vol.   5 »
LES DESTINÉES, poèmes philos. 1 v.   6 »
POÉSIES COMPLÈTES. — 1 vol.   5 »
SERVITUDE ET GRANDEUR MILITAIRES. — 1 vol.   5 »
STELLO. — 1 vol.   5 »
THÉÂTRE COMPLET. — 1 vol.   5 »

VILLEMAIN, de l'Académie française.
LA TRIBUNE MODERNE:
1re PARTIE. — M. DE CHATEAUBRIAND, sa vie, ses écrits, son influence littéraire et politique sur son temps. — 1 vol.   7 50
2e PARTIE (sous presse). 1 vol.   7 50

L. VITET (de l'Académie française)
L'ACADÉMIE ROYALE DE PEINTURE ET DE SCULPTURE. — Etude historique. — 1 vol.   6 »
LE LOUVRE. Etude historique, revue et augmentée (Sous pr.). — 1 vol.   6 »
L'ÉGLISE NOTRE-DAME DE NOYON. Essai archéologique, suivi d'études sur les monuments et sur la musique du moyen âge. — 1 vol.   6 »

CORNÉLIS DE WITT
L'ANGLETERRE POLITIQUE ET RELIGIEUSE 1815-1860. — Choix des meilleurs morceaux parus dans les principales revues anglaises, traduits et précédés d'une introduction. 2 v. 12 »
HISTOIRE CONSTITUTIONNELLE DE L'ANGLETERRE, (1760-1860), par Thomas Eustine May, traduite et précédée d'une introd. 2 vol. 12 »

LE RÉV. CHRISTOPHER WORDSWORT
DE L'ÉGLISE ET DE L'INSTRUCTION PUBLIQUE EN FRANCE. — 1 vol.   5 »

BIBLIOTHÈQUE CONTEMPORAINE
ET COLLECTION DE LA LIBRAIRIE NOUVELLE
Format grand in-18 à 3 francs le volume

EDMOND ABOUT — vol.
LETTRES D'UN BON JEUNE HOMME A SA COUSINE. — 2ᵉ *édition*. 1
DERNIÈRES LETTRES D'UN BON JEUNE HOMME A SA COUSINE 1

AMÉDÉE ACHARD
LES CHATEAUX EN ESPAGNE. . . . 1
LES RÊVEURS DE PARIS. 1

***
VARIA. — Morale. — Politique. — Littérature. 5

ALFRED ASSOLLANT
D'HEURE EN HEURE. 1

XAVIER AUBRYET
LES JUGEMENTS NOUVEAUX 1

***
LES ZOUAVES ET LES CHASSEURS A PIED. 1

L'AUTEUR
des Études sur la Marine
GUERRE D'AMÉRIQUE. — Campagne du Potomac (Mars-Juillet 1862). . . . 1

J. AUTRAN
ÉPITRES RUSTIQUES. 1
LABOUREURS ET SOLDATS. — 2ᵉ *édition, revue et corrigée*. 1
LES POÈMES DE LA MER. — *Nouvelle édition, revue et considérablement augmentée*. 1
LA VIE RURALE. — Tableaux et Récits. 1

LE COMTE CÉSAR BALBO
Traduction J. Amigue.
HISTOIRE D'ITALIE. 2

J. BARBEY D'AUREVILLY
LE CHEVALIER DESTOUCHES. . . . 1
LES PROPHÈTES DU PASSÉ. 1

ALEX. BARBIER.
LETTRES FAMILIÈRES SUR LA LITTÉRATURE. 1

J. BARTHÉLEMY SAINT-HILAIRE
LETTRES SUR L'ÉGYPTE. — 2ᵉ *édition*. 1

CH. BATAILLE. — E. RASETTI.
ANTOINE QUÉRARD. — Les Drames de Village. 2

L. BAUDENS
Inspecteur, membre du Conseil de santé des armées
LA GUERRE DE CRIMÉE. — Les Campements, les Abris, les Ambulances, les Hôpitaux, etc. — 2ᵉ *édition*. . 1

GUSTAVE DE BEAUMONT
de l'Institut
L'IRLANDE SOCIALE, POLITIQUE ET RELIGIEUSE. — 7ᵉ *édition, revue et corrigée*, avec un avant-propos sur la situation actuelle de l'Irlande. . 2

ROGER DE BEAUVOIR
LES MEILLEURS FRUITS DE MON PANIER . 1

LA PRINCESSE DE BELGIOJOSO
ASIE MINEURE ET SYRIE. — Souvenirs de voyage. — *Nouvelle édition*. . . . 1
SCÈNES DE LA VIE TURQUE :
  Emina. — Un prince kurde. — Les deux Femmes d'Ismaïl-Bey. . . . 1
NOUVELLES SCÈNES DE LA VIE TURQUE (*Sous presse*). 1

GEORGES BELL — vol.
VOYAGE EN CHINE 1

LE MARQUIS DE BELLOY
THÉATRE COMPLET DE TÉRENCE (*Trad.*) 1

HECTOR BERLIOZ
A TRAVERS CHANTS, études musicales, adorations, boutades et critiques. 1
LES GROTESQUES DE LA MUSIQUE. . 1
LES SOIRÉES DE L'ORCHESTRE. — 2ᵉ *édition, entièrem. revue et corrigée*. 1

CHARLES DE BERNARD
ŒUVRES COMPLÈTES
LES AILES D'ICARE. 1
UN BEAU-PÈRE. 1
L'ÉCUEIL. 1
LE GENTILHOMME CAMPAGNARD. . 2
GERFAUT 1
UN HOMME SÉRIEUX 1
LE NŒUD GORDIEN. 1
NOUVELLES ET MÉLANGES. 1
LE PARAVENT. 1
LA PEAU DU LION ET LA CHASSE AUX AMANTS. 1
POÉSIES ET THÉATRE. 1

EUGÈNE BERTHOUD
UN BAISER MORTEL. 2ᵉ *édition*. . . 1
SECRET DE FEMME. 2ᵉ *édition* . . . 1

H. BLAZE DE BURY
LES AMIES DE GŒTHE (*Sous presse*). 1
LE CHEVALIER DE CHASOT. Mémoires du temps de Frédéric le Grand. . 1
ÉCRIVAINS ET POÈTES DE L'ALLEMAGNE. 1
ÉPISODE DE L'HISTOIRE DU HANOVRE. — Les Kœnigsmark. 1
INTERMÈDES ET POÈMES. 1
SOUVENIRS ET RÉCITS DES CAMPAGNES D'AUTRICHE. 1

***
HOMMES DU JOUR : 2ᵉ *édition*. . . . 1
LES SALONS DE VIENNE ET DE BERLIN. 1
LES BONSHOMMES DE CIRE. 1

WILLIAM BOLTS
HISTOIRE DES CONQUÊTES ET DE L'ADMINISTRATION DE LA COMPAGNIE ANGLAISE AU BENGALE. 1

JULES BONNET
AONIO PALEARIO, étude sur la réforme en Italie. 1

LOUIS BOUILHET
POÉSIES, Festons et Astragales. . . 1

FÉLIX BOVET
VOYAGE EN TERRE SAINTE. — 3ᵉ *édition, revue et corrigée*. 1

A. BRIZEUX
ŒUVRES COMPLÈTES. Édition définitive, augmentée d'un grand nombre de poésies inédites, précédée d'une étude sur BRIZEUX par SAINT-RENÉ TAILLANDIER, et ornée d'un portrait de Brizeux. 2

LE PRINCE A. DE BROGLIE
	vol.
ÉTUDES MORALES ET LITTÉRAIRES	1
QUESTIONS DE RELIGION ET D'HISTOIRE. — 2e *édition*	2

PAUL CAILLARD
LES CHASSES EN FRANCE ET EN ANGLETERRE. Histoires de Sport.	1

AUGUSTE CALLET
L'ENFER. — 2e *édition*	1

LOUIS DE CARNÉ
UN DRAME SOUS LA TERREUR	1

CLÉMENT CARAGUEL
LES SOIRÉES DE TAVERNY	1

MICHEL CERVANTES
THÉATRE, traduit par Aphonse ROYER.	

CHAMPFLEURY
CONTES VIEUX ET NOUVEAUX	1
LES DEMOISELLES TOURANGEAU	1
LES EXCENTRIQUES. — 2e *édition*	1
LA MASCARADE DE LA VIE PARISIENNE.	1

A. CHARGUÉRAUD
LES BATARDS CÉLÈBRES, avec une introduction par *E. de Girardin*. 2e *éd.*	1

VICTOR CHERBULIEZ
LE PRINCE VITALE	1

LE COMTE DE CHEVIGNÉ
CONTES RÉMOIS. 4e *édition*, illustrés de 34 dessins de Meissonier	1

F. CLAUDE
LES PSAUMES, traduction nouvelle	1
LE ROMAN DE L'AMOUR	1

Mme LOUISE COLET
LUI. — 5e *édition*	1

EUGÈNE CORDIER
LE LIVRE D'ULRICH	1

H. CORNE
SOUVENIRS D'UN PROSCRIT	1

CHARLES DE COURCY
LES HISTOIRES DU CAFÉ DE PARIS	1

PHILARÈTE CHASLES
SOUVENIRS D'UN MÉDECIN	1

ÉDOUARD COURNAULT
CONSIDÉRATIONS POLITIQUES	1

VICTOR COUSIN
PHILOSOPHIE DE KANT. 4e *édition*	1
PHILOSOPHIE ÉCOSSAISE. 4e *édition*	1
PHILOSOPHIE SENSUALISTE. 4e *édition*	1

CUVILLIER-FLEURY
ÉTUDES HISTORIQUES ET LITTÉRAIRES.	2
NOUV. ÉTUDES HIST. ET LITTÉRAIRES.	1
DERN. ÉTUDES HISTOR. ET LITTÉRAIRES.	2
HISTORIENS, POETES ET ROMANCIERS	2
PORTRAITS POLITIQUES ET RÉVOLUTIONNAIRES. — 2e *édition*.	2
VOYAGES ET VOYAGEURS	1

ALPHONSE DAUDET
LE ROMAN DU CHAPERON ROUGE	1

LE GÉNÉRAL DAUMAS
LES CHEVAUX DU SAHARA ET LES MŒURS DU DÉSERT. — 4e *édition, revue et augmentée*, avec des Commentaires par l'émir Abd-el-Kader.	1

L. DAVESIÈS DE PONTÈS
	vol.
ÉTUDES SUR L'ORIENT	1
NOTES SUS LA GRÈCE	1

DÉCEMBRE-ALONNIER
TYPOGRAPHES ET GENS DE LETTRES	1

E. J. DELÉCLUZE
SOUVENIRS DE SOIXANTE ANNÉES	1

PAUL DELTUF
CONTES ROMANESQUES	1
RÉCITS DRAMATIQUES	1

A. DESBARROLLES
VOYAGE D'UN ARTISTE EN SUISSE A 3 FR. 50 C. PAR JOUR. 2e *édition*	1

EMILE DESCHANEL
CAUSERIES DE QUINZAINE	1
CHRISTOPHE COLOMB	1

CHARLES DOLLFUS
LETTRES PHILOSOPHIQUES. 2e *édit.*	1
RÉVÉLATIONS ET RÉVÉLATEURS	1

PASCAL DORÉ
LE ROMAN DE DEUX JEUNES FILLES	1

MAXIME DU CAMP
EXPÉDITION DE SICILE. — Souvenirs personnels	1

J. A. DUCONDUT
ESSAI DE RHYTHMIQUE FRANÇAISE	1

E. DUFOUR
LES GRIMPEURS DES ALPES (Peaks, Passes and Glaciers). Trad. de l'anglais.	1

BENJAMIN DULAC
UNE AURORE BORÉALE	1

ALEXANDRE DUMAS
LES GARIBALDIENS, révolutions de Sicile et de Naples	1
THÉATRE COMPLET. — Tomes I à V	5

ALEXANDRE DUMAS FILS
CONTES ET NOUVELLES	1

CAMILLE DUTRIPON
EDMÉE	1

CHARLES EDMOND
SOUVENIRS D'UN DÉPAYSÉ	1

Mme ELLIOTT
MÉMOIRES SUR LA RÉVOLUTION FRANÇAISE, traduits par M. le comte de Baillon, avec une appréciation critique de M. Sainte-Beuve et un beau portrait gravé sur acier.—2e *édition*	1

ALPHONSE ESQUIROS
LA NÉERLANDE ET LA VIE HOLLANDAISE.	2

A. L. A. FÉE
SOUVENIRS DE LA GUERRE D'ESPAGNE dite de l'Indépendance. — 2e *édit.*	1
L'ESPAGNE A CINQUANTE ANS D'INTERVALLE (1809-1859)	1

FÉTIS
LA MUSIQUE DANS LE PASSÉ, DANS LE PRÉSENT ET DANS L'AVENIR (8o pr).	2

FEUILLET DE CONCHES
LÉOPOLD ROBERT, sa vie, ses œuvres et sa correspondance. — *Nouv. édit.*	1

BIBLIOTHÈQUE CONTEMPORAINE. — FORMAT GRAND IN-18.

OCTAVE FEUILLET vol.
BELLAH. — 5e *édition*. 1
HISTOIRE DE SIBYLLE. — 8e *édition*. 1
LA PETITE COMTESSE, le Parc, Onesta. 1
LE ROMAN D'UN JEUNE HOMME PAUVRE. 1
SCÈNES ET COMÉDIES. — *Nouv. édition*. 1
SCÈNES ET PROVERBES. — *Nouv. édit*. 1

PAUL FÉVAL.
QUATRE FEMMES ET UN HOMME. — 3e *édit*. 1

ERNEST FEYDEAU
ALGER. — Étude. 2e *édition*. 1
UN DÉBUT A L'OPÉRA — 3e *édition*. 1
UNE ERREUR DE LA NATURE. 1
MONSIEUR DE SAINT-BERTRAND 3e *édit*. 1
LE MARI DE LA DANSEUSE. — 3e *édit*. 1
LE SECRET DU BONHEUR (*Sous presse*). 1

LOUIS FIGUIER.
LES EAUX DE PARIS, leur passé, leur état présent, leur avenir, avec une carte hydrographique et géologique du bassin de Paris (coloriée) 2e *éd*. 1

GUSTAVE FLAUBERT
MADAME BOVARY. *Nouvelle édit. revue*. 1
SALAMMBÔ. 5e *édition*. 1

TOBY FLOCK
CONFESSIONS D'AMOUR. 1

EUGÈNE FORCADE
ÉTUDES HISTORIQUES. 1
HISTOIRE DES CAUSES DE LA GUERRE D'ORIENT. 1

MARC FOURNIER
LE MONDE ET LA COMÉDIE (*Sous presse*) 1

VICTOR FRANCONI
LE CAVALIER, Cours d'équitation pratique. — 2e *édit., revue et augm*. 1
L'ÉCUYER, Cours d'équitation pratique. 1

ARNOULD FRÉMY
LES MŒURS DE NOTRE TEMPS. 1

EUGÈNE FROMENTIN
UNE ANNÉE DANS LE SAHEL. — 2e *éd*. 1
UN ÉTÉ DANS LE SAHARA. — 2e *édition*. 1

LEOPOLD DE GAILLARD
QUESTIONS ITALIENNES. 1

GALOPPE D'ONQUAIRE
LE SPECTACLE AU COIN DU FEU. 1

P. GARREAU
ESSAI SUR LES PREMIERS PRINCIPES DES SOCIÉTÉS. 1

LE Cte AGÉNOR DE GASPARIN
LE BONHEUR. — 2e *édition*. 1
UN GRAND PEUPLE QUI SE RELÈVE. — Les États-Unis en 1861. 2e *édition* 1
***
LES HORIZONS CÉLESTES. — 6e *édit*. 1
LES HORIZONS PROCHAINS. — 5e *édit*. 1
LES TRISTESSES HUMAINES — 3e *édition* 1
VESPER. — 4e *édition*. 1

BENJAMIN GASTINEAU
LES FEMMES DES CÉSARS — 2e *édition* 1

THÉOPHILE GAUTIER
EN GRÈCE ET EN AFRIQUE (*Sous presse*) 1

JULES GERARD le *Tueur de Lions*
VOYAGES ET CHASSES DANS L'HIMALAYA. 1

AIMÉ GIRON
LES AMOURS ÉTRANGES. 1
TROIS JEUNES FILLES. 1

Mme MANOEL DE GRANDFORT vol.
L'AMOUR AUX CHAMPS. 1
RYNO. 2e *édition*. 1

LÉON GOZLAN.
BALZAC CHEZ LUI — 2e *édition* 1
HISTOIRE D'UN DIAMANT. — 2e *édition*. 1

ÉDOUARD GOURDON
NAUFRAGE AU PORT 1

GRÉGOROVIUS
Traduction de F. Sabatier
LES TOMBEAUX DES PAPES ROMAINS, av. une introduction de J. J. Ampère. 1

F. DE GROISEILLIEZ
LES COSAQUES DE LA BOURSE. 1
HIST. DE LA CHUTE DE LOUIS-PHILIPPE 1

AD. GUÉROULT
ÉTUDES DE POLITIQUE ET DE PHILOSOPHIE RELIGIEUSE. 1

AMÉDÉE GUILLEMIN
LES MONDES. — CAUSERIES ASTRONOMIQUES. — 3e *édition* 1

M. GUIZOT
TROIS GÉNÉRATIONS — 1789-1814-1848 1
— 3e *édition*. 1

LE Cte GUY DE CHARNACÉ
ÉTUDES D'ÉCONOMIE RURALE. 1

F. HALÉVY
SOUVENIRS ET PORTRAITS. — Études sur les Beaux-Arts. 1
DERNIERS SOUVENIRS ET PORTRAITS, 1

IDA HAHN-HAHN
Traduction Am. Pichot
LA COMTESSE FAUSTINE. 1

B. HAURÉAU
SINGULARITÉS HISTOR. ET LITTÉRAIRES 1

LE COMTE D'HAUSSONVILLE
HISTOIRE DE LA POLITIQUE EXTÉRIEURE DU GOUVERNEMENT FRANÇAIS (1830-1848). Avec notes, pièces justificatives et documents diplomatiques entièrement inédits. — *Nouv. édit.* 2
HISTOIRE DE LA RÉUNION DE LA LORRAINE A LA FRANCE. Avec notes, pièces justificatives et documents historiques entièrement inédits. — 2e *édition, revue et corrigée*. 4

***
MARGUERITE DE VALOIS. (*Sous presse*) 1
ROBERT EMMET. — 2e *édition*. 1
SOUVENIRS D'UNE DEMOIS. D'HONNEUR DE LA DUCH. DE BOURGOGNE. 2e *édit*. 1

HENRI HEINE
ŒUVRES COMPLÈTES
DE LA FRANCE. — *Nouvelle édition*. 1
DE L'ALLEMAGNE. — *Nouvelle édition*, 2
LUTÈCE, lettres sur la vie polit., artist. et sociale de la France. — 3e *édit*. 1
POÈMES ET LÉGENDES. — *Nouv. édition*. 1
REISEBILDER, tableaux de voyage. — *Nouvelle édition* précédée d'une étude sur Henri Heine, par *Théophile Gautier*, orné d'un portrait. 2
DE L'ANGLETERRE. (*Sous presse*). 1

CAMILLE HENRY
	vol.
LE ROMAN D'UNE FEMME LAIDE. 2ᵉ édit.	1
LE ROMAN D'UNE JOLIE FEMME (*sous pr.*).	1
UNE NOUVELLE MADELEINE.	1

HOFFMANN
Traduction Champfleury
CONTES POSTHUMES.	1

ROBERT HOUDIN
CONFIDENCES D'UN PRESTIDIGITATEUR.	2

ARSENE HOUSSAYE
BLANCHE ET MARGUERITE	1
MADEMOISELLE MARIANI, histoire parisienne (1858). — 4ᵉ *édition*.	1

CHARLES HUGO
LE COCHON DE SAINT-ANTOINE (*Sous pr.*)	1
UNE FAMILLE TRAGIQUE.	1

UN INCONNU
MONSIEUR X ET MADAME ***.	1

WASHINGTON IRVING
Traduction Th. Lefebvre
AU BORD DE LA TAMISE. — Contes, Récits et Légendes. — 2ᵉ édit.	1

ALFRED JACOBS
L'OCÉANIE NOUVELLE.	1

PAUL JANET
LA FAMILLE. — LEÇONS DE PHILOSOPHIE MORALE, ouvrage couronné par l'Académie française. — 4ᵉ *édition*.	1

JULES JANIN
BARNAVE. *Nouvelle édition*.	1
LES CONTES DU CHALET. — 2ᵉ *édition*.	1
CONTES FANTAST. ET CONTES LITTÉR.	1
HIST. DE LA LITTÉRATURE DRAMATIQUE	6

AUGUSTE JOLTROIS
LES COUPS DE PIEDS DE L'ANE. — 2ᵉ *édit.*	1

LOUIS JOURDAN
LES FEMMES DEVANT L'ÉCHAFAUD. — 2ᵉ *édition*.	1

MIECISLAS KAMIENSKI
tué à Magenta
SOUVENIRS	1

KARL-DES-MONTS
LES LÉGENDES DES PYRÉNÉES. — 4ᵉ *éd.*	1

ALPHONSE KARR
DE LOIN ET DE PRÈS. — 2ᵉ *édition*	1
EN FUMANT. — 2ᵉ *édition*.	1
LETTRES ÉCRITES DE MON JARDIN.	1
LE ROI DES ILES CANARIES (*S. pr.*).	1
SUR LA PLAGE.	1

ALEXANDRE KEN
DISSERTATIONS HISTORIQUE, ARTIST. ET SCIENTIFIQUES SUR LA PHOTOGRAPHIE	1

LA BRUYÈRE
LES CARACTÈRES. — *Nouvelle édition*, commentée par A. DESTAILLEUR.	2

LAMARTINE
LES CONFIDENCES, *nouvelle édition*.	1
GENEVIÈVE, Hist. d'une Servante. 2ᵉ *éd.*	1
NOUVELLES CONFIDENCES. 2ᵉ *édition*.	1
TOUSSAINT-LOUVERTURE. 3ᵉ *édition*.	1

LE PRINCE DE LA MOSKOWA
	vol.
SOUVENIRS ET RÉCITS.	4

LANFREY
LES LETTRES D'ÉVERARD	1

VICTOR DE LAPRADE
POÈMES ÉVANGÉLIQUES. — 3ᵉ *édition*, ouvrage couronné par l'Académie française.	1
PSYCHÉ. — Odes et Poëmes. — *Nouvelle édition*	1
LES SYMPHONIES. — IDYLLES HÉROÏQUES. — *Nouvelle édition*.	1

E. LA RIGAUDIÈRE
HISTOIRE DES PERSÉCUTIONS RELIGIEUSES EN ESPAGNE.	1

FERDINAND DE LASTEYRIE
LES TRAVAUX DE PARIS, examen crit.	1

DE LATENA
ÉTUDE DE L'HOMME. 4ᵉ *édition*, considérablement augmentée	2

ÉMILE DE LATHEULADE
DE LA DIGNITÉ HUMAINE.	1

ANTOINE DE LATOUR
ÉTUDES LITTÉR. SUR L'ESPAGNE CONT.	1
ÉTUDES SUR L'ESPAGNE.	2
LA BAIE DE CADIX. — NOUVELLES ÉTUDES SUR L'ESPAGNE.	1
TOLÈDE ET LES BORDS DU TAGE. — NOUVELLES ÉTUDES SUR L'ESPAGNE.	1
L'ESPAGNE RELIGIEUSE ET LITTÉRAIRE.	1

CHARLES DE LA VARENNE
VICTOR EMMANUEL II ET LE PIÉMONT.	1

CH. LAVOLLÉE
LA CHINE CONTEMPORAINE.	1

ANTONIN LEFÈVRE-PONTALIS
LES LOIS ET LES MŒURS ÉLECTORALES EN FRANCE ET EN ANGLETERRE	1

ERNEST LEGOUVÉ
LECTURES A L'ACADÉMIE	1

JOHN LEMOINNE
ÉTUDES CRITIQUES ET BIOGRAPHIQUES.	1
NOUV. ÉTUDES CRIT. ET BIOGRAPHIQUES	1

JULES LEVALLOIS
LA PIÉTÉ AU XIXᵉ SIÈCLE.	1

CH. LIADIÈRES
ŒUVRES DRAMATIQUES ET LÉGENDES.	1
SOUV. HISTOR. ET PARLEMENTAIRES.	1

FRANZ LISZT
DES BOHÉMIENS ET DE LEUR MUSIQUE	1

LE ROI LOUIS-PHILIPPE
MON JOURNAL. Evénements de 1815.	2

LE VICOMTE DE LUDRE
DIX ANNÉES DE LA COUR DE GEORGES II	1

CHARLES MAGNIN
HISTOIRE DES MARIONNETTES EN EUROPE, depuis l'antiquité jusqu'à nos jours. — 2ᵉ *édition*	1

FÉLICIEN MALLEFILLE
LE COLLIER. — Contes et Nouvelles.	1

HECTOR MALOT

	vol.
LES AMOURS DE JACQUES	1
LES VICTIMES D'AMOUR. — 1re partie : Les Amants. — 2e édition	1
LES VICTIMES D'AMOUR. — 2e partie : Les Epoux (Sous presse)	1
LA VIE MODERNE EN ANGLETERRE	1

AUGUSTE MAQUET

LES VERTES-FEUILLES	1

LE COMTE DE MARCELLUS

CHANTS POPULAIRES DE LA GRÈCE MODERNE, réunis, classés et traduits	1

CH. DE MAZADE

L'ITALIE MODERNE. Récits des Guerres et des Révolutions italiennes	1
LA POLOGNE CONTEMPORAINE	1

E. DU MÉRAC

PLACIDE DE JAVERNY	1

MERCIER

TABLEAU DE PARIS, nouvelle édition	1

PROSPER MÉRIMÉE

LES DEUX HÉRITAGES, suivis de L'INSPECTEUR GÉNÉRAL et des DÉBUTS D'UN AVENTURIER	1
ÉPISODE DE L'HISTOIRE DE RUSSIE. — Les faux Demétrius	1
ÉTUDES SUR L'HISTOIRE ROMAINE : Essai sur la Guerre sociale. — Conjuration de Catilina	1
MÉLANGES HISTORIQUES ET LITTÉRAIRES	1
NOUVELLES. — 4e édition : Carmen. — Arsène Guillot. — L'abbé Aubain. — La Dame de pique. — Les Bohémiens. — Le Hussard. Nicolas Gogol	1

MÉRY

LES AMOURS DES BORDS DU RHIN	1
UN CRIME INCONNU	1
MONSIEUR AUGUSTE. — 2e édition	1
LES MYSTÈRES D'UN CHATEAU	1
LES NUITS ESPAGNOLES	2
POÉSIES INTIMES	1
THÉATRE DE SALON. — 2e édition	1
NOUVEAU THÉATRE DE SALON	1
URSULE	1
LA VIE FANTASTIQUE (Sous presse)	1

ÉDOUARD MEYER

CONTES DE LA MER BALTIQUE	1

L'ABBÉ TH. MITRAUD

DE LA NATURE DES SOCIÉTÉS HUMAINES	1

CELESTE MOGADOR

MÉMOIRES complets	4

PAUL DE MOLÈNES

L'AMANT ET L'ENFANT	1
AVENTURES DU TEMPS PASSÉ : Trésleur. — Briolan. — Le roi Arthur	1
LE BONHEUR DES MAIGE	1
CARACTÈRES ET RÉCITS DU TEMPS	1
LES COMMENTAIRES D'UN SOLDAT	1
LA FOLIE DE L'ÉPÉE	1
HISTOIRES SENTIMENTALES ET MILITAIRES	1

CHARLES MONSELET

	vol.
L'ARGENT MAUDIT. — 2e édition	1
LES FEMMES QUI FONT DES SCÈNES	1
LA FRANC-MAÇONNERIE DES FEMMES	1
LES GALANTERIES DU XVIIIe SIÈCLE	1
LES ORIGINAUX DU SIÈCLE DERNIER	1

FRÉDÉRIC MORIN

LES HOMMES ET LES LIVRES CONTEMPORAINS	1
LES IDÉES DU TEMPS PRÉSENT	1

HENRY MURGER

LES NUITS D'HIVER. — Poésies complètes 2e édition	1

PAUL DE MUSSET

UN MAITRE INCONNU	1

NADAR

LA ROBE DE DÉJANIRE. — 2e édition	1

LA COMTESSE NATHALIE

LA VILLA GALIETTA. Nouvelle	1

CHARLES NISARD

MÉMOIRES ET CORRESPONDANCES HISTORIQUES ET LITTÉRAIRES INÉDITS, 1726 à 1816	1

D. NISARD
de l'Académie française

ÉTUDES DE CRITIQUE LITTÉRAIRE	1
ÉTUDES D'HISTOIRE ET DE LITTÉRATURE	1
ÉTUDES SUR LA RENAISSANCE. 2e édit.	1
SOUVENIRS DE VOYAGES : France. — Belgique. — Prusse rhénane. — Angleterre. 2e édition	1

LE VICOMTE DE NOÉ

LES BACHI-BOZOUCKS ET LES CHASSEURS D'AFRIQUE. — La Cavalerie régulière en campagne	1

ÉDOUARD PAILLERON

LES PARASITES	1

TH. PAVIE

RÉCITS DE TERRE ET DE MER	1
SCÈNES ET RÉCITS DES PAYS D'OUTRE-MER	1

SIMÉON PÉCONTAL

LÉGENDES. — Ouvr. couronné par l'Acad.	1

LÉONCE DE PESQUIDOUX

L'ÉCOLE ANGLAISE (1672-1851). Études biographiques et critiques	1
VOYAGE ARTISTIQUE EN FRANCE. Études sur les musées de province	1

A. PEYRAT

ÉTUDES HISTORIQUES ET RELIGIEUSES	1
HISTOIRE ET RELIGION	1

LAURENT PICHAT

CARTES SUR TABLES. — Nouvelles	1
LA SIBYLLE	1

AMÉDÉE PICHOT

SIR CHARLES BELL, histoire de sa vie et de ses travaux	1

GUSTAVE PLANCHE

ÉTUDES LITTÉRAIRES	1
ÉTUDES SUR L'ÉCOLE FRANÇAISE. — Peinture et Sculpture	2
ÉTUDES SUR LES ARTS	1
PORTRAITS D'ARTISTES : Peintres et Sculpteurs	2

ÉDOUARD PLOUVIER
	vol.
LA BELLE AUX CHEVEUX BLEUS. 2e édit.	1

EDGAR POE
Traduction Charles Baudelaire.
EUREKA	1
HISTOIRES GROTESQUES ET SÉRIEUSES.	1

F. PONSARD
de l'Académie française
ÉTUDES ANTIQUES	1
THÉÂTRE COMPLET : 3e édition	1

A. DE PONTMARTIN
CAUSERIES LITTÉRAIRES. — *Nouv. éd.*	1
NOUV. CAUSERIES LITTÉRAIRES 2e éd.	1
DERNIÈRES CAUSERIES LITTÉRAIRES	1
CAUSERIES DU SAMEDI. — 2e série des Causeries Littéraires. — *Nouv. édit.*	1
NOUVELLES CAUSERIES DU SAMEDI. 2e éd.	1
DERNIÈRES CAUSERIES DU SAMEDI	1
LE FOND DE LA COUPE. — Nouvelles.	1
LES JEUDIS DE Mme CHARBONNEAU.	1
LES SEMAINES LITTÉRAIRES	1
NOUVELLES SEMAINES LITTÉRAIRES	1
DERNIÈRES SEMAINES LITTÉRAIRES	1

EUGÈNE POUJADE
LE LIBAN ET LA SYRIE	1

VICTOR POUPIN
UN MARIAGE ENTRE MILLE	1

PRÉVOST-PARADOL
ÉLISABETH ET HENRI IV (1595-1598) 3e éd	1
ESSAIS DE POLITIQUE ET DE LITTÉRATURE. — 2e série. — 2e édition.	1
QUELQUES PAGES D'HISTOIRE CONTEMPORAINE. Lettres politiques.	1
NOUVELLES LETTRES POLITIQUES. — 2e série de quelques pages d'histoire contemporaine	1

F. PUAUX
HIST. DE LA RÉFORMATION FRANÇAISE.	6

LOUIS RATISBONNE
L'ENFER DU DANTE, traduction en vers, texte en regard. — 3e édition.	2
LE PURGATOIRE DU DANTE.	2
LE PARADIS DU DANTE.	2
IMPRESSIONS LITTÉRAIRES	1
MORTS ET VIVANTS.	1

PAUL DE RÉMUSAT
LES SCIENCES NATURELLES. Études sur leur histoire et sur leurs progrès	1

D. JOSÉ GUELL Y RENTÉ
LÉGENDES AMÉRICAINES.	1
LÉGENDES D'UNE AME TRISTE.	1
TRADITIONS AMÉRICAINES	1
LA VIERGE DES LYS.—PETITE FILLE DE ROI.	1

RODOLPHE REY
HISTOIRE DE LA RENAISSANCE POLITIQUE DE L'ITALIE —1814—1861.	1

LOUIS REYBAUD
LA COMTESSE DE MAULÉON.	1
JÉRÔME PATUROT A LA RECHERCHE D'UNE POSITION SOCIALE—*Nouv. éd.*	1
JÉRÔME PATUROT A LA RECHERCHE DE LA MEILLEURE DES RÉPUBLIQUES.	2
MARINES ET VOYAGES.	1
MŒURS ET PORTRAITS DU TEMPS.	2
NOUVELLES.	1
ROMANS.	1
SCÈNES DE LA VIE MODERNE.	1

	vol.
LA VIE A REBOURS.	1
LA VIE DE CORSAIRE.	1
LA VIE DE L'EMPLOYÉ.	1

CHARLES REYNAUD
ÉPÎTRES, CONTES ET PASTORALES.	1
ŒUVRES INÉDITES	1

HENRI RIVIÈRE
LA MAIN COUPÉE	1
LA POSSÉDÉE	1

JEAN ROUSSEAU
LES COUPS D'ÉPÉE DANS L'EAU.	1
PARIS DANSANT. — 2e édition.	1

EDMOND ROCHE
POÉSIES POSTHUMES, av. notice par Vict. Sardou, et eaux-fortes	1

AMÉDÉE ROLLAND
LES FILS DE TANTALE	1
LA FOIRE AUX MARIAGES.— 2e *édition*	1
LES MARIONNETTES DE L'AMOUR (S. pr.)	1

VICTORINE ROSTAND
AU BORD DE LA SAÔNE	1

LE MARÉCHAL DE SAINT-ARNAUD
LETTRES (1832-1854), avec pièces justificatives. — 3e *édition*, précédée d'une notice par M. SAINTE-BEUVE.	2

C.-A. SAINTE-BEUVE, *de l'Ac. franç.*
NOUVEAUX LUNDIS. — 1re et 2e séries.	2

SAINT-RENÉ TAILLANDIER
ALLEMAGNE ET RUSSIE. Études historiques et littéraires.	1
LA COMTESSE D'ALBANY.	1
HISTOIRE ET PHILOSOPHIE RELIGIEUSE.	1
LITTÉRATURE ÉTRANGÈRE. — ÉCRIVAINS ET POÈTES MODERNES	1

SAINT-SIMON
DOCTRINE SAINT-SIMONIENNE	1

GEORGE SAND
ANDRÉ.	1
ANTONIA.	1
CONSTANCE VERRIER.	1
ELLE ET LUI.	1
LA FAMILLE DE GERMANDRE.	1
FRANÇOIS LE CHAMPI.	1
INDIANA.	1
JEAN DE LA ROCHE.	1
LETTRES D'UN VOYAGEUR.	1
MADEMOISELLE LA QUINTINIE.	1
LES MAÎTRES MOSAÏSTES.	1
LES MAÎTRES SONNEURS.	1
LA MARE AU DIABLE.	1
LE MARQUIS DE VILLEMER.	1
MAUPRAT.	1
MONT-REVÊCHE.	1
NOUVELLES	1
LA PETITE FADETTE.	1
TAMARIS	1
THÉÂTRE DE NOHANT.	1
VALENTINE.	1
VALVÈDRE.	1
LA VILLE NOIRE.	1

MAURICE SAND
CALLIRHOÉ	1
SIX MILLE LIEUES A TOUTE VAPEUR. 2e *éd.*	1

JULES SANDEAU.
CATHERINE. — *Nouvelle édition*. . 1
UN DÉBUT DANS LA MAGISTRATURE. 2ᵉ éd. 1
LA MAISON DE PENARVAN. — 8ᵉ édition 1

FRANCISQUE SARCEY
LE MOT ET LA CHOSE. 1

C. DE SAULT.
ESSAIS DE CRITIQUE D'ART. 1

EDMOND SCHERER
ÉTUDES CRITIQUES sur la Littérature. 1

FERNAND SCHICKLER
EN ORIENT. — SOUVENIRS DE VOYAGE 1

EUGÈNE SCRIBE
HISTORIETTES ET PROVERBES 1
NOUVELLES. 1

WILLIAM N. SENIOR
LA TURQUIE CONTEMPORAINE. 1

J.-C.-L. DE SISMONDI
LETTRES INÉDITES, suivies de lettres de Bonstetten, de Mmes de Staël et de Souza, avec une Introduction par St-René Taillandier. 1

DE STENDHAL (H. BEYLE)
ŒUVRES COMPLÈTES

DE L'AMOUR. *Seule édition complète*. 1
LA CHARTREUSE DE PARME. *Nouv. éd.* 1
CHRONIQUES ITALIENNES 1
CORRESPONDANCE INÉDITE, précédée d'une Introduction par Prosper Mérimée, ornée d'un beau portrait . . 2
HISTOIRE DE LA PEINTURE EN ITALIE, *seule édition complète*. 1
MÉMOIRES D'UN TOURISTE, *Nouv. éd.* 2
NOUVELLES INÉDITES 1
NOUVELLES ET MÉLANGES. (*Sous pr.*). 1
PROMENADES DANS ROME. *Nouv. éd.* 2
RACINE ET SHAKSPEARE, Etudes sur le Romantisme. — *Nouv. édition*. . 1
ROMANS ET NOUVELLES, précédés d'une Notice sur STENDHAL . . . 1
ROME, NAPLES ET FLORENCE. *Nouv. éd.* 1
LE ROUGE ET LE NOIR. *Nouv. édition* 1
VIE DE ROSSINI. *Nouv. édition*. . 1
VIES DE HAYDN, DE MOZART ET DE MÉTASTASE. *Nouv. édit. entièrem. rev.* 1

DANIEL STERN
ESSAI SUR LA LIBERTÉ. *Nouv. édit.* 1
FLORENCE ET TURIN, Art et politique. 1

MATHILDE STEV
LE OUI ET LE NON DES FEMMES . . . 1

TÉRENCE.
THÉÂTRE COMPLET, trad. p. *A. de Belloy*. 1

EDMOND TEXIER
CONTES ET VOYAGES 1
CRITIQUES ET RÉCITS LITTÉRAIRES. . . 1

EDMOND THIAUDIÈRE
UN PRÊTRE EN FAMILLE 1

CH. THIERRY-MIEG
SIX SEMAINES EN AFRIQUE, Souv. de voyage, avec une carte itinéraire de *V. A. Malte-Brun* et 9 dessins. . 1

A. THIERS
HISTOIRE DE LAW 1

ÉMILE THOMAS
HISTOIRE DES ATELIERS NATIONAUX. 1

TIRSO DE MOLINA
THÉÂTRE. — Traduit par *A. Royer*. .

MARIO UCHARD
LA COMTESSE DIANE 1
LE MARIAGE DE GERTRUDE. — 3ᵉ édit. 1
RAYMON. — 3ᵉ édition 1

AUGUSTE VACQUERIE
PROFILS ET GRIMACES. 1

E. DE VALBEZEN (*le major Fridolin*)
LA MALLE DE L'INDE. — 2ᵉ édition. . 1
RÉCITS D'HIER ET D'AUJOURD'HUI. — 1

OSCAR DE VALLÉE
LES MANIEURS D'ARGENT. 4ᵉ édition 1

MAX VALREY
CES PAUVRES FEMMES ! 1
LES VICTIMES DU MARIAGE. — 2ᵉ édit. 1

THÉODORE VERNES
NAPLES ET LES NAPOLITAINS. — 2ᵉ édit. 1

ALFRED DE VIGNY
CINQ-MARS, avec 2 autographes. 14ᵉ éd. 1
STELLO, 8ᵉ édition. 1
SERVITUDE ET GRANDEUR MILITAIRES, 8ᵉ édition. 1

SAMUEL VINCENT
DU PROTESTANTISME EN FRANCE. — *Nouvelle édition, précédée d'une introduction de M. Prévost-Paradol*.
MÉDITATIONS RELIGIEUSES, avec une Notice par *F. Fontanès*, et une Introduction par *Ath. Coquerel fils*. . 1

LÉON VINGTAIN
DE LA LIBERTÉ DE LA PRESSE, avec un Appendice contenant les avertissements, suspensions et suppressions encourus par la presse quotidienne et périodique, de 1848 jusqu'à nos jours. 1
VIE PUBLIQUE DE ROYER-COLLARD, avec une préface de M. *A. de Broglie*. 1

L. VITET, *de l'Académie française*
ESSAIS HISTORIQUES ET LITTÉRAIRES. 1
LA LIGUE. — SCÈNES HISTORIQUES : Les Etats de Blois. — Histoire de la Ligue. — Les Barricades. — La mort de Henri III. — Précédées des ÉTATS D'ORLÉANS, SCÈNES HISTORIQUES. — *Nouv. edit., rev. et cor.* 2
HISTOIRE DE DIEPPE. — Nouvelle édit. revue et augmentée (*Sous presse*). 1
ÉTUDES SUR L'HISTOIRE DE L'ART (*S. pr.*) 2

RICHARD WAGNER
QUATRE POEMES D'OPÉRAS ALLEMANDS traduits en français. 1

FRANCIS WEY
CHRISTIAN (*roman inédit*) 1

E. YEMENIZ (*Consul de Grèce*).
LA GRÈCE MODERNE. — Héros et Poëtes. 1

BIBLIOTHÈQUE NOUVELLE
Format grand in-18 à 2 francs le volume

EDMOND ABOUT — vol.
LE CAS DE M. GUÉRIN; 4ᵉ *édition* ... 1
LE NEZ D'UN NOTAIRE, 5ᵉ *édition* ... 1

AMÉDÉE ACHARD
BELLE-ROSE ... 1
NELLY ... 1
LA TRAITE DES BLONDES ... 1

ALBERT AUBERT
LES ILLUSIONS DE JEUNESSE DE M. BOUDIN ... 1

PIOTRE ARTAMOV
HISTOIRE D'UN BOUTON. 4ᵉ *édit.* ... 1
LES INSTRUMENTS DE MUSIQUE DU DIABLE ... 1
LA MÉNAGERIE LITTÉRAIRE ... 1

BABAUD-LARIBIÈRE
HISTOIRE DE L'ASSEMBLÉE NATIONALE CONSTITUANTE ... 2

H. DE BARTHÉLEMY
LA NOBLESSE EN FRANCE, avant et depuis 1789 ... 1

Mᵐᵉ DE BAWR
NOUVELLES ... 1
RAOUL ou l'Énéide ... 1
ROBERTINE ... 1
LES SOIRÉES DES JEUNES PERSONNES ... 1

FRÉDÉRIC BÉCHARD
LES EXISTENCES DÉCLASSÉES. — 4ᵉ *édi.* 1
L'ÉCHAPPÉ DE PARIS. — Nouv. série des *Existences déclassées*. 2ᵉ *édition* 1

GEORGES BELL
LUCY LA BLONDE ... 1
LES REVANCHES DE L'AMOUR ... 1

PIERRE BERNARD
L'A B C DE L'ESPRIT ET DU CŒUR ... 1

ALBERT BLANQUET
LE ROI D'ITALIE, roman historique ... 1

RAOUL BRAVARD
CES SAVOYARDS! ... 1

E. BRISEBARRE & E. NUS
LES DRAMES DE LA VIE ... 2

CLÉMENT CARAGUEL
SOUVENIRS ET AVENTURES D'UN VOLONTAIRE GARIBALDIEN ... 1

COMTESSE DE CHABRILLAN
EST-IL FOU? ... 1
MISS PEWEL ... 1

EUGÈNE CHAPUS
LES HALTES DE CHASSE. — 2ᵉ *édition*. 1
MANUEL DE L'HOMME ET DE LA FEMME COMME IL FAUT. — 5ᵉ *édition* ... 1

A. CONSTANT
LE SORCIER DE MEUDON ... 1

COMTESSE DASH
LE LIVRE DES FEMMES ... 1

DÉCEMBRE-ALONNIER
LA BOHÈME LITTÉRAIRE ... 1

ÉDOUARD DELESSERT
LE CHEMIN DE ROME ... 1
SIX SEMAINES DANS L'ÎLE DE SARDAIGNE ... 1

CH. DICKENS, traduction *Amédée Pichot*
LES CONTES D'UN INCONNU ... 1
HISTORIETTES ET RÉCITS DU FOYER ... 1

CH. DESLYS — vol.
SUR LA CÔTE NORMANDE ... 1

CH. DOLLFUS
LE CALVAIRE ... 1
LIBERTÉ ET CENTRALISATION ... 1

MAXIME DU CAMP
LES CHANTS MODERNES ... 1
LE CHEVALIER DU CŒUR-SAIGNANT ... 1
L'HOMME AU BRACELET D'OR. — 2ᵉ *éd.* 1
LE NIL (Égypte et Nubie). — 5ᵉ *édition*. 1
LE SALON DE 1859 ... 1
LE SALON DE 1861 ... 1

JOACHIM DUFLOT
LES COULISSES DES THÉATRES DE PARIS, Mœurs, Usages, Anecdotes, avec une préface de J. NORIAC ... 1

ALEXANDRE DUMAS
L'ART ET LES ARTISTES CONTEMPORAINS au salon de 1859 ... 1
UNE AVENTURE D'AMOUR ... 1
LES COMPAGNONS DE JÉHU ... 2
LES DRAMES GALANTS. — LA MARQUISE D'ESCOMAN ... 2
LE FILS DU FORÇAT ... 1
DE PARIS A ASTRAKAN ... 3
LA SAN-FÉLICE ... 3

XAVIER EYMA
LE ROMAN DE FLAVIO ... 1

ANTOINE GANDON
LES TRENTE-DEUX DUELS DE JEAN GIGON. — 10ᵉ *édition* ... 1
LE GRAND GODARD. — 4ᵉ *édition* ... 1
L'ONCLE PHILIBERT, histoire d'un peureux, 3ᵉ *édition* ... 1

JULES GÉRARD
le Tueur de Lions
MES DERNIÈRES CHASSES ... 1

ÉMILE DE GIRARDIN
BON SENS, BONNE FOI ... 1
LE DROIT AU TRAVAIL au Luxembourg et à l'assemblée nationale ... 1
ÉTUDES POLITIQUES, *nouvelle édition* 1
LE POUR ET LE CONTRE ... 1
QUESTIONS ADMINISTRATIVES ET FINANCIÈRES ... 1

EDMOND ET JULES DE GONCOURT
SŒUR PHILOMÈNE ... 1

ÉDOUARD GOURDON
CHACUN LA SIENNE ... 1
LOUISE. — 12ᵉ *édition* ... 1
LES FAUCHEURS DE NUIT. — 5ᵉ *édition* ... 1

LÉON GOZLAN
L'AMOUR DES LÈVRES ET L'AMOUR DU CŒUR ... 1
ARISTIDE FROISSART ... 1
LES AVENTURES DU PRINCE DE GALLES. 1
LE PLUS BEAU RÊVE D'UN MILLIONNAIRE 1

Mᵐᵉ MANOEL DE GRANDFORT
MADAME N'EST PAS CHEZ ELLE ... 1
OCTAVE. — COMMENT ON S'AIME QUAND ON NE S'AIME PLUS ... 1

ED. GRIMARD
L'ÉTERNEL FÉMININ ... 2

JULES GUÉROULT
FABLES.................................. 1
CAMILLE HENRY
DARIE OU LES QUATRE AGES D'UN AMOUR. 1
CHARLES D'HÉRICAULT
LA FILLE AUX BLUETS. — UN PAYSAN DE
L'ANCIEN RÉGIME. — 2e *édition*.... 1
LES PATRICIENS DE PARIS.............. 1
LA REINE HORTENSE
(Fragments de Mémoires inédits)
LA REINE HORTENSE EN ITALIE, EN
FRANCE ET EN ANGLETERRE PENDANT
L'ANNÉE 1831....................... 1
ARSÈNE HOUSSAYE
LES FILLES D'ÈVE...................... 1
LA PÉCHERESSE........................ 1
A. JAIME FILS
L'HÉRITAGE DU MAL................... 1
LES TALONS NOIRS. — 2e *édition*.... 1
LOUIS JOURDAN
LES PEINTRES FRANÇAIS. — SALON DE
1859................................. 1
AURÈLE KERVIGAN
Traducteur
HISTOIRE DE RIRE...................... 1
MARY LAFON
LA BANDE MYSTÉRIEUSE................. 1
LA PESTE DE MARSEILLE................ 1
Mme LA MARQUISE DE LA GRANGE
LA RÉSINIÈRE D'ARCACHON.............. 1
G. DE LA LANDELLE
LA GORGONE........................... 2
UNE HAINE A BORD..................... 1
STEPHEN DE LA MADELAINE
UN CAS PENDABLE...................... 1
F. LAMENNAIS
DE LA SOCIÉTÉ PREMIÈRE et de ses lois. 1
LARDIN & MIE D'AGHONNE
JEANNE DE FLERS...................... 1
A. LEXANDRE
LE PÉLERINAGE DE MIREILLE............ 1
FANNY LOVIOT
LES PIRATES CHINOIS. — 3e *édition*.. 1
LOUIS LURINE
VOYAGE DANS LE PASSÉ.................. 1
AUGUSTE MAQUET
LA BELLE GABRIELLE.................... 3
LE COMTE DE LAVERNIE................. 3
DETTES DE CŒUR. — 4e *édition*...... 1
L'ENVERS ET L'ENDROIT................. 2
LA MAISON DU BAIGNEUR................ 2
LA ROSE BLANCHE...................... 1
MÉRY
LE PARADIS TERRESTRE. — 2e *édition*. 1
MARSEILLE ET LES MARSEILLAIS. — 2e *édit*. 1
ALFRED MICHIELS
CONTES D'UNE NUIT D'HIVER............ 1
EUGÈNE DE MIRECOURT
LES CONFESSIONS DE MARION DELORME. 3
L. MOLAND
LE ROMAN D'UNE FILLE LAIDE........... 1
HENRY MONNIER
MÉMOIRES DE M. JOSEPH PRUDHOMME. 1
MARC MONNIER
LA CAMORRA. — MYSTÈRES DE NAPLES. 1
HISTOIRE DU BRIGANDAGE DANS L'ITALIE
MÉRIDIONALE. 3e *édition*............ 1

MORTIMER-TERNAUX
LE 20 JUIN 1792....................... 1
CHARLES NARREY
LE QUATRIÈME LARRON 2e *édition*.... 1
HENRI NICOLLE
COURSES DANS LES PYRÉNÉES............ 1
JULES NORIAC
LA BÊTISE HUMAINE. — 16e *édition*.. 1
LE 101e RÉGIMENT. — *Nouvelle édition*. 1
LA DAME A LA PLUME NOIRE. 2e *édit*. 1
LE GRAIN DE SABLE. — 9e *édition*... 1
MÉMOIRES D'UN BAISER. — 2e *édition*. 1
SUR LE RAIL. — 2e *édition*.......... 1
LAURENCE OLIPHANT
VOYAGE PITTORESQUE D'UN ANGLAIS EN
RUSSIE ET SUR LE LITTORAL DE LA MER
NOIRE ET DE LA MER D'AZOF........... 1
ÉDOUARD OURLIAC
SUZANNE. — *Nouv. édition*........... 1
PARMENTIER
DESCRIPTION TOPOGRAPHIQUE DE LA
GUERRE TURCO-RUSSE.................. 1
H. DE PÈNE
UN MOIS EN ALLEMAGNE : Nauheim..... 1
CHARLES PERRIER
L'ART FRANÇAIS AU SALON DE 1857.... 1
A. DE PONTMARTIN
LES BRULEURS DE TEMPLES.............. 1
CHARLES BABOU
LOUISON D'ARQUIEN.................... 1
LES TRIBULATIONS DE MAÎTRE FABRICIUS. 1
LE CAPITAINE LAMBERT................. 1
ROGER DE BEAUVOIR
COLOMBES ET COULEUVRES............... 1
LES MYSTÈRES DE L'ILE SAINT-LOUIS.... 1
LES ŒUFS DE PAQUES................... 1
GIOVANI RUFINI
MÉMOIRES D'UN CONSPIRATEUR ITALIEN. 1
JULES SANDEAU
UN HÉRITAGE........................... 1
VICTORIEN SARDOU
LA PERLE NOIRE........................ 1
AURÉLIEN SCHOLL
SCÈNES ET MENSONGES PARISIENS. 2e *éd*. 1
Mme SURVILLE (née de Balzac)
LE COMPAGNON DU FOYER............... 1
THAKERAY
Traduction Am. Pichot.
MORGIANA............................. 1
EDMOND TEXIER
LA GRÈCE ET SES INSURRECTIONS, avec
carte. *Nouvelle édition*............ 1
EM. DE VARS
LA JOUEUSE, mœurs de Province....... 1
Mme VERDIER-ALLUT
LES GÉORGIQUES DU MIDI............... 1
A. VERMOREL
LES AMOURS VULGAIRES................. 1
DESPÉRANZA........................... 1
Dr L. VÉRON
PARIS EN 1860. — LES THÉÂTRES DE
PARIS DE 1806 A 1860, avec gravures. 1
LE DOCTEUR YVAN & CALLERY
L'INSURRECTION EN CHINE, avec portrait
et carte.............................. 1
***
MÉMOIRES DE BILBOQUET................ 3

ŒUVRES COMPLÈTES
DE
H. DE BALZAC
NOUVELLE ÉDITION, COMPLÈTE EN 45 VOLUMES
à 1 fr. 25 centimes le volume (Chaque volume se vend séparément)

Les œuvres que BALZAC a désignées sous le titre de :
Comédie humaine, forment dans cette édition. . . . . 40 volumes.
Les Contes drôlatiques. 3
Le Théâtre, la seule édition complète 2

CLASSIFICATION D'APRÈS LES INDICATIONS DE L'AUTEUR :

COMÉDIE HUMAINE

SCÈNES DE LA VIE PRIVÉE

Tome 1. — LA MAISON DU CHAT QUI PELOTTE. Le Bal de Sceaux. La Bourse. La Vendetta. Madame Firmiani. Une double Famille.
Tome 2. — LA PAIX DU MÉNAGE. La fausse Maîtresse. Étude de Femme. Autre Étude de Femme. La grande Bretèche. Albert Savarus.
Tome 3. — MÉMOIRES DE DEUX JEUNES MARIÉES. Une Fille d'Ève.
Tome 4. — LA FEMME DE TRENTE ANS. La Femme abandonnée. La Grenadière. Le Message. Gobseck.
Tome 5. — LE CONTRAT DE MARIAGE. Un Début dans la Vie.
Tome 6. — MODESTE MIGNON.
Tome 7. — BÉATRIX.
Tome 8. — HONORINE. Le colonel Chabert. La Messe de l'Athée. L'Interdiction. Pierre Grassou.

SCÈNES DE LA VIE DE PROVINCE

Tome 9. — URSULE MIROUET.
Tome 10. — EUGÉNIE GRANDET.
Tome 11. — LES CÉLIBATAIRES I. Pierrette. Le Curé de Tours.
Tome 12. — LES CÉLIBATAIRES II. Un Ménage de Garçon.
Tome 13. — LES PARISIENS EN PROVINCE. L'illustre Gaudissart. La Muse du département.
Tome 14. — LES RIVALITÉS. La Vieille Fille. Le Cabinet des Antiques.
Tome 15. — LE LYS DANS LA VALLÉE.
Tome 16. — ILLUSIONS PERDUES I. Les deux Poëtes. Un Grand homme de province à Paris, 1re partie.
Tome 17. — ILLUSIONS PERDUES, II. Un Grand homme de province, 2e partie. Ève et David.

SCÈNES DE LA VIE PARISIENNE

Tome 18. — SPLENDEURS ET MISÈRES DES COURTISANES. Esther heureuse. A combien l'amour revient aux Vieillards. Où mènent les mauvais chemins.
Tome 19. — LA DERNIÈRE INCARNATION DE VAUTRIN. Un Prince de la Bohême. Un Homme d'affaires. Gaudissart II. Les Comédiens sans le savoir.
Tome 20. — HISTOIRE DES TREIZE. Ferragus. La duchesse de Langeais. La Fille aux yeux d'or.
Tome 21. — LE PÈRE GORIOT.
Tome 22. — CÉSAR BIROTTEAU.
Tome 23. — LA MAISON NUCINGEN. Les Secrets de la princesse de Cadignan. Les Employés. Sarrasine. Facino cane.
Tome 24. — LES PARENTS PAUVRES, I. La Cousine Bette.
Tome 25. — LES PARENTS PAUVRES, II. Le Cousin Pons.

SCÈNES DE LA VIE POLITIQUE

Tome 26. — UNE TÉNÉBREUSE AFFAIRE. Un Épisode sous la Terreur.
Tome 27. — L'ENVERS DE L'HISTOIRE CONTEMPORAINE. Madame de la Chanterie. L'Initié. Z. Marcas.
Tome 28. — LE DÉPUTÉ D'ARCIS.

SCÈNES DE LA VIE MILITAIRE

Tome 29. — LES CHOUANS. Une Passion dans le Désert.

SCÈNES DE LA VIE DE CAMPAGNE

Tome 30. — LE MÉDECIN DE CAMPAGNE.
Tome 31. — LE CURÉ DE VILLAGE.
Tome 32. — LES PAYSANS.

ÉTUDES PHILOSOPHIQUES

Tome 33. — LA PEAU DE CHAGRIN.
Tome 34. — LA RECHERCHE DE L'ABSOLU. Jésus-Christ en Flandre. Melmoth réconcilié. Le Chef-d'œuvre inconnu.
Tome 35. — L'ENFANT MAUDIT. Gambara. Massimilia Doni.
Tome 36. — LES MARANA. Adieu. Le Réquisitionnaire. El Verdugo. Un Drame au bord de la mer. L'Auberge rouge. L'Elixir de longue vie. Maître Cornélius.
Tome 37. — SUR CATHERINE DE MÉDICIS. Le Martyr calviniste. La confidence des Ruggieri. Les deux rêves.
Tome 38. — LOUIS LAMBERT. Les Proscrits. Séraphita.

ÉTUDES ANALYTIQUES

Tome 39. — PHYSIOLOGIE DU MARIAGE.
Tome 40. — PETITES MISÈRES DE LA VIE CONJUGALE.

CONTES DROLATIQUES

Tome 41. 1er *dixain*. — LA BELLE IMPÉRIA. Le Péché véniel. La mye du roy.

L'Héritier du diable. Les Joyeulsetés du roy loys le unziesme. La Connestable. La Pucelle de Thilhouse. Le Frère d'armes. Le Curé d'Azay-le-Rideau. L'Apostrophe.

Tome 42. 2ᵉ *dixain*. — LES TROIS CLERCS DE SAINCT-NICHOLAS. Le jeusne de Françoys premier. Les bons proupos des religieuses de Poissy. Comment feut Basty le chasteau d'Azay. La faulse courtisane. Le danger d'estre trop cocquebin. La chiere nuictée d'amour. Le prosne du joyeulx curé de Meudon. Le Succube. Désespérance d'amour.

Tome 43. 3ᵐᵉ *dixain*. — Persévérance d'amour. D'ung iusticiard qui ne se remembroyt les chouses. Sur le moyne Amador, qui feut un glorieux abbé de Turpenay. Berthe la repentie. Comment la belle fille de Portillon quinaulda son iuge. Cy est remonstré que la fortune est touiours femelle. D'ung paouvre qui avoyt nom le vieulx par-chemins. Dires incongrus de trois pèlerins. Naïveté. La belle Impéria mariée.

THÉATRE

Tome 44. — VAUTRIN, drame en 5 actes. Les Ressources de Quinola, comédie en 5 actes et un prologue. Paméla Giraud, pièce en 5 actes.

Tome 45. — LA MARATRE, drame intime en 5 actes et 8 tableaux. Le Faiseur (Mercadet), comédie en 5 actes (entièrement conforme au manuscrit de l'auteur.)

OUVRAGES DE DIVERS FORMATS

GEORGES BELL
LE MIROIR DE CAGLIOSTRO (Hypnotisme). — 1 vol. in-18.......... 1 »

J. BRUNTON
LES 40 PRÉCEPTES DU JEU DE WHIST. 1 50

ALFRED BUSQUET
LA NUIT DE NOEL. poëme. — 1 joli vol. in-32 carré.......... 1 »

LOUIS JOURDAN
LES PRIÈRES DE LUDOVIC. — 1 v. in-32 1 »

LASSABATHIE
Administrateur du Conservatoire
HISTOIRE DU CONSERVATOIRE IMPÉRIAL DE MUSIQUE ET DE DÉCLAMATION, suivie de documents recueillis et mis en ordre. — 1 vol. grand in-18.............. 5 »

AUGUSTE LUCHET
LA CÔTE D'OR A VOL D'OISEAU. — 1 v. grand in-18............ 2 »
LA SCIENCE DU VIN. — 1 v. gr. in-18. 2 50

P. MORIN
COMMENT L'ESPRIT VIENT AUX TABLES. — 1 vol. in-18............ 1 50

LE PRINCE DE LA MOSKOWA
LE SIÈGE DE VALENCIENNES, 1 vol. in-18, avec carte.......... 1 »

A. PEYRAT
UN NOUVEAU DOGME, histoire de l'Immaculée Conception. — 1 vol. in-18 1 »

LE DOCTEUR RAULAND
LE LIVRE DES ÉPOUX. — Guide pour la guérison de l'Impuissance, de la Stérilité et de toutes les maladies des organes génitaux. — 1 fort vol. gr. in-18............ 4 »

LE Dʳ FÉLIX ROUBAUD
Inspect. des Eaux min. de Pougues (Nièvre)
LA DANSE DES TABLES, Phénomènes phisiologiques démontrés, avec gravure explicative. — 2ᵉ *édition*. — 1 vol. in-18............ 1 »
LES EAUX MINÉRALES DE LA FRANCE. Guide du médecin praticien et du malade. — 1 fort vol. gr. in-18 broché, 4 fr. ; relié.......... 5 »

ÉTUDES CONTEMPORAINES

Format in-18

ODILON BARROT
DE LA CENTRALISATION ET DE SES EFFETS. — 1 vol............ 1 »

LE PRINCE A. DE BROGLIE
UNE RÉFORME ADMINISTRATIVE EN AFRIQUE. — 1 vol........ 1 50

ÉDOUARD DELPRAT
L'ADMINISTRATION ET LA PRESSE. 1 v. 1 »

A. GERMAIN
MARTYROLOGE DE LA PRESSE. 1 vol. 2 50

LE COMTE D'HAUSSONVILLE
LETTRE AU SÉNAT. — 1 vol..... 1 »

LÉONCE DE LAVERGNE
LA CONSTITUTION DE 1852 ET LE DÉCRET DU 24 NOVEMBRE. — 1 vol. 1 »

ED. DE SONNIER
LES DROITS POLITIQUES DANS LES ÉLECTIONS. — Manuel de l'Électeur et du Candidat. — 1 vol... 1 »

***
LA LIBERTÉ RELIGIEUSE ET LA LÉGISLATION ACTUELLE. — 1 vol... 1 »

COLLECTION MICHEL LÉVY
ET BIBLIOTHÈQUE DE LA LIBRAIRIE NOUVELLE
1 franc le volume grand in-18 de 350 à 400 pages

AMÉDÉE ACHARD vol.
- BRUNES ET BLONDES 1
- LA CHASSE ROYALE 2
- LES DERNIÈRES MARQUISES 1
- LES FEMMES HONNÊTES 1
- PARISIENNES ET PROVINCIALES 1
- LES PETITS FILS DE LOVELACE 1
- LES RÊVEURS DE PARIS 1
- LA ROBE DE NESSUS 1

ACHIM D'ARNIM
Traduction Th. Gautier fils.
- CONTES BIZARRES 1

ADOLPHE ADAM
- SOUVENIRS D'UN MUSICIEN 1
- DERNIERS SOUVENIRS D'UN MUSICIEN 1

W.-H. AINSWORTH
Traduction B.-H. Revoil
- LE GENTILHOMME DES GRANDES ROUTES 2

GUSTAVE D'ALAUX
- L'EMPEREUR SOULOUQUE ET SON EMPIRE 1

***
- MADAME LA DUCHESSE D'ORLÉANS, HÉLÈNE DE MECKLEMBOURG-SCHWERIN 1

***
- SOUVENIRS D'UN OFFICIER DU 2e DE ZOUAVES 1

ALFRED ASSOLLANT
- HISTOIRE FANTASTIQUE DE PIERROT 1

XAVIER AUBRYET
- LA FEMME DE VINGT-CINQ ANS 1

ÉMILE AUGIER
- POÉSIES COMPLÈTES 1

***
- LES ZOUAVES ET LES CHASSEURS A PIED 1

J. AUTRAN
- MILIANAH (épisode des guerres d'Afriq.) 1

THÉODORE DE BANVILLE
- ODES FUNAMBULESQUES 1

CHARLES BARBARA
- HISTOIRES ÉMOUVANTES 1

J. BARBEY D'AUREVILLY
- L'AMOUR IMPOSSIBLE 1
- L'ENSORCELÉE 1

Mme DE BASSANVILLE
- LES SECRETS D'UNE JEUNE FILLE 1

BEAUMARCHAIS
- THÉATRE, précédé d'une Notice sur sa vie et ses ouvrages, par *Louis deLoménie* 1

ROGER DE BEAUVOIR
- AVENTURIÈRES ET COURTISANES 1
- LE CABARET DES MORTS 1

ROGER DE BEAUVOIR (Suite) vol.
- LE CHEVALIER DE CHARNY 1
- LE CHEVALIER DE SAINT-GEORGES 1
- HISTOIRES CAVALIÈRES 1
- LA LESCOMBAT 1
- MADEMOISELLE DE CHOISY 1
- LE MOULIN D'HEILLY 1
- LE PAUVRE DIABLE 1
- LES SOIRÉES DU LIDO 1
- LES TROIS ROHAN 1

Mme ROGER DE BEAUVOIR
- CONFIDENCES DE Madelle MARS 1
- SOUS LE MASQUE 1

HENRI BÉCHADE
- LA CHASSE EN ALGÉRIE 1

Mme BEECHER STOWE
- LA CASE DE L'ONCLE TOM (*Traduction L. Pilatte*) 2
- SOUVENIRS HEUREUX (*Traduction E. Forcade.*) 3

GEORGES BELL
- SCÈNES DE LA VIE DE CHATEAU 1

A. DE BERNARD
- LE PORTRAIT DE LA MARQUISE 1

CHARLES DE BERNARD
- LES AILES D'ICARE 1
- UN BEAU PÈRE 2
- L'ÉCUEIL 1
- LE GENTILHOMME CAMPAGNARD 2
- GERFAUT 1
- UN HOMME SÉRIEUX 1
- LE NOEUD GORDIEN 1
- LE PARATONNERRE 1
- LE PARAVENT 1
- LA PEAU DU LION ET LA CHASSE AUX AMANTS 1

ÉLIE BERTHET
- LA BASTIDE ROUGE 1
- LES CHAUFFEURS 1
- LE DERNIER IRLANDAIS 1
- LA ROCHE TREMBLANTE 1

Mme CAROLINE BERTON
- LE BONHEUR IMPOSSIBLE 1
- ROSETTE 1

H. BLAZE DE BURY
- MUSICIENS CONTEMPORAINS 1

CH. E BOIGNE
- LES PETITS MÉMOIRES DE L'OPÉRA 1

COLLECTION MICHEL LÉVY — 1 FR. LE VOLUME.

J.-B. BOREDON
	vol.
GABRIEL ET FIAMMETTA	1

LOUIS BOUILHET
MÉLÆNIS, conte romain	1

RAOUL BRAVARD
L'HONNEUR DES FEMMES	1
UNE PETITE VILLE	1
LA REVANCHE DE GEORGES DANDIN	1

A. DE BRÉHAT
BRAS D'ACIER	1
SCÈNES DE LA VIE CONTEMPORAINE	1

MAX BUCHON
EN PROVINCE	1

E. L. BULWER
Traduction Am. Pichot
LA FAMILLE CAXTON	2

ÉMILIE CARLEN
Traduction Marie Souvestre
DEUX JEUNES FEMMES	1

ÉMILE CARREY
L'AMAZONE. — 8 JOURS SOUS L'ÉQUATEUR	1
— LES MÉTIS DE LA SAVANE	1
— LES RÉVOLTÉS DU PARA	1
HISTOIRE ET MŒURS KABYLES	1
RÉCITS DE LA KABYLIE	1
SCÈNES DE LA VIE EN ALGÉRIE	1

HIPPOLYTE CASTILLE
HISTOIRES DE MÉNAGE	1

CÉLESTE DE CHABRILLAN
LA SAPHO	1
LES VOLEURS D'OR	1

CHAMPFLEURY
LES AMOUREUX DE SAINTE-PÉRINE	1
AVENTURES DE MADEMOISELLE MARIETTE	1
LES BOURGEOIS DE MOLINCHART	1
CHIEN-CAILLOU	1
LES EXCENTRIQUES	1
M. DE BOISDHYVER	1
LES PREMIERS BEAUX JOURS	1
LE RÉALISME	1
LES SENSATIONS DE JOSQUIN	1
LES SOUFFRANCES DU PROFESSEUR DELTEIL	1
SOUVENIRS DES FUNAMBULES	1
LA SUCCESSION LE CAMUS	1
L'USURIER BLAIZOT	1

EUGÈNE CHAPUS
LES SOIRÉES DE CHANTILLY	1

PHILARÈTE CHASLES
LE VIEUX MÉDECIN	1

GUSTAVE CLAUDIN
POINT ET VIRGULE	1

Mme LOUISE COLET
QUARANTE-CINQ LETTRES DE BÉRANGER	1

HENRI CONSCIENCE
Traduction Léon Wocquier
AURÉLIEN	2
BATAVIA	1
LE CONSCRIT	1
LE COUREUR DES GRÈVES	1
LE DÉMON DE L'ARGENT	1
LE DÉMON DU JEU	1
LE FLÉAU DU VILLAGE	1
LE GENTILHOMME PAUVRE	1
LA GUERRE DES PAYSANS	1
HEURES DU SOIR	1
LE JEUNE DOCTEUR	1

HENRI CONSCIENCE (Suite)
	vol.
LE LION DE FLANDRE	2
LA MÈRE JOB	1
L'ORPHELINE	2
SCÈNES DE LA VIE FLAMANDE	1
SOUVENIRS DE JEUNESSE	1
LA TOMBE DE FER	1
LE TRIBUN DE GAND	2
LES VEILLÉES FLAMANDES	1

H. CORNE
SOUVENIRS D'UN PROSCRIT POLONAIS	1

P. CORNEILLE
ŒUVRES, précédées d'une notice sur sa vie et ses ouvrages	2

ARTHUR CURNILLON
MATHÉUS	1

LA COMTESSE DASH
LES BALS MASQUÉS	1
LA CHAINE D'OR	1
LES CHATEAUX EN AFRIQUE	1
LES DEGRÉS DE L'ÉCHELLE	1
LA DUCHESSE DE LAUZUN	3
LA DUCHESSE D'ÉPONNES	1
LE FRUIT DÉFENDU	1
LES GALANTERIES DE LA COUR DE LOUIS XV	4
LA RÉGENCE	1
LA JEUNESSE DE LOUIS XV	1
LES MAITRESSES DU ROI	1
LE PARC AUX CERFS	1
LE JEU DE LA REINE	1
LA JOLIE BOHÉMIENNE	1
LA MARQUISE DE PARABÈRE	1
LA MARQUISE SANGLANTE	1
LA POUDRE ET LA NEIGE	1
LE SALON DU DIABLE	1
LES SECRETS D'UNE SORCIÈRE	2

LE GÉNÉRAL DAUMAS
LES CHEVAUX DU SAHARA	1
LE GRAND DÉSERT	1

E. J. DELÉCLUZE
DONA OLIMPIA	1
MADEMOISELLE JUSTINE DE LIRON	1
LA PREMIÈRE COMMUNION	1

ÉDOUARD DELESSERT
VOYAGE AUX VILLES MAUDITES	1

PAUL DELTUF
AVENTURES PARISIENNES	1
LES PETITS MALHEURS D'UNE JEUNE FEMME	1

PAUL DHORMOYS
UNE VISITE CHEZ SOULOUQUE	1

CHARLES DICKENS
Traduction A. Pichot
CONTES DE NOEL	1
LE NEVEU DE MA TANTE	2

OCTAVE DIDIER
UNE FILLE DE ROI	1
MADAME GEORGES	1

MAXIME DU CAMP
MÉMOIRES D'UN SUICIDÉ	1
LE SALON DE 1857	1
LES SIX AVENTURES	1

ALEXANDRE DUMAS
AMAURY	1
ANGE PITOU	2
ASCANIO	2
AVENTURES DE JOHN DAVIS	2

ALEXANDRE DUMAS (Suite).

Titre	vol.
LES BALEINIERS	2
LE BATARD DE MAULÉON	3
BLACK	1
LA BOUILLIE DE LA COMTESSE BERTHE	1
LA BOULE DE NEIGE	1
BRIC-A-BRAC	2
UN CADET DE FAMILLE	3
LE CAPITAINE PAMPHILE	1
LE CAPITAINE PAUL	1
LE CAPITAINE RICHARD	1
CATHERINE BLUM	1
CAUSERIES	2
CÉCILE	1
CHARLES LE TÉMÉRAIRE	2
LE CHASSEUR DE SAUVAGINE	1
LE CHATEAU D'EPPSTEIN	2
LE CHEVALIER D'HARMENTAL	2
LE CHEVALIER DE MAISON-ROUGE	2
LA COLOMBE, Maître Adam le Calabrais	1
LE COLLIER DE LA REINE	3
LE COMTE DE MONTE-CRISTO	6
LA COMTESSE DE CHARNY	6
LA COMTESSE DE SALISBURY	2
LES CONFESSIONS DE LA MARQUISE	2
CONSCIENCE L'INNOCENT	1
LA DAME DE MONSOREAU	3
LA DAME DE VOLUPTÉ	2
LES DEUX DIANE	3
DIEU DISPOSE	2
LES DRAMES DE LA MER	1
LA FEMME AU COLLIER DE VELOURS	1
FERNANDE	1
UNE FILLE DU RÉGENT	1
LES FRÈRES CORSES	1
GABRIEL LAMBERT	1
GAULE ET FRANCE	1
GEORGES	1
UN GIL BLAS EN CALIFORNIE	1
LA GUERRE DES FEMMES	2
HISTOIRE D'UN CASSE-NOISETTE	2
L'HOROSCOPE	1
IMPRESSIONS DE VOYAGE — EN SUISSE	3
— UNE ANNÉE A FLORENCE	1
— L'ARABIE HEUREUSE	3
— LES BORDS DU RHIN	2
— LE CAPITAINE ARÉNA	1
— DE PARIS A CADIX	2
— QUINZE JOURS AU SINAÏ	1
— LE SPÉRONARE	2
— LE VÉLOCE	2
INGÉNUE	2
ISABEL DE BAVIÈRE	2
ITALIENS ET FLAMANDS	2
IVANHOÉ de W. Scott. (*Traduction*)	2
JANE	1
JEHANNE LA PUCELLE	1
LES LOUVES DE MACHECOUL	3
MADAME DE CHAMBLAY	2
LA MAISON DE GLACE	2
LE MAÎTRE D'ARMES	1
LES MARIAGES DU PÈRE OLIFUS	1
LES MÉDICIS	1
MES MÉMOIRES	10
MÉMOIRES DE GARIBALDI	2
MÉMOIRES D'UNE AVEUGLE	2
MÉMOIRES D'UN MÉDECIN (BALSAMO)	5

ALEXANDRE DUMAS (Suite).

Titre	vol.
LE MENEUR DE LOUPS	1
LES MILLE ET UN FANTÔMES	1
LES MOHICANS DE PARIS	4
LES MORTS VONT VITE	2
NAPOLÉON	1
UNE NUIT A FLORENCE	1
OLYMPE DE CLÈVES	3
LE PAGE DU DUC DE SAVOIE	2
LE PASTEUR D'ASHBOURN	2
PAULINE ET PASCAL BRUNO	1
LE PÈRE GIGOGNE	2
LE PÈRE LA RUINE	1
LA PRINCESSE FLORA	1
LES QUARANTE-CINQ	3
LA REINE MARGOT	2
LA ROUTE DE VARENNES	1
LE SALTEADOR	1
SALVATOR	5
SOUVENIRS D'ANTONY	1
LES STUARTS	1
SULTANETTA	1
SYLVANDIRE	1
LE TESTAMENT DE M. CHAUVELIN	1
TROIS MAÎTRES	2
LES TROIS MOUSQUETAIRES	2
LE TROU DE L'ENFER	1
LA TULIPE NOIRE	1
LE VICOMTE DE BRAGELONNE	6
LA VIE AU DÉSERT	2
UNE VIE D'ARTISTE	1
VINGT ANS APRÈS	3

ALEXANDRE DUMAS FILS

Titre	vol.
ANTONINE	1
AVENTURES DE QUATRE FEMMES	1
LA BOITE D'ARGENT	1
LA DAME AUX CAMÉLIAS	1
LA DAME AUX PERLES	1
DIANE DE LYS	1
LE DOCTEUR SERVANS	1
LE RÉGENT MUSTEL	1
LE ROMAN D'UNE FEMME	1
TROIS HOMMES FORTS	1
LA VIE A VINGT ANS	1

HENRI DUPIN

Titre	vol.
CINQ COUPS DE SONNETTE	1

MISS EDGEWORTH
Traduction Jousselin.

Titre	vol.
DEMAIN	1

GABRIEL D'ENTRAGUES

Titre	vol.
HISTOIRES D'AMOUR ET D'ARGENT	1

ERCKMANN-CHATRIAN

Titre	vol.
L'ILLUSTRE DOCTEUR MATHÉUS	1

XAVIER EYMA

Titre	vol.
AVENTURIERS ET CORSAIRES	1
LES FEMMES DU NOUVEAU MONDE	1
LES PEAUX NOIRES	1
LES PEAUX ROUGES	1
LE ROI DES TROPIQUES	1
LE TRÔNE D'ARGENT	1

PAUL FÉVAL

Titre	vol.
ALIZIA PAULI	1
LES AMOURS DE PARIS	2
LE BERCEAU DE PARIS	1
BLANCHEFLEUR	1

COLLECTION MICHEL LÉVY. — 1 FR. LE VOLUME.

PAUL FÉVAL (Suite).
	vol.
LE BOSSU OU LE PETIT PARISIEN	3
LE CAPITAINE SIMON	1
LES COMPAGNONS DU SILENCE	3
LES DERNIÈRES FÉES	1
LES FANFARONS DU ROI	1
LE FILS DU DIABLE	4
LE TUEUR DE TIGRES	1

GUSTAVE FLAUBERT
MADAME BOVARY	2

PAUL FOUCHER
LA VIE DE PLAISIR	1

ARNOULD FRÉMY
LES CONFESSIONS D'UN BOHÉMIEN	1
LES MAITRESSES PARISIENNES	2

GALOPPE D'ONQUAIRE
LE DIABLE BOITEUX A PARIS	1
LE DIABLE BOITEUX EN PROVINCE	1
LE DIABLE BOITEUX AU VILLAGE	1
LE DIABLE BOITEUX AU CHATEAU	1

THÉOPHILE GAUTIER
L'ART MODERNE	1
LES BEAUX-ARTS EN EUROPE	2
CONSTANTINOPLE	1
LES GROTESQUES	1

SOPHIE GAY
ANATOLE	1
LE COMTE DE GUICHE	1
LA COMTESSE D'EGMONT	1
LA DUCHESSE DE CHATEAUROUX	1
ELLÉNORE	2
LE FAUX FRÈRE	1
LAURE D'ESTELL	1
LÉONIE DE MONTBREUSE	1
LES MALHEURS D'UN AMANT HEUREUX	1
UN MARIAGE SOUS L'EMPIRE	1
MARIE DE MANCINI	1
MARIE-LOUISE D'ORLÉANS	1
LE MOQUEUR AMOUREUX	1
PHYSIOLOGIE DU RIDICULE	1
SALONS CÉLÈBRES	1
SOUVENIRS D'UNE VIEILLE FEMME	1

JULES GÉRARD
LA CHASSE AU LION, *orné de 12 gravures de G. Doré*	1

GÉRARD DE NERVAL
LA BOHÊME GALANTE	1
LES FILLES DU FEU	1
LE MARQUIS DE FAYOLLE	1
SOUVENIRS D'ALLEMAGNE	1

FULGENCE GIRARD
UN CORSAIRE SOUS L'EMPIRE	1

ÉMILE DE GIRARDIN
ÉMILE	1

Mme ÉMILE DE GIRARDIN
CONTES D'UNE VIEILLE FILLE A SES NEVEUX	1
LA CROIX DE BERNY (*en société avec Th. Gautier, Méry et Jules Sandeau*)	1
MARGUERITE	1
M. LE MARQUIS DE PONTANGES	1
NOUVELLES : Le Lorgnon. — La Canne de M. de Balzac. — Il ne faut pas jouer avec la douleur	1

Mme ÉMILE DE GIRARDIN (Suite)
	vol.
POÉSIES COMPLÈTES	1
LE VICOMTE DE LAUNAY. — Lettres parisiennes. — *Édition complète*	4

GOETHE
Traduction N. Fournier
WERTHER, précédé d'une notice, par Henri Heine	1
HERMANN ET DOROTHÉE	1

LÉON GOZLAN
LE BARIL DE POUDRE D'OR	1
LES CHATEAUX DE FRANCE	2
LA COMÉDIE ET LES COMÉDIENS	1
LA DERNIÈRE SŒUR GRISE	1
LE DRAGON ROUGE	1
LES ÉMOTIONS DE POLYDORE MARASQUIN	1
LA FAMILLE LAMBERT	1
LA FOLLE DU LOGIS	1
HISTOIRE DE 130 FEMMES	1
LE MÉDECIN DU PECQ	1
LE NOTAIRE DE CHANTILLY	1
LES NUITS DU PÈRE LACHAISE	1

Mme MANOEL DE GRANDFORT
L'AUTRE MONDE	1

GRANIER DE CASSAGNAC
DANAÉ	1

LÉON HILAIRE
NOUVELLES FANTAISISTES	1

HILDEBRAND
Traduction Léon Wocquier
LA CHAMBRE OBSCURE	1
SCÈNES DE LA VIE HOLLANDAISE	1

ARSÈNE HOUSSAYE
L'AMOUR COMME IL EST	1
LES FEMMES COMME ELLES SONT	1
LA VERTU DE ROSINE	1

CHARLES HUGO
LA BOHÊME DORÉE	2
LA CHAISE DE PAILLE	1

F. VICTOR HUGO
Traducteur
LE FAUST ANGLAIS DE MARLOWE	1
SONNETS DE SHAKSPEARE	1

F. HUGONNET
SOUVENIRS D'UN CHEF DE BUREAU ARABE	1

JULES JANIN
L'ANE MORT	1
LE CHEMIN DE TRAVERSE	1
UN CŒUR POUR DEUX AMOURS	1
LA CONFESSION	1

CHARLES JOBEY
L'AMOUR D'UN NÈGRE	1

PAUL JUILLERAT
LES DEUX BALCONS	1

ALPHONSE KARR
AGATHE ET CÉCILE	1
LE CHEMIN LE PLUS COURT	1
CLOTILDE	1
CLOVIS GOSSELIN	1
CONTES ET NOUVELLES	1
DEVANT LES TISONS	1
LES FEMMES	1
ENCORE LES FEMMES	1
LA FAMILLE ALAIN	1

ALPHONSE KARR (suite).

	vol.
FEU BRESSIER	1
LES FLEURS	1
GENEVIÈVE	1
LES GUÊPES	6
HORTENSE	1
MENUS PROPOS	1
MIDI À QUATORZE HEURES	1
LA PÊCHE EN EAU DOUCE ET EN EAU SALÉE	1
LA PÉNÉLOPE NORMANDE	1
UNE POIGNÉE DE VÉRITÉS	1
PROMENADES HORS DE MON JARDIN	1
RAOUL	1
ROSES NOIRES ET ROSES BLEUES	1
LES SOIRÉES DE SAINTE-ADRESSE	1
SOUS LES ORANGERS	1
SOUS LES TILLEULS	1
TROIS CENTS PAGES	1
VOYAGE AUTOUR DE MON JARDIN	1

KAUFFMANN
BRILLAT LE MENUISIER . . . 1

LEOPOLD KOMPERT
Traduction Daniel Stauben.
LES JUIFS DE LA BOHÊME . . . 1
SCÈNES DU GHETTO . . . 1

DE LACRETELLE
LA POSTE AUX CHEVAUX . . . 1

Mme LAFARGE
née Marie Capelle
HEURES DE PRISON . . . 1

G. DE LA LANDELLE
LES PASSAGÈRES . . . 1

CHARLES LAFONT
LES LÉGENDES DE LA CHARITÉ . . . 1

STEPHEN DE LA MADELAINE
LE SECRET D'UNE RENOMMÉE . . . 1

JULES DE LA MADELÈNE
LES AMES EN PEINE . . . 1
LE MARQUIS DES SAFFRAS . . . 1

A. DE LAMARTINE
ANTAR	1
BOSSUET	1
CHRISTOPHE COLOMB	1
CICÉRON	1
LES CONFIDENCES	1
CROMWELL	1
FÉNELON	1
GENEVIÈVE, histoire d'une servante	1
GRAZIELLA	1
GUILLAUME TELL	1
HÉLOÏSE ET ABÉLARD	1
HOMÈRE et SOCRATE	1
JEANNE D'ARC	1
JACQUARD	1
Mme DE SÉVIGNÉ	1
NELSON	1
NOUVELLES CONFIDENCES	1
RÉGINA	1
RUSTEM	1
TOUSSAINT-LOUVERTURE	1

VICTOR DE LAPRADE
PSYCHÉ . . . 1

CHARLES DE LA ROUNAT
LA COMÉDIE DE L'AMOUR . . . 1

THÉOPHILE LAVALLÉE
HISTOIRE DE PARIS . . . 2

JULES LECOMTE
	vol.
LE POIGNARD DE CRISTAL	1

CARLE LEDHUY
LE CAPITAINE D'AVENTURES . . . 1
LE FILS MAUDIT . . . 1

LEOUZON LE DUC
L'EMPEREUR ALEXANDRE II . . . 1

LOUIS LURINE
ICI L'ON AIME . . . 1

FÉLICIEN MALLEFILLE
LE CAPITAINE LAROSE . . . 1
MARCEL . . . 1
MÉMOIRES DE DON JUAN . . . 1
MONSIEUR CORBEAU . . . 1

CH. MARCOTTE DE QUIVIÈRES
DEUX ANS EN AFRIQUE, avec une introduction du bibliophile *Jacob* . . . 1

MARIVAUX
THÉATRE, précédé d'une notice sur sa vie et ses ouvrages par *Paul de St-Victor* . . . 1

X. MARMIER
AU BORD DE LA NÉVA . . . 1
LES DRAMES INTIMES . . . 1
UNE GRANDE DAME RUSSE . . . 1
HISTOIRES ALLEMANDES ET SCANDINAVES . . . 1

LE DOCTEUR FÉLIX MAYNARD
UN DRAME DANS LES MERS BORÉALES . . . 1
JOURNAL D'UNE DAME ANGLAISE. — De Delhi à Cawnpore . . . 1
VOYAGES ET AVENTURES AU CHILI . . . 1

MÉRY
ANDRÉ CHÉNIER	1
LA CHASSE AU CHASTRE	1
LE CHATEAU DES TROIS TOURS	1
LE CHATEAU VERT	1
UNE CONSPIRATION AU LOUVRE	1
LES DAMNÉS DE L'INDE	1
UNE HISTOIRE DE FAMILLE	1
UNE NUIT DU MIDI	1
LES NUITS ANGLAISES	1
LES NUITS D'ORIENT	1
LES NUITS ITALIENNES	1
LES NUITS PARISIENNES	1
SALONS ET SOUTERRAINS DE PARIS	1

PAUL MEURICE
SCÈNES DU FOYER (LA FAMILLE AUBRY) . 1
LES TYRANS DE VILLAGE . . . 1

PAUL DE MOLÈNES
AVENTURES DU TEMPS PASSÉ . . . 1
CARACTÈRES ET RÉCITS DU TEMPS . . . 1
CHRONIQUES CONTEMPORAINES . . . 1
HISTOIRES INTIMES . . . 1
HISTOIRES SENTIMENTALES ET MILITAIRES . 1
MÉMOIRES D'UN GENTILHOMME DU SIÈCLE DERNIER . . . 1

MOLIÈRE
ŒUVRES COMPLÈTES. — *Nouvelle édition publiée par* PHILARÈTE CHASLES . . . 5

Mme MOLINOS-LAFITTE
L'ÉDUCATION DU FOYER . . . 1

COLLECTION MICHEL LÉVY. — 1 FR. LE VOLUME.

HENRY MONNIER
	vol.
MÉMOIRES DE M. JOSEPH PRUDHOMME	2

CHARLES MONSELET
M. DE CUPIDON	1

LE COMTE DE MOYNIER
BOHÉMIENS ET GRANDS SEIGNEURS	1

HÉGÉSIPPE MOREAU
ŒUVRES, avec une notice par *Louis Ratisbonne*	1

FÉLIX MORNAND
PERNERETTE	1
LA VIE ARABE	1

HENRY MURGER
LES BUVEURS D'EAU	1
LE DERNIER RENDEZ-VOUS	1
MADAME OLYMPE	1
LE PAYS LATIN	1
PROPOS DE VILLE ET PROPOS DE THÉATRE	1
LE ROMAN DE TOUTES LES FEMMES	1
SCÈNES DE CAMPAGNE	1
SCÈNES DE LA VIE DE BOHÈME	1
SCÈNES DE LA VIE DE JEUNESSE	1
LE SABOT ROUGE	1
LES VACANCES DE CAMILLE	1

A. DE MUSSET, DE BALZAC, G. SAND
PARIS ET LES PARISIENS	1
LES PARISIENNES A PARIS	1
LE TIROIR DU DIABLE	1

PAUL DE MUSSET
LA BAVOLETTE	1
PUYLAURENS	1

NADAR
LE MIROIR AUX ALOUETTES	1
QUAND J'ÉTAIS ÉTUDIANT	1

HENRI NICOLLE
LE TUEUR DE MOUCHES	1

CHARLES NODIER
Traducteur
LE VICAIRE DE WAKEFIELD	1

ÉDOUARD OURLIAC
LES GARNACHES	1

L. LAURENT-PICHAT
LA PAÏENNE	1

AMÉDÉE PICHOT
UN DRAME EN HONGRIE	1
L'ÉCOLIER DE WALTER SCOTT	2
LA FEMME DU CONDAMNÉ	1
LES POÈTES AMOUREUX	1

PAUL PERRET
LES BOURGEOIS DE CAMPAGNE	1
HISTOIRE D'UNE JOLIE FEMME	1

EDGAR POE
Traduction Ch. Baudelaire
AVENTURES D'ARTHUR GORDON PYM	1
HISTOIRES EXTRAORDINAIRES	1
NOUVELLES HISTOIRES EXTRAORDINAIRES	1

F. PONSARD
ÉTUDES ANTIQUES	1

A. DE PONTMARTIN
	vol.
CONTES D'UN PLANTEUR DE CHOUX	1
CONTES ET NOUVELLES	1
LA FIN DU PROCÈS	1
MÉMOIRES D'UN NOTAIRE	1
OR ET CLINQUANT	1
POURQUOI JE RESTE A LA CAMPAGNE	1

L'ABBÉ PRÉVOST
MANON LESCAUT, précédée d'une Étude par *John Lemoinne*	1

MISS ANNE RADCLIFFE
Trad. N. Fournier
LES MYSTÈRES DU CHATEAU D'UDOLPHE	2

MAX RADIGUET
SOUVENIRS DE L'AMÉRIQUE ESPAGNOLE	1

RAOUSSET-BOULBON
UNE CONVERSION	1

B. H. REVOIL
Traducteur
LE DOCTEUR AMÉRICAIN	1
LES HAREMS DU NOUVEAU MONDE	1

LOUIS REYBAUD
CE QU'ON PEUT VOIR DANS UNE RUE	1
CÉSAR FALEMPIN	1
LA COMTESSE DE MAULÉON	1
LE COQ DU CLOCHER	1
LE DERNIER DES COMMIS VOYAGEURS	1
ÉDOUARD MONGERON	1
L'INDUSTRIE EN EUROPE	1
JÉRÔME PATUROT à la recherche de la meilleure des Républiques	1
JÉRÔME PATUROT à la recherche d'une position sociale	1
MARIE BRONTIN	1
MATHIAS L'HUMORISTE	1
PIERRE MOUTON	1
LA VIE A REBOURS	1
LA VIE DE CORSAIRE	1

AMÉDÉE ROLLAND
LES MARTYRS DU FOYER	1

NESTOR ROQUEPLAN
REGAIN : LA VIE PARISIENNE	1

JULES DE SAINT-FÉLIX
SCÈNES DE LA VIE DE GENTILHOMME	1
LE GANT DE DIANE	1
MADEMOISELLE ROSALINDE	1

FRANCIS DE SAINT-LARY
LES CHUTES FATALES	1

GEORGE SAND
ADRIANI	1
LE CHATEAU DES DÉSERTES	1
LE COMPAGNON DU TOUR DE FRANCE	2
LA COMTESSE DE RUDOLSTADT	3
CONSUELO	3
LA DANIELLA	2
LA DERNIÈRE ALDINI	1
LE DIABLE AUX CHAMPS	1
LA FILLEULE	1
HISTOIRE DE MA VIE	10
L'HOMME DE NEIGE	3
HORACE	1

GEORGE SAND (Suite)

	vol.
ISIDORA	1
JACQUES	1
JEANNE	1
LÉLIA. — Métella. — Melchior. — Cora	2
LUCREZIA FLORIANI. — Lavinia	1
LES MAITRES SONNEURS	1
LE MEUNIER D'ANGIBAULT	1
NARCISSE	1
LE PÉCHÉ DE M. ANTOINE	2
LE PICCININO	2
LE SECRÉTAIRE INTIME	1
SIMON	1
TEVERINO. — Léone Léoni	1
L'USCOQUE	1

JULES SANDEAU

CATHERINE	1
NOUVELLES	1
SACS ET PARCHEMINS	1

EUGÈNE SCRIBE

THÉATRE (Ouvrage complet)	20
COMÉDIES	3
OPÉRAS	2
OPÉRAS-COMIQUES	5
COMÉDIES-VAUDEVILLES	10

ALBÉRIC SECOND

A QUOI TIENT L'AMOUR	1
CONTES SANS PRÉTENTION	1

FRÉDÉRIC SOULIÉ

AU JOUR LE JOUR	1
LES AVENTURES DE SATURNIN FICHET	2
LE BANANIER. — EULALIE PONTOIS	1
LE CHATEAU DES PYRÉNÉES	2
LE COMTE DE FOIX	1
LE COMTE DE TOULOUSE	1
LA COMTESSE DE MONRION	1
CONFESSION GÉNÉRALE	2
LE CONSEILLER D'ÉTAT	1
CONTES POUR LES ENFANTS	1
LES DEUX CADAVRES	1
DIANE ET LOUISE	1
LES DRAMES INCONNUS	4
LA MAISON N° 3 DE LA RUE DE PROVENCE	1
AVENTURES D'UN CADET DE FAMILLE	1
LES AMOURS DE VICTOR BONSENNE	1
OLIVIER DUHAMEL	1
UN ÉTÉ A MEUDON	1
LES FORGERONS	1
HUIT JOURS AU CHATEAU	1
LA LIONNE	1
LE MAGNÉTISEUR	1
UN MALHEUR COMPLET	1
MARGUERITE. — LE MAÎTRE D'ÉCOLE	1
LES MÉMOIRES DU DIABLE	3
LE PORT DE CRÉTEIL	1
LES PRÉTENDUS	1
LES QUATRE ÉPOQUES	1

FRÉDÉRIC SOULIÉ (Suite)

	vol.
LES QUATRE NAPOLITAINES	2
LES QUATRE SŒURS	1
UN RÊVE D'AMOUR. — LA CHAMBRIÈRE	1
SATHANIEL	1
SI JEUNESSE SAVAIT, SI VIEILLESSE POUVAIT	2
LE VICOMTE DE BÉZIERS	1

ÉMILE SOUVESTRE

LES ANGES DU FOYER	1
AU BORD DU LAC	1
AU COIN DU FEU	1
CAUSERIES HISTORIQUES ET LITTÉRAIRES	3
CHRONIQUES DE LA MER	1
LES CLAIRIÈRES	1
CONFESSIONS D'UN OUVRIER	1
CONTES ET NOUVELLES	1
DANS LA PRAIRIE	1
LES DERNIERS BRETONS	2
LES DERNIERS PAYSANS	1
DEUX MISÈRES	1
LES DRAMES PARISIENS	1
L'ÉCHELLE DE FEMMES	1
EN FAMILLE	1
EN QUARANTAINE	1
LE FOYER BRETON	2
LA GOUTTE D'EAU	1
HISTOIRES D'AUTREFOIS	1
L'HOMME ET L'ARGENT	1
LA LUNE DE MIEL	1
LE MAT DE COCAGNE	1
LE MÉMORIAL DE FAMILLE	1
LE MENDIANT DE SAINT-ROCH	1
LE MONDE TEL QU'IL SERA	1
LE PASTEUR D'HOMMES	1
LES PÉCHÉS DE JEUNESSE	1
PENDANT LA MOISSON	1
UN PHILOSOPHE SOUS LES TOITS	1
PIERRE ET JEAN	1
RÉCITS ET SOUVENIRS	1
LES RÉPROUVÉS ET LES ÉLUS	2
RICHE ET PAUVRE	1
LE ROI DU MONDE	2
SCÈNES DE LA CHOUANNERIE	1
SCÈNES DE LA VIE INTIME	1
SCÈNES ET RÉCITS DES ALPES	1
LES SOIRÉES DE MEUDON	1
SOUS LA TONNELLE	1
SOUS LES FILETS	1
SOUS LES OMBRAGES	1
SOUVENIRS D'UN BAS-BRETON	2
SOUVENIRS D'UN VIEILLARD, la dernière étape	1
SUR LA PELOUSE	1
THÉATRE DE LA JEUNESSE	1
TROIS FEMMES	1

MARIE SOUVESTRE

PAUL FERROLL, traduit de l'anglais	1

DANIEL STAUBEN

SCÈNES DE LA VIE JUIVE EN ALSACE	1

DE STENDHAL (H. BEYLE)

	vol.
DE L'AMOUR	1
CHRONIQUES ET NOUVELLES	1
LA CHARTREUSE DE PARME	1
CHRONIQUES ITALIENNES	1
MÉMOIRES D'UN TOURISTE	2
PROMENADES DANS ROME	2
LE ROUGE ET LE NOIR	1

EUGÈNE SUE

ADÈLE VERNEUIL	1
LA BONNE AVENTURE	2
CLÉMENCE HERVÉ	1
LES FILS DE FAMILLE	3
GILBERT ET GILBERTE	3
LA GRANDE DAME	1
LES SECRETS DE L'OREILLER	3
LES SEPT PÉCHÉS CAPITAUX	6
L'ORGUEIL	2
L'ENVIE. — LA COLÈRE	2
LA LUXURE. — LA PARESSE	1
L'AVARICE. — LA GOURMANDISE	1

Mme DE SURVILLE

BALZAC, SA VIE ET SES ŒUVRES	1

FRANÇOIS TALON

LES MARIAGES MANQUÉS	1

E. TEXIER

AMOUR ET FINANCE	1

WILLIAM THACKERAY
Traduction W. Hugues

LES MÉMOIRES D'UN VALET DE PIED	1

LOUIS ULBACH

	vol.
L'HOMME AUX CINQ LOUIS D'OR	1
LES SECRETS DU DIABLE	1
SUZANNE DUCHEMIN	1
LA VOIX DU SANG	1

JULES DE WAILLY FILS

SCÈNES DE LA VIE DE FAMILLE	1

OSCAR DE VALLÉE

LES MANIEURS D'ARGENT	1

VALOIS DE FORVILLE

LE COMTE DE SAINT-POL	1
LE CONSCRIT DE L'AN VIII	1
LE MARQUIS DE PAZAVAL	1

MAX VALREY

LES FILLES SANS DOT	1
MARTHE DE MONBRUN	1

V. VERNEUIL

MES AVENTURES AU SÉNÉGAL	1

LE DOCTEUR L. VÉRON

CINQ CENT MILLE FRANCS DE RENTE	1
MÉMOIRES D'UN BOURGEOIS DE PARIS	5

CHARLES VINCENT ET DAVID

LE TUEUR DE BRIGANDS	1

FRANCIS WEY

LES ANGLAIS CHEZ EUX	1
LONDRES IL Y A CENT ANS	1

BIBLIOTHÈQUE DES VOYAGEURS

1 FRANC LE VOLUME

Jolis volumes format in-32, papier vélin.

	vol.		vol.
ÉMILE AUGIER		**Mme MANNOURY-LACOUR**	
LES PARIÉTAIRES, poésies	1	ASPHODÈLES	1
THÉODORE DE BANVILLE		SOLITUDES. — 2e *édition*	1
ODELETTES	1	**MÉRY**	
LES PAUVRES SALTIMBANQUES	1	ANGLAIS ET CHINOIS	1
LA VIE D'UNE COMÉDIENNE	1	HISTOIRE D'UNE COLLINE	1
CHARLES DESMAZE		**HENRY MURGER**	
MAURICE QUENTIN DE LA TOUR, peintre du roi Louis XV	1	BALLADES ET FANTAISIES	1
		PROPOS DE VILLE ET PROPOS DE THÉATRE	1
A. DE LAMARTINE		**F. PONSARD**	
LES VISIONS	1	HOMÈRE, poème	1
ALFRED DE LÉRIS		**JULES SANDEAU**	
MES VIEUX AMIS	1	LE CHATEAU DE MONTSABREY	1
TROIS NOUVELLES ET UN CONTE	1	OLIVIER	1
ALBERT LHERMITE		***	
UN SCEPTIQUE S'IL VOUS PLAIT	1	PARIS CHEZ MUSARD	1

COLLECTION A 50 CENTIMES LE VOLUME

Format grand in-32, sur beau papier vélin.

	vol.		vol.
UN ASTROLOGUE		**MICHELET**	
LA COMÈTE ET LE CROISSANT, présages et prophéties sur la Guerre d'Orient	1	POLOGNE ET RUSSIE	1
GUSTAVE CLAUDIN		**LÉON PAILLET**	
PALSAMBLEU	1	VOLEURS ET VOLÉS	1
Mme LOUISE COLET		**PETIT-SENN**	
QUATRE POEMES couronnés par l'Académie	1	BLUETTES ET BOUTADES	1
ALEXANDRE DUMAS		**NESTOR ROQUEPLAN**	
LA JEUNESSE DE PIERROT, conte de fée	1	LES COULISSES DE L'OPÉRA	1
MARIE DORVAL	1	**AURÉLIEN SCHOLL**	
		CLAUDE LE BORGNE	1
Mme MANOEL DE GRANDFORT		**EDMOND TEXIER**	
COMMENT ON S'AIME LORSQU'ON NE S'AIME PLUS	1	UNE HISTOIRE D'HIER	1
HENRY DE LA MADELÈNE		**H. DE VILLEMESSANT**	
GERMAIN BARBEBLEUE	1	LES CANCANS	1
MÉRY		**WARNER**	
LES AMANTS DU VÉSUVE	1	SCHAMYL, le Prophète du Caucase	1

COLLECTION HETZEL ET LÉVY

1 FRANC LE VOLUME

Jolis volumes format in-32, papier vélin.

BAÏSSAC
vol.
LES FEMMES DANS LES TEMPS ANCIENS. 1
LES FEMMES DANS LES TEMPS MODERNES. 1

H. DE BALZAC
LES FEMMES 1
MAXIMES ET PENSÉES 1

A. DE BELLOY
PHYSIONOMIES CONTEMPORAINES 1
PORTRAITS ET SOUVENIRS 1

ALFRED BOUGEARD
LES MORALISTES OUBLIÉS 1

A. DE BRÉHAT
LE CHATEAU DE KERMARIA 1
UN DRAME A CALCUTTA 1
SÉRAPHINA DARISPE 1

CHAMPFLEURY
M. DE BOISDHYVER 3

ÉMILE DESCHANEL
LE BIEN QU'ON A DIT DE L'AMOUR 1
LE BIEN ET LE MAL QU'ON A DIT DES
  ENFANTS 1
LE BIEN QU'ON A DIT DES FEMMES 1
LES COURTISANES GRECQUES 1
HISTOIRE DE LA CONVERSATION 1
LE MAL QU'ON A DIT DE L'AMOUR 1
LE MAL QU'ON A DIT DES FEMMES 1

XAVIER EYMA
EXCENTRICITÉS AMÉRICAINES 1

THÉOPHILE GAUTIER
AVATAR 1
JETTATURA 1

GOETHE
Traduction Édouard Grenier
LE RENARD 1

OLIVIER GOLDSMITH
Traduction Alphonse Esquiros
VOYAGE D'UN CHINOIS EN ANGLETERRE. 1

LÉON GOZLAN
BALZAC EN PANTOUFLES 1
LES MAÎTRESSES A PARIS 1
UNE SOIRÉE DANS L'AUTRE MONDE 1

LE COMTE F. DE GRAMMONT
COMMENT ON SE MARIE 1
COMMENT ON VIENT ET COMMENT ON
  S'EN VA 1

CHARLES JOLIET
vol.
L'ESPRIT DE DIDEROT 1

LAURENT JAN
MISANTHROPIE SANS REPENTIR 1

JULES JANIN
LA COMTESSE D'EGMONT 1

E. DE LA BÉDOLLIÈRE
HISTOIRE DE LA MODE EN FRANCE 1

LARCHER ET JULLIEN
CE QU'ON A DIT DE LA FIDÉLITÉ ET DE
  L'INFIDÉLITÉ 1

HENRY MONNIER
LES BOURGEOIS AUX CHAMPS 1
COMÉDIES BOURGEOISES 1
CROQUIS A LA PLUME 1
GALERIE D'ORIGINAUX 1
LES PETITES GENS 1
SCÈNES PARISIENNES 1

CHARLES MONSELET
LA CUISINIÈRE POÉTIQUE 1
LE MUSÉE SECRET DE PARIS 1

ALFRED DE MUSSET
Mlle MIMI PINSON 1
VOYAGE OU IL VOUS PLAIRA 1

EUGÈNE NOEL
RABELAIS 1
LA VIE DES FLEURS ET DES FRUITS ... 1

LOUIS RATISBONNE
AU PRINTEMPS DE LA VIE 1

P. J. STAHL
DE L'AMOUR ET DE LA JALOUSIE 1
LES BIJOUX PARLANTS 1
L'ESPRIT DES FEMMES ET LES FEMMES
  D'ESPRIT 1
L'ESPRIT DE VOLTAIRE 1
HISTOIRE D'UN PRINCE ET D'UNE PRIN-
  CESSE, souvenirs de Spa 1

LOUIS ULBACH
L'HOMME AUX CINQ LOUIS D'OR 2

OUVRAGES ILLUSTRÉS

MISSION DE PHÉNICIE (1860-1861)

Par M. ERNEST RENAN. — Planches exécutées sous la direction de M. THOBOIS, architecte. L'ouvrage se composera de 10 ou 12 livraisons. — Chaque livraison, in-folio. Prix : 10 fr.

VOYAGES ET AVENTURES DANS L'AFRIQUE ÉQUATORIALE

Mœurs et coutumes des habitants. — Chasses au gorille, au crocodile, au léopard, à l'éléphant. à l'hippopotame, etc., par PAUL DU CHAILLU, membre correspondant de la Société géographique de New-York, de la Société d'histoire naturelle de Boston, et de la Société ethnographique américaine, avec illustrations et cartes. Edition française revue et augmentée. — 1 vol. grand in-8°. — Prix : broché 15 fr.; demi-reliure chagrin, plats toile, doré sur tranches. Prix : 20 fr.

VOYAGE DANS LES MERS DU NORD
A BORD DE LA CORVETTE LA REINE-HORTENSE

Par CHARLES EDMOND. — 2me édition. — 1 vol. grand in-8, illustré de vignettes, de culs-de-lampe et de têtes de chapitres dessinés par KARL GIRARDET, d'après CH. GIRAUD. Prix br. : 15 fr.; demi-rel. chagrin, plats toile, doré sur tranches. Prix : 20 fr.

L'ASSEMBLÉE NATIONALE COMIQUE

180 dessins inédits de CHAM, texte par A. LIREUX. — 1 vol. très-grand in-8. Prix, broché : 14 fr; demi-reliure chagrin, plats toile, doré sur tranches. Prix : 20 fr.

JÉROME PATUROT A LA RECHERCHE DE LA MEILLEURE DES RÉPUBLIQUES

Par LOUIS REYBAUD, illustré par TONY JOHANNOT. — 1 vol. très-grand in-8, contenant 160 vignettes dans le texte et 30 types. — Prix : broché, 15 fr.; demi-reliure chagrin, plats toile, doré sur tranches. Prix : 20 fr.

LE FAUST DE GŒTHE

Traduction revue et complète, précédée d'un Essai sur Gœthe, par HENRI BLAZE; édition illustrée de 9 vignettes de TONY JOHANNOT et d'un nouveau portrait de Gœthe, gravé sur acier par LANGLOIS, et tirés sur papier de Chine. — 1 vol. gr. in-8. Prix : broché, 8 fr.; demi-reliure chagrin, plats toile, doré sur tranches. Prix : 12 fr.

THÉATRE COMPLET DE VICTOR HUGO

1 vol. gr. in-8, orné du portrait de Victor Hugo et de 6 grav. sur acier, d'après les dessins de RAFFET, L. BOULANGER, J. DAVID, etc. — Prix : broché, 6 fr. 50. Demi-reliure chagrin, plats toile, doré sur tranches. Prix : 11 fr.

CONTES RÉMOIS

Par le comte DE CHEVIGNÉ. — 4e édition, illustrée de 34 dessins de MEISSONIER. — 1 vol. grand in-18. Prix : 3 fr.; in-8 carré. Prix : 7 fr. 50. — Il reste quelques exemplaires du même ouvrage, tirés sur grand raisin vélin, 20 fr.; sur papier de Hollande, gravures tirées à part sur papier de Chine. Prix : 60 fr.

LA COMÉDIE ENFANTINE

Par LOUIS RATISBONNE, illustrée par GOBERT et FROMENT, 2e édition. — 1 vol. gr. in-8°. — Prix : broché, 10 fr.; relié en toile avec plaques spéciales, doré sur tranches. 14 fr.; demi-reliure chagrin, plats toile, doré sur tranches. Prix : 14 fr.

LE RENARD DE GŒTHE

Traduit par ÉDOUARD GRENIER, illustré par KAULBACH. — 1 volume grand in-8°. Prix : broché 10 fr.; demi-reliure chagrin, plats toile, doré sur tranches. Prix : 15 fr.

CONTES BRABANÇONS

Par CHARLES DE COSTER, illustrés par MM. DE GROUX, DE SCHAMPHELEER, DURWÉE, FÉLICIEN ROPS, VAN CAMP et OTTO VON THOREN, grav. par WILLIAM BROWN — 1 beau vol. in-8°. Prix : 5 fr.

LE 101e RÉGIMENT

Par JULES NORIAC — 1 volume grand in-16, illustré de 84 dessins. — Prix : 4 fr. 50.; demi-reliure chagrin, plats toile, doré sur tranches. Prix : 6 fr. 50.

CONTES D'UN VIEIL ENFANT

Par **FEUILLET DE CONCHES**, 2ᵉ édition. Ouvrage imprimé avec le plus grand soin, illustré de 35 gravures sur bois. — 1 vol. grand in-8 jésus, papier de choix, glacé et satiné. Prix : broché, 8 fr.—Richement relié, tranche dorée. Prix : 12 fr.

SCÈNES DU JEUNE AGE

Par **Mᵐᵉ SOPHIE GAY**, illustrées de 12 belles gravures exécutées avec le plus grand soin. — 1 vol. grand in-8. Prix : 6 fr. — Demi-reliure chagrin, plats toile, tranche dorée. Prix : 10 fr.

LES AVENTURES DU CHEVALIER JAUFRE

Par **MARY LAFON**, ouvrage splendidement illustré de 20 gravures sur bois tirées à part et dessinées par **GUSTAVE DORÉ**. — 1 vol. grand in-8 jésus, papier glacé satiné. Prix : 7 fr. 50. — Demi-reliure chagrin, plats toile, tranche dorée. Prix : 12 fr.

PARIS AU BOIS

Par **E. GOURDON**. Magnifique volume in-8, illustré de 16 gravures hors-texte, par **E. MORIN**. Prix : 10 fr.—Demi-reliure chagrin, plats toile, tranche dorée. Prix : 15 fr.

LA CHASSE AU LION

Par **JULES GÉRARD** (*le Tueur de lions*). Ornée de 11 belles gravures et d'un portrait dessinés par **GUSTAVE DORÉ**. — 1 vol. grand in-8 jésus. Prix, broché : 7 fr. 50. — — Demi-reliure chagrin, plats toile, tranche dorée. Prix : 12 fr.

FIERABRAS

Par **MARY LAFON**. Ouvrage imprimé avec le plus grand soin, illustré de 12 gravures sur bois tirées hors texte, dessinées par **GUSTAVE DORÉ**, et gravées par des artistes anglais. — 1 volume grand in-8 jésus, papier de choix, glacé et satiné. Prix, broché : 7 fr. 50 c. — Demi-reliure chagrin, plats toile, tranche dorée. Prix : 12 fr.

LE ROYAUME DES ENFANTS, SCÈNES DE LA VIE DE FAMILLE

Par **Mᵐᵉ MOLINOS-LAFFITTE**. Illustré de 12 belles gravures par **FATH**. —Un volume grand in-8. Prix : 6 fr. — Demi-reliure chagrin, plats toile, tranche dorée. Prix : 10 fr.

LA DAME DE BOURBON

Par **MARY LAFON**. — 1 volume grand in-16, illustré de 45 dessins. — Prix : 5 fr. ; demi-reliure chagrin, plats toile, doré sur tranches. Prix : 7 fr.

NADAR JURY AU SALON DE 1857

1,000 COMPTES RENDUS. — 150 DESSINS. — **Prix : 1 fr.**

ALBUMS COMIQUES DE CHAM

Chaque Album, avec une jolie couverture gravée, contient 60 dessins d'Actualités.
Prix de chaque Album : 1 franc.

Salmigondis. — Macédoine. — Salon de 1857. — Saison des Eaux. — Nouvelles pochades. — Croquis de printemps. — Ces bons Chinois. — Les Charges parisiennes. Cours de géométrie. — Nouvelles fariboles. — Souvenirs comiques. — Chasses et courses. — Les Kaiserlicks. — Revue du Salon de 1853. — Olla Podrida. — Emotions de chasse. — L'Age d'argent. — Paris s'amuse. — Folies parisiennes. — Un peu de tout Fariboles. — Parisiens et Parisiennes. — Croquis variés. — L'Arithmétique illustrée. — Paris l'hiver. — Croquis d'automne. — Ces bons Parisiens. — Nouveaux Croquis de chasse. — La Bourse illustrée. — Le Bal masqué. — Le Calendrier. — Croquis militaires. — Les Chinoiseries. — Encore un Album. — Les Français en Chine. — Ces jolis messieurs et ces charmantes petites dames.

LES GRANDES USINES DE FRANCE

Par TURGAN. — *Les grandes Usines de France* paraissent en livraisons de 16 pages grand in-8, imprimées avec luxe sur beau papier satiné, ornées de belles gravures et de dessins explicatifs, contenant l'histoire et la description d'une des grandes usines de France, ainsi que l'explication détaillée de l'industrie qu'elle représente.

Le 1er VOLUME, renfermant 82 belles gravures, comprend :

LES GOBELINS (5 livraisons).
LES MOULINS DE SAINT-MAUR (1 livraison).
L'IMPRIMERIE IMPÉRIALE (4 livraisons).
L'USINE DES BOUGIES DE CLICHY (1 livraison).
LA PAPETERIE D'ESSONNE (4 livraisons).
SÈVRES (4 livraisons).
L'ORFÉVRERIE CHRISTOFLE (3 livraisons).

Le 2e volume, renfermant 60 belles gravures, comprend :

LES ÉTABLISSEMENTS DEROSNE ET CAIL (4 livraisons).
LA SAVONNERIE ARNAVON (4 livraisons).
LA MONNAIE (5 livraisons).
MANUFACTURE IMPÉRIALE DES TABACS (3 livraisons).
LITERIE TUCKER (1 livraison).
FABRIQUE DE PIANOS DE MM. PLEYEL, WOLF et Ce (2 livraisons).
FILATURE DE LAINE DE M. DAVIN (1 livraison).

Le 3e volume renferme :

LA MANUFACTURE DES GLACES DE SAINT-GOBAIN (3 livraisons).
LES OMNIBUS DE PARIS (1 livraison).
L'USINE ÉLECTRO-MÉTALLURGIQUE D'AUTEUIL (1 livraison).
CHARBONNAGE DES BOUCHES-DU-RHONE (1 livraison).
BOULANGERIE CENTRALE de l'assistance publique de la Seine (2 livraisons).
LA FOUDRE, filature de coton (3 livraisons).
LES PÉPINIÈRES D'ANDRÉ LEROY, à Angers (1 livraison).
L'USINE A GAZ DE LA COMPAGNIE PARISIENNE (2 livraisons).
L'USINE A GAZ PORTATIF DE PARIS (1 livraison).
Etc., etc.

Prix de chaque volume broché : 12 francs.
— Relié avec tranche dorée : 17 francs.

Prix d'une livraison : 60 centimes.

La 64me livraison (4e du 4me volume) est en vente.

OEUVRES NOUVELLES DE GAVARNI

54 MAGNIFIQUES ALBUMS IN-FOLIO LITHOGRAPHIÉS IMPRIMÉS AVEC LE PLUS GRAND SOIN PAR LEMERCIER

Chaque Album, 4 fr. — La collection complète, reliée, demi-chagrin, toile rouge, dorée sur tranches, prix, 160 fr.

LES PARTAGEUSES, 40 lithographies	16 fr.
LES MARIS ME FONT TOUJOURS RIRE, 30 lithographies	12
LES LORETTES VIEILLIES, 30 lithographies	12
LES INVALIDES DU SENTIMENT, 30 lithographies	12
HISTOIRE DE POLITIQUE, 30 lithographies	12
LES PARENTS TERRIBLES, 20 lithographies	8
PIANO, 10 lithographies	4
LES DÉBEMES, 20 lithographies	8
ÉTUDES D'ANDROGYNES, 10 lithographies	4
LES ANGLAIS CHEZ EUX, 20 lithographies	8
MANIÈRE DE VOIR DES VOYAGEURS, 10 lithographies	4
LES PROPOS DE THOMAS VIRELOQUE, 20 lithographies	8
HISTOIRE D'EN DIRE DEUX, 10 lithographies	4
LES PETITS MORDENT, 10 lithographies	4
LE MANTEAU D'ARLEQUIN, 10 lithographies	4
LA FOIRE AUX AMOURS, 10 lithographies	4
L'ÉCOLE DES PIERROTS, 10 lithographies	4
CE QUI SE FAIT DANS LES MEILLEURES SOCIÉTÉS, 10 lithographies	4
MESSIEURS DU FEUILLETON, 9 lithographies	4

Outre les séries ci-dessus réunies comme reliure, chaque album broché, de 10 lithographies se vend séparément 4 fr.

CHANSONS POPULAIRES DES PROVINCES DE FRANCE

Notice par CHAMPFLEURY, avec accompagnement de piano par J.-B. WEKERLIN. — Illustrations par MM. BIDA, BRAQUEMOND, CATENACCI, COURBET, FAIVRE, FLAMENG, FRANÇAIS, FATH, HANOTEAU, CH. JACQUE, ED. MORIN, M. SAND, STAAL, VILLEVIEILLE.

Un Magnifique volume grand in-4, illustré. — **Prix: 12 fr.**
Demi-reliure chagrin, plats toile, doré sur tranches. — **Prix: 17 fr.**

Les Chansons populaires des Provinces de la France sont divisées en trente livraisons, dont chacune forme un tout complet et contient les chansons d'une province, elles se vendent séparément.

Prix de chaque livraison : 50 centimes.

1re liv. PICARDIE. — La Belle est au jardin d'amour. — La Ballade de Jésus-Christ. — Le Bouquet de ma mie.

2e liv. FLANDRE. — La Fête de Sainte-Anne. — Le Hareng saur. — Le Messager d'amour.

3e liv. ALSACE. — Le Jardin. — Le Djablotin. — La Chanson du hanneton.

4e liv. LANGUEDOC. — Romance de Clotilde. — Joli Dragon. — Dans un jardin couvert de fleurs.

5e liv. NORMANDIE. — En revenant des noces. — Le Moulin. — Ronde du pays de Caux.

6e liv. BOURGOGNE. — J'avais un' ros' nouvelle. — Eho ! Eho ! Eho ! — Voici venu le mois des fleurs.

7e liv. BERRY. — La voila, la jolie coupe. — J'ai demandé-z-à la vieille. — Petit soldat de guerre.

8e liv. GUYENNE et GASCOGNE. — Michaut veillait. — La Fille du président. — Dès le matin.

9e liv. AUVERGNE. — Bourrées de Chap-dés-Beaufort. — Quand Marion s'en va-t-à l'ou. — Bourrée d'Ambert.

10e liv. SAINTONGE, ANGOUMOIS et PAYS D'AUNIS. — La Femme du roulier. La petite Rosette. — La Maîtress' du roi céans.

11e liv. FRANCHE-COMTÉ. — Au bois rossignolet. — Les trois princesses. — Paysan, donn'-moi ta fille.

12e liv. BOURBONNAIS. — Mon père a fait bâtir Château. — Jolie fille de la garde. — Derrièr' chez nous.

13e liv. BÉARN. — Belle, quelle souffrance — Pauvre brebis. — Cantique antounat par Jeanne d'Albret.

14e liv. POITOU. — Nous somm's venus vous voir. — La v'nu' du mois de mai. — C'est aujourd'hui la foire.

15e liv. TOURAINE, MAINE et PERCHE. — La verdi, la verdon. — La Violette. — Su' l'pont du nerd.

16e liv. NIVERNAIS. — Lorsque j'étais petite. — Quand j'étais vers chez mon père. — J'étions trois capitaines.

17e liv. LIMOUSIN et MARCHE. — Pourquoi me faire ainsi la mine ? — Les scieurs de long. — Quoiqu'en Auvergne.

18e liv. ANJOU. — Nous sommes trois souverains princes. — La chanson du Rémouleur. — N'y a rien d'aussi charmant.

19e liv. DAUPHINÉ. — J'entends chanter ma mie. — La Pernette. — La Fille du général de France.

20e liv. BRETAGNE. — A Nant's, à Nant's est arrivé. — Rossignolet des bois. — Ronde des filles de Quimperlé.

21e liv. LORRAINE. — J'y ai planté rosier. — Mon père m'envoie-t-à l'herbe. — Le Rosier d'argent.

22e liv. LYONNAIS. — Belle, allons nous épromener. — Nous étions dix filles dans un pré. — Pingo les noix.

23e liv. ORLÉANAIS. — Les Filles de Cernois. — Le Piocheur de terre. — Les Cloches.

24e liv. PROVENCE et COMTAT D'AVIGNON. — Sur la montagne, ma mère. — Sirvente contre Guy. — Bonhomme, bonhomme.

25e liv. ILE DE FRANCE. — Germine. — Chanson de l'aveine. — Si le roi m'avait donné.

26e liv. ROUSSILLON. — J'ai tant pleuré. — Le changement de garnison. — En revenant de Saint-Alban.

27e liv. CHAMPAGNE. — Cécilia. — Sur le bord de l'île. — C'est le jour du gigotiau.

28e et 29e liv. PRÉFACE

30e liv. TITRE, FRONTISPICE, TABLES et COUVERTURE.

GÉOGRAPHIE NOUVELLE
Par SAGANSAN, Géographe de S. M. l'Empereur et de l'Administration des Postes

CARTE DES ÉTATS DE L'EUROPE ET DES PAYS CIRCONVOISINS
Indiquant les Chemins de fer, les principales Routes, les subdivisions des États et les Colonies militaires russes. — Deux feuilles grand-monde coloriées. Prix : 10 fr. — Collée sur toile, en étui : 14 fr. — Collée sur toile, à baguettes.   Prix : 17 fr.

CARTE DES POSTES DE L'EMPIRE FRANÇAIS
Indiquant : Chemins de fer avec les Stations, Routes, Chemins de grande communication, Canaux, Rivières, Bureaux de poste, Relais avec les distances intermédiaires en chiffres. — Deux feuilles grand-monde. Prix : 6 fr. — Collée sur toile, en étui : 10 fr. — Collée sur toile, à baguettes.   Prix : 14 fr.

CARTE DES CHEMINS DE FER
ET AUTRES VOIES DE COMMUNICATION DE L'EMPIRE FRANÇAIS
Adoptée par les Compagnies de chemins de fer et agréée par Son Excellence le maréchal de France ministre de la guerre, pour servir aux transports de la guerre. — Double feuille grand-monde. Prix : 6 fr. — Collée sur toile, en étui : 10 fr. — Collée sur toile, à baguettes.   Prix : 14 fr.

PETITE CARTE DES CHEMINS DE FER
ET DES VOIES NAVIGABLES DE L'EMPIRE FRANÇAIS
Prix : 2 fr.

PLAN DE PARIS
Comprenant l'ancien Paris et les communes ou portions de communes annexées. (Loi du 16 juin 1860). — Prix en feuille, avec livret : 4 fr. — Cartonné : 5 fr. — Entoilé, avec étui : 7 fr. — Sur rouleaux :   Prix : 11 fr.

CARTE DES CHEMINS DE FER
ET DE LA TÉLÉGRAPHIE ÉLECTRIQUE DE L'EMPIRE FRANÇAIS
Indiquant le nom de toutes les stations et les bureaux télégraphiques avec le prix de chaque dépêche. — Une feuille coloriée.   Prix : 2 fr.

L'EUROPE DE 1760 A 1860
Carte figurative et chronologique des acquisitions et mutations territoriales faites par les cinq grandes puissances, et accompagnée d'une légende indiquant la date et l'origine des possessions coloniales.   Prix : 1 fr.

CARTE MUETTE
POUR FACILITER L'ÉTUDE DE LA GÉOGRAPHIE DE LA FRANCE,
A l'usage des Candidats à l'examen d'admission dans le Service des Postes. Prix : 1 fr.

PLANISPHÈRE
Indiquant les principales communications (dimension : 1m 30 sur 1m 10).—Prix 6 fr. Entoilé avec étui, Prix : 10 fr. — Sur rouleaux.   Prix : 14 fr.

CARTE DU ROYAUME D'ITALIE
EN DOUZE FEUILLES INDIQUANT LES COMMUNES,
Dressée à l'échelle de 1/500,000, d'après les documents les plus récents. — Prix, en feuilles, 30 fr.
Entoilée avec étui.   50 fr.

CARTE DU MEXIQUE ET DES CONTRÉES CIRCONVOISINES,
POUR SUIVRE LES OPÉRATIONS MILITAIRES
Prix, en une feuille grand aigle, 3 fr. — Entoilée avec étui,   5 fr. 50 c.

CARTE DES VOIES DE COMMUNICATION DE LA RUSSIE D'EUROPE ET DES ÉTATS VOISINS
Deux feuilles grand-aigle. Prix : 6 fr. — Entoilées avec étui,   10 fr.

ANNUAIRE DE L'ADMINISTRATION DES POSTES
Prix : 2 fr.

NOMENCLATURE PAR DÉPARTEMENT DE TOUTES LES COMMUNES DE FRANCE,
AVEC L'INDICATION DES BUREAUX DE POSTE QUI LES DESSERVENT.
Prix : 4 fr.

MUSÉE LITTÉRAIRE CONTEMPORAIN
CHOIX DES MEILLEURS OUVRAGES DES AUTEURS MODERNES
10 Centimes la Livraison. — Format in-4° à 2 colonnes

ROGER DE BEAUVOIR
		fr. c.
LE CHEVALIER DE ST-GEORGES.	1 vol.	» 90
LE CHEVALIER DE CHARNY...	—	» 90

CHARLES DE BERNARD
UN ACTE DE VERTU ET LA PEINE DU TALION.....	—	» 50
L'ANNEAU D'ARGENT......	—	» 50
UNE AVENTURE DE MAGISTRAT.	—	» 30
LA CINQUANTAINE......	—	» 50
LA FEMME DE QUARANTE ANS.	—	» 50
LE GENDRE.........	—	» 50
L'INNOCENCE D'UN FORÇAT. .	—	» 30
LE PERSÉCUTEUR......	—	» 30

CHAMPFLEURY
LES GRANDS HOMMES DU RUISSEAU.........	—	» 60

LA COMTESSE DASH
LES GALANTERIES DE LA COUR DE LOUIS XV......	—	3 »
LA RÉGENCE........	—	» 90
LA JEUNESSE DE LOUIS XV. .	—	» 90
LES MAITRESSES DU ROI . . .	—	» 90
LE PARC AUX CERFS.....	—	» 90

ALEXANDRE DUMAS
ACTÉ............	—	» 90
AMAURY..........	—	» 90
ANGE PITOU........	—	1 80
ASCANIO..........	—	1 50
AVENTURES DE JOHN DAVYS .	—	1 80
LE BATARD DE MAULÉON . . .	2	»
LE CAPITAINE PAUL.....	—	» 70
LE CAPITAINE RICHARD....	—	» 90
CATHERINE BLUM.......	—	» 70
CAUSERIES.—LES TROIS DAMES	—	1 30
CÉCILE...........	—	» 90
CHARLES LE TÉMÉRAIRE . . .	—	1 50
LE CHATEAU D'EPPSTEIN....	—	1 50
LE CHEVALIER D'HARMENTAL.	—	1 50
LE CHEVALIER DE MAISON-ROUGE...........	—	1 50
LE COLLIER DE LA REINE . . .	—	2 50
LA COLOMBE. — MURAT....	—	» 50
LES COMPAGNONS DE JÉHU. . .	—	1 80
LE COMTE DE MONTE-CRISTO.	4	»
LA COMTESSE DE CHARNY...	—	4 50
LA COMTESSE DE SALISBURY..	—	1 50
CONSCIENCE L'INNOCENT . . .	—	1 30
LA DAME DE MONSOREAU...	—	2 50
LES DEUX DIANE.......	—	2 20
LES DRAMES DE LA MER....	—	» 70
LA FEMME AU COLLIER DE VELOURS...........	—	» 70
FERNANDE..........	—	» 90
UNE FILLE DU RÉGENT	—	» 90
LES FRÈRES CORSES......	—	» 60
GABRIEL LAMBERT......	—	» 70
GAULE ET FRANCE......	—	» 90
GEORGES..........	—	» 90
LA GUERRE DES FEMMES...	—	1 65
L'HOROSCOPE........	1 vol.	» 90

ALEXANDRE DUMAS (Suite)
IMPRESSIONS DE VOYAGE.
		fr. c.
UNE ANNÉE A FLORENCE . . .	—	» 90
L'ARABIE HEUREUSE.....	—	2 10
LES BALEINIERS.......	—	1 30
LES BORDS DU RHIN.....	—	1 30
LE CAPITAINE ARÉNA.....	—	» 90
LE CORRICOLO........	—	1 65
DE PARIS A CADIX......	—	1 65
EN SUISSE.........	—	2 20
UN GIL-BLAS EN CALIFORNIE	—	» 70
LE MIDI DE LA FRANCE....	—	1 30
QUINZE JOURS AU SINAÏ. . .	—	» 90
LE SPÉRONARE.......	—	1 50
LE VÉLOCE.........	—	1 65
LA VIE AU DÉSERT......	—	1 30
LA VILLA PALMIERI.....	—	» 90
INGÉNUE..........	—	1 80
ISABEL DE BAVIÈRE.....	—	1 30
JEANNE LA PUCELLE.....	—	» 90
LA JEUNESSE DE Mme DU DEFFAND	—	2 »
LES LOUVES DE MACHECOUL . .	—	2 50
LA MAISON DE GLACE....	—	1 50
LE MAITRE D'ARMES.....	—	» 90
LES MARIAGES DU PÈRE OLIFUS	—	» 70
LES MÉDICIS........	—	» 70
MÉMOIRES DE GARIBALDI. (Complet)........		1 30
1re série. (Séparément)...	—	» 70
2e série. (—)...	—	» 70
MÉMOIRES D'UN MÉDECIN — JOSEPH BALSAMO—..	4	»
LE MENEUR DE LOUPS....	—	» 90
LES MILLE ET UN FANTÔMES.	—	» 70
LES MOHICANS DE PARIS...	—	3 60
LES MORTS VONT VITE....	—	1 50
NOUVELLES.........	—	» 50
UNE NUIT A FLORENCE	—	« 70
OLYMPE DE CLÈVES.....	—	2 60
OTHON L'ARCHER......	—	» 50
PASCAL BRUNO.......	—	» 50
LE PASTEUR D'ASHBOURN. .	—	1 80
PAULINE..........	—	» 50
LE PÈRE GIGOGNE......	—	1 50
LE PÈRE LA RUINE......		» 90
LES QUARANTE-CINQ....	—	2 50
LA REINE MARGOT.....	—	1 65
LA ROUTE DE VARENNES . . .	—	» 70
LE SALTEADOR.......	—	» 70
SOUVENIRS D'ANTONY....	—	» 90
SYLVANDIRE........	—	» 90
LE TESTAMENT DE M. CHAUVELIN...........	—	» 70
LES TROIS MOUSQUETAIRES.	—	1 65
LA TULIPE NOIRE......	—	» 90
LE VICOMTE DE BRAGELONNE.	—	4 75
UNE VIE D'ARTISTE.....	—	» 70
VINGT ANS APRÈS......	—	2 20

ALEXANDRE DUMAS FILS
CÉSARINE..........	—	» 50
LA DAME AUX CAMÉLIAS...	—	» 90
UN PAQUET DE LETTRES...	—	» 50
LE PRIX DE PIGEONS.....	—	» 50

LIBRAIRIE DE MICHEL LÉVY FRÈRES.

	fr. c.
PAUL FÉVAL	
LES AMOURS DE PARIS. . . . 1 vol.	» 50
LE BOSSU OU LE PETIT PARISIEN —	2 50
LE FILS DU DIABLE. . . . . —	3 »
LE TUEUR DE TIGRES. . . . . —	» 70
THÉOPHILE GAUTIER	
CONSTANTINOPLE. . . . . . —	» 90
Mme ÉMILE DE GIRARDIN	
MARGUERITE OU DEUX AMOURS —	3 90
LÉON GOZLAN	
LE MÉDECIN DU PECQ . . . . —	» 90
LES NUITS DU PÈRE-LACHAISE. —	» 90
CHARLES HUGO	
LA BOHÊME DORÉE. . . . . . —	1 50
ALPHONSE KARR	
FORT EN THÈME . . . . . . —	» 70
LA PÉNÉLOPE NORMANDE. . . —	» 90
SOUS LES TILLEULS. . . . . —	» 90
A. DE LAMARTINE	
LES CONFIDENCES . . . . . —	» 90
L'ENFANCE. . . . . —	» 50
GENEVIÈVE, histoire d'une Servante	» 70
GRAZIELLA	» 60
HISTOIRE ET POÉSIE.	» 50
LA JEUNESSE	» 60
RÉGINA	» 50
LA VIE DE FAMILLE.	» 50
LE CAPITAINE MAYNE-REID	
Traduction Allyre Bureau	
LES CHASSEURS DE CHEVELURES —	1 »
LE DOCTEUR FÉLIX MAYNARD	
L'INSURRECTION DE L'INDE De Delhi à Cawnpore. . . .	» 70
MÉRY	
UN ACTE DE DÉSESPOIR. . . . —	» 50
LE BONHEUR D'UN MILLIONNAIRE.	» 50
LE CHATEAU DES TROIS TOURS. —	» 70
LE CHATEAU D'UDOLPHE. . . —	» 50
UNE CONSPIRATION AU LOUVRE. —	» 70
LE DIAMANT A MILLE FACETTES —	» 60
LES NUITS ANGLAISES . . . . —	» 90
LES NUITS ITALIENNES. . . . —	» 90
SIMPLE HISTOIRE. . . . . . —	» 70
HENRY MURGER	
LES AMOURS D'OLIVIER . . . —	» 30
LE BONHOMME JADIS . . . . —	» 30
MADAME OLYMPE. . . . . . —	» 50
LA MAITRESSE AUX MAINS ROUGES —	» 50
LE MANCHON DE FRANCINE . —	» 30
SCÈNES DE LA VIE DE BOHÊME. —	» 90
LE SOUPER DES FUNÉRAILLES. —	» 50
JULES SANDEAU	
SACS ET PARCHEMINS.	» 90
EUGÈNE SCRIBE	
CARLO BROSCHI.	» 50
JUDITH OU LA LOGE D'OPÉRA. —	» 30
LA MAITRESSE ANONYME. . . —	» 30
PROVERBES	» 70

	fr. c.
ALBÉRIC SECOND	
LA JEUNESSE DORÉE. . . . 1 vol.	» 50
FRÉDÉRIC SOULIÉ	
AU JOUR LE JOUR . . . . . —	» 70
LES AVENTURES DE SATURNIN FICHET.	1 50
LE BANANIER . . . . —	» 50
LA COMTESSE DE MONRION . . —	» 70
CONFESSION GÉNÉRALE. . . . —	1 80
LES DEUX CADAVRES. . . . . —	» 70
LES DRAMES INCONNUS. . . . —	2 50
LA MAISON N° 3, RUE DE PROVENCE.	» 70
LES AVENTURES D'UN CADET DE FAMILLE.	» 70
LES AMOURS DE VICTOR BONSENNE.	» 70
OLIVIER DUHAMEL. . . . . —	» 70
EULALIE PONTOIS . . . . . —	» 30
LES FORGERONS. . . . . . —	» 50
HUIT JOURS AU CHATEAU . . —	» 70
LE LION AMOUREUX. . . . . —	» 30
LA LIONNE. . . . . —	» 70
LE MAITRE D'ÉCOLE . . . . —	» 30
MARGUERITE. . . . . . . —	» 50
LES MÉMOIRES DU DIABLE. . —	2 »
LES QUATRE NAPOLITAINES . —	1 50
LES QUATRE SŒURS . . . . —	» 50
SI JEUNESSE SAVAIT, SI VIEILLESSE POUVAIT	1 50
LE VEAU D'OR . . . . . . —	2 40
ÉMILE SOUVESTRE	
DEUX MISÈRES. . . . . . . —	» 90
L'HOMME ET L'ARGENT. . . —	» 70
JEAN PLEBEAU. . . . . . . —	» 50
LE MENDIANT DE SAINT-ROCH. —	» 70
PIERRE LANDAIS . . . . . —	» 50
LES RÉPROUVÉS ET LES ÉLUS. —	1 50
SOUVENIRS D'UN BAS-BRETON. —	1 50
EUGÈNE SUE	
LES SEPT PÉCHÉS CAPITAUX. . —	3 »
L'ORGUEIL. . . . . —	1 50
L'ENVIE. . . . . —	» 90
LA COLÈRE. . . . . —	» 70
LA LUXURE . . . . —	» 70
LA PARESSE . . . . —	» 50
L'AVARICE. . . . . —	» 50
LA GOURMANDISE . . . . . —	» 50
LES ENFANTS DE L'AMOUR. . —	» 90
LA BONNE AVENTURE . . . . —	1 50
GILBERT ET GILBERTE. . . . —	2 70
LE DIABLE MÉDECIN. . . . . —	2 70
LA FEMME SÉPARÉE DE CORPS ET DE BIENS. . .	» 90
LA GRANDE DAME. . . . . —	» 50
LA LORETTE. . . . . . . —	» 30
LA FEMME DE LETTRES. . . . —	» 90
LA BELLE FILLE. . . . . . —	» 50
LES MÉMOIRES D'UN MARI. . —	2 70
UN MARIAGE DE CONVENANCES —	1 50
UN MARIAGE D'ARGENT. . . —	» 90
UN MARIAGE D'INCLINATION. —	1 50
LES SECRETS DE L'OREILLER. —	2 40
LES FILS DE FAMILLE. . . . —	2 70
VALOIS DE FORVILLE	
LE CONSCRIT DE L'AN VIII. . .	» 90

BROCHURES DIVERSES

ÉMILE AUGIER — fr. c.
DISCOURS DE RÉCEPTION A L'ACADÉMIE FRANÇAISE. . . . . . 1 »

LOUIS BLANC
APPEL AUX HONNÊTES GENS. . . . 1 »
LA RÉVOLUTION DE FÉVRIER AU LUXEMBOURG. . . . . 1 »

HENRI BLAZE DE BURY
M. LE COMTE DE CHAMBORD, UN MOIS A VENISE. . . . . . 1 »

BONNAL
ABOLITION DU PROLÉTARIAT. . . 1 »
LA FORCE ET L'IDÉE. . . . . 1 »

G. BOULAY
RÉORGANISATION ADMINISTRATIVE. 1 »

RENÉ CLÉMENT
ÉTUDE SUR LE THÉATRE ANTIQUE. 1 »

L. COUTURE
DU GOUVERNEMENT HÉRÉDITAIRE EN FRANCE et des trois partis qui s'y rattachent. 1 50

CHARLES DIDIER
QUESTION SICILIENNE. . . . . 1 »
UNE VISITE A M. LE DUC DE BORDEAUX. . . . . 1 »

ERNEST DESJARDINS
NOTICE SUR LE MUSÉE NAPOLÉON III ET PROMENADE DANS LES GALERIES. » 50

DUFAURE
DU DROIT AU TRAVAIL. . . . . » 50

ALEXANDRE DUMAS
RÉVÉLATIONS SUR L'ARRESTATION D'ÉMILE THOMAS. . . . . » 50

ADRIEN DUMONT
LES PRINCIPES DE 1789. . . . . 1 »

LÉON FAUCHER
LE CRÉDIT FONCIER. . . . . . » 50
DE L'IMPÔT SUR LE REVENU. . . » 50

OCTAVE FEUILLET
DISCOURS DE RÉCEPTION A L'ACADÉMIE FRANÇAISE. . . . . 1 »

ÉMILE DE GIRARDIN
AVANT LA CONSTITUTION. . . . » 50
CONQUÊTE ET NATIONALITÉ. . . 1 »
LE DÉSARMEMENT EUROPÉEN. . . 1 »
DÉSARMEMENT ET MATÉRIALISME. 1 »
L'EMPEREUR NAPOLÉON III ET LA FRANCE. . . . . 1 »
L'EMPIRE AVEC LA LIBERTÉ. . . 1 »
L'ÉQUILIBRE EUROPÉEN. . . . 1 »
L'EXPROPRIATION ABOLIE PAR LA DETTE FONCIÈRE CONSOLIDÉE. . 2 »
LA GUERRE. . . . . 1 »
JOURNAL D'UN JOURNALISTE AU SECRET. . . . . 1 »
LE LIBRE VOTE. . . . . . . 1 »
L'ORNIÈRE DES RÉVOLUTIONS. . 1 »
SOLUTION DE LA QUESTION D'ORIENT. 2 50
UNITÉ DE RENTE ET UNITÉ D'INTÉRÊT. 2 »

GLADSTONE
DEUX LETTRES au Lord Aberdeen sur les poursuites politiques exercées par le gouvernement napolitain. . . . . 1 »

JULES GOUACHE
LES VIOLONS DE M. MARIESSE. . » 50

LE COMTE D'HAUSSONVILLE — fr. c.
CONSULTATION DE MM. LES BATONNIERS DE L'ORDRE DES AVOCATS. 1 »
LETTRE AUX BATONNIERS DE L'ORDRE DES AVOCATS. . . . . . . 1 »
M. DE CAVOUR ET LA CRISE ITALIENNE. 1 »

LÉON HEUZEY
CATALOGUE DE LA MISSION DE MACÉDOINE ET DE THESSALIE. . . » 50

LAMARTINE
DU DROIT AU TRAVAIL. . . . . » 30
LETTRE AUX DIX DÉPARTEMENTS. » 30
LA PRÉSIDENCE. . . . . . . » 30
DU PROJET DE CONSTITUTION. . » 30
UNE SEULE CHAMBRE. . . . . » 30

EDOUARD LEMOINE
ABDICATION DU ROI LOUIS-PHILIPPE » 50

JOHN LEMOINNE
AFFAIRES DE ROME. . . . . . 1 »

A. LEYMARIE
HISTOIRE D'UNE DEMANDE EN AUTORISATION DE JOURNAL, simple question de propriété. . . . 2 »

LE COMTE DE MONTALIVET
LE ROI LOUIS-PHILIPPE ET SA LISTE CIVILE. . . . . » 50

LE BARON DE NERVO
LES FINANCES DE LA FRANCE SOUS LE RÈGNE DE NAPOLÉON III. . 1 »

D. NISARD
DISCOURS PRONONCÉ A L'ACADÉMIE FRANÇAISE en réponse au discours de réception de M. Ponsard. . 1 »

UN PAYSAN CHAMPENOIS
A TIMON, sur son projet de Constitution. . . . . » 50

CASIMIR PÉRIER
LE BUDGET DE 1863. . . . . . 1 »
LA RÉFORME FINANCIÈRE DE 1862. 1 »

GEORGES PERROT
CATALOGUE DE LA MISSION D'ASIE MINEURE. . . . . » 50

A. PONROY
LE MARÉCHAL BUGEAUD. . . . 1 »

F. PONSARD
DISCOURS DE RÉCEPTION A L'ACADÉMIE FRANÇAISE. . . . . 1 »

PREVOST-PARADOL
DE LA LIBERTÉ DES CULTES EN FRANCE 1 »
DEUX LETTRES SUR LA RÉFORME DU CODE PÉNAL. . . . . . 1 »
LES ÉLECTIONS DE 1863. . . . 1 »
DU GOUVERNEMENT PARLEMENTAIRE ET DU DÉCRET DU 24 NOVEMBRE. 1 »

ESPRIT PRIVAT
LE DOIGT DE DIEU. . . . . . 1 »

ERNEST RENAN
CATALOGUE DES OBJETS PROVENANT DE LA MISSION DE PHÉNICIE. . » 50

SAINT-MARC GIRARDIN
DU DÉCRET DU 24 NOV. OU DE LA RÉFORME de la CONSTITUTION de 1852

GEORGE SAND & V. BORIE
TRAVAILLEURS ET PROPRIÉTAIRES. 1 »

THIERS
DU CRÉDIT FONCIER. . . . . » 30
LE DROIT AU TRAVAIL. . . . . » 30

L'UNIVERS ILLUSTRÉ

RECUEIL HEBDOMADAIRE PARAISSANT TOUS LES SAMEDIS

Chaque numéro contient 8 pages format in-folio (4 de texte et 4 de gravures)

PRIX : 20 CENTIMES LE NUMÉRO
ABONNEMENT : UN AN, 10 FR. — SIX MOIS, 6 FR.

— Pour plus de détails, faire demander le prospectus. —

LE JOURNAL DU DIMANCHE

LITTÉRATURE — HISTOIRE — VOYAGES — MUSIQUE

12 vol. sont en vente. Chaque vol. format in-4, orné de 104 gravures.   Prix : 3 fr.

LE JOURNAL DU JEUDI

LITTÉRATURE — HISTOIRE — VOYAGES

7 vol. sont en vente. Chaque vol. format in-4, orné de 104 gravures.   Prix : 3 fr.

LES BONS ROMANS, Chefs-d'œuvre de la Littérature contemporaine

Par VICTOR HUGO, ALEXANDRE DUMAS, GEORGE SAND, LAMARTINE, ALFRED DE MUSSET, EUGÈNE SUE, FRÉDÉRIC SOULIÉ, ALPHONSE KARR, CH. DE BERNARD, ALEXANDRE DUMAS FILS, HENRY MURGER, HENRI CONSCIENCE, PAUL FÉVAL, ÉMILE SOUVESTRE, etc., etc. — 7 vol. sont en vente. Chaque volume, format in-4, orné de 104 gravures.   Prix : 3 fr.

DICTIONNAIRE FRANÇAIS ILLUSTRÉ

ET ENCYCLOPÉDIE UNIVERSELLE

Ouvrage qui peut tenir lieu de tous les vocabulaires et de toutes les encyclopédies

ENRICHI DE 20,000 FIGURES GRAVÉES SUR CUIVRE PAR LES MEILLEURS ARTISTES

Dirigé par **B. DUPINEY DE VOREPIERRE,**
Et rédigé par une Société de Savants et de Gens de lettres

160 livraisons à 50 centimes ; 165 livraisons sont en vente. — Chaque livraison est composée de deux feuilles de texte, et contient la matière d'un volume in-8 ordinaire. — L'ouvrage, composé en caractères entièrement neufs et imprimé sur papier de luxe, formera 2 magnifiques volumes in-4. — Chaque volume aura au moins 1,000 pages.

DICTIONNAIRE DE LA CONVERSATION

ET DE LA LECTURE

INVENTAIRE RAISONNÉ DES NOTIONS GÉNÉRALES LES PLUS INDISPENSABLES A TOUS

PAR

UNE SOCIÉTÉ DE SAVANTS ET DE GENS DE LETTRES
Deuxième Édition

Entièrement refondue, corrigée et augmentée de plusieurs milliers d'articles tous d'actualité.
16 volumes grand in-8°. — 290 francs.

NOUVEAU DICTIONNAIRE UNIVERSEL

DE LA LANGUE FRANÇAISE

Rédigé d'après les travaux et les mémoires des Membres des cinq classes de l'Institut

Par **M. P. POITEVIN**

Auteur du Cours théorique et pratique de langue française adopté par l'Université.
2 forts volumes in-4. — Prix : 40 francs.

PARIS. — IMPRIMERIE DE A. WITTERSHEIM, RUE MONTMORENCY, 8.

LIBRAIRIE DE MICHEL LÉVY FRÈRES

OUVRAGES PARUS FORMAT GRAND IN-18,
à 3 francs le volume.

LA COMTESSE DIANE
Par Mario Uchard. . . . . 1 vol.
CALLIRHOÉ
Par Maurice Sand. . . . . 1 vol.
LE CHEVALIER DESTOUCHES
Par J. Barbey d'Aurevilly. . . . . 1 vol.
EUREKA
Par Edgar Poe, traduct. de Charles Baudelaire. 1 vol.
L'AMOUR AUX CHAMPS
Par Mme Manoel de Grandfort. . . . . 1 vol.
UN PRÊTRE EN FAMILLE
Par Edmond Thiaudière. . . . . 1 vol.
LETTRES DU MARÉCHAL DE SAINT-ARNAUD
Précédées d'une notice par M. Sainte-Beuve. 3e édit. 2 vol.
LES TRISTESSES HUMAINES
Par l'auteur des Horizons prochains. 3e édition. 1 vol.
LES DEMOISELLES TOURANGEAU
Par Champfleury. . . . . 1 vol.
SALAMMBO
Par Gustave Flaubert. 5e édition. . . . . . . 1 vol.
LA POLOGNE CONTEMPORAINE
Par Charles de Mazade. . . . . 1 vol.
PHILOSOPHIE ÉCOSSAISE
Par Victor Cousin. 4e édition. . . . . 1 vol.
THÉÂTRE COMPLET
D'Alexandre Dumas. Tomes I à IV. Nouvelle édition. 4 vol.
TROIS GÉNÉRATIONS. 1789, 1814, 1848
Par M. Guizot. — 3e édition. . . . . 1 vol.
LETTRES INÉDITES DE J. C. L. DE SISMONDI
Suivies de lettres de Bonstetten, de Mme Staël et de Souza, avec
une introduction par M. Saint-René Taillandier. 1 vol.
LES MONDES. — CAUSERIES ASTRONOMIQUES
Par A. Guillemin. 3e édition. . . . . 1 vol.
MADEMOISELLE LA QUINTINIE
Par George Sand. 2e édition. . . . . 1 vol.
LE MARI DE LA DANSEUSE
Par Ernest Feydeau. 3e édition. . . . . 1 vol.
NOUVEAUX LUNDIS
Par C.-A. Sainte-Beuve, de l'Académie française. 2 vol.
HISTOIRE DE SIBYLLE
Par Octave Feuillet, de l'Acad. française. 7e édition. 2 vol.
UN DÉBUT DANS LA MAGISTRATURE
Par Jules Sandeau, de l'Acad. française. 2e édition. 1 vol.

www.ingramcontent.com/pod-product-compliance
Lightning Source LLC
Chambersburg PA
CBHW050757170426
43202CB00013B/2455